내
영어수첩을
공개합니다

WATASHI NO EIJUKUGOCHO WO KOUKAI SHIMASU!
copyright © 2004 by Tetsuo Ozaki
All rights reserved

No part of this book may be used or reproduced in any manner whatever without written
permission except in the case of brief quotations embodied in critical articles or reviews.

Original Japanese edition published by GENTOSHA INC.
Korean Translation Copyright © 2007 by Hwangmae Publishing Co.
Korean edition is published by arrangement with Tetsuo Ozaki through BookCosmos Agency.

내 영어수첩을 공개합니다

오자키 데쓰오 지음 | **김해용 · 최영림** 옮김

이 책은 독자들의 편의를 위하여
일반 제본보다 접착력이 우수하며, 책 넘김이 편한
PUR방식으로 제본된 책입니다.

저자 서문

이 책은 《내 영단어장을 공개합니다》의 자매격인 책이다. 그래서 전작의 책 소개가 그대로 이 책의 소개인 셈이지만, 되도록 중복을 피하면서 이 책에 대해 간단히 이야기를 해 보려고 한다.

다행히 《내 영단어장을 공개합니다》를 많은 분들이 읽어 주셨고, 그런 가운데 '숙어편도 나오면 좋겠다'는 목소리가 다수 있었다. 이 책에서는 단어의 파생으로서 숙어를 단편적으로 소개하는 데 그치지 않고 숙어의 속성을 활용하여 주요 동사와 전치사, 일반적인 상황을 중심으로 숙어를 익히기 쉽게 정리해 놓았다.

1. 우리가 쓰는 '~때문에'라는 표현은 '~덕분에' '~의 이익을 위해' '~이 원인이 되어'라는 식으로 분류할 수 있다. 영어에도 각각의 분류에 따라 복수의 표현이 있다. 이 점은 영어 학습자에게 커다란 혼란의 원인이 되며, 하나의 벽이 된다. 혼란은 기억의 적이자 공부의 적이다.
이 책을 통해 여러분은 숙어를 한눈에 정리할 수 있게 될 것이다.

2. 《내 영단어장을 공개합니다》처럼 이 책에서도 말의 연결과 파생을 중시했다. 숙어를 가능한 한 관련된 말 속에서 살펴봄으로써 머릿속에 자연스럽게 숙어 표현이 뿌리를 내리도록 전개되어 있다.
그 뿌리는 다른 핵심에서 파생된 뿌리와 연결되어 여러분의 머릿속에 확실한 숙어 표현의 산을 쌓게 해 줄 것이다.

3. 영어의 표지판이나 간판도 단어의 한 부류라고 한다면 어느 의미에서 숙어라고 볼 수 있다. 특히 해외여행을 할 때 생략된 표현이 많은 표지판이나 간판을 읽고 의미를 이해하는 일은 상당히 중요하다. 또 표지판이나 간판의 숙어에는 음미할 만한, 중요한 표현이 많다. 여러분은 간단한 표지판이나 간판의 표현을 통해 쉽게 숙어를 공부할 수 있게 될 것이다.

4. GDP 등의 약어도 어느 의미에서는 숙어적 표현이다. 이러한 약어는 경제나 시사 문제의 열쇠가 되는 상당히 중요한 영어이므로 자주 사용되는 약어들을 선별하여 익힐 수 있도록 신경을 썼다.

영어는 뭐니 뭐니 해도 단어와 숙어다.
단어와 숙어는 짬짬이 나는 시간을 이용해 외울 수 있다.
또한 조금씩 늘려가다 보면 그때마다 성취감을 느낄 수 있다.
여러분의 영어 학습 과정 속에서 이 책이 전작처럼 도움이 되길 바란다.

contenS

	저자 서문	5
001	숙어를 공부하기 전에	12
002	come	14
003	go(기본편)	16
004	go(응용편)	18
005	run	20
006	get	22
007	turn	24
008	fall	26
009	take	28
010	take와 cost	32
011	catch	34
012	bring	36
013	give	38
014	hand	40
015	hold	42
016	have(기본편)	44
017	have(응용편)	46
018	keep	48
019	stand와 stay	50
020	make(기본편)	52
021	make(응용편)	54
022	put	56

contens

023	set	58
024	speak와 tell	60
025	talk와 say	62
026	call	64
027	break	66
028	see, look, watch	68
029	on	70
030	off, with, without	72
031	in(기본편)	74
032	in(응용편)	76
033	out	78
034	of	80
035	to	82
036	for	84
037	from	86
038	at(기본편)	88
039	at(응용편)	90
040	by	92
041	under	94
042	as(기본편)	96
043	as(응용편)	98
044	but	100
045	동명사를 사용하는 중요 구문(1)	102

contents

046	동명사를 사용하는 중요 구문(2)	104
047	동명사를 사용하는 중요 구문(3)	106
048	부정사를 사용하는 중요 구문	108
049	분사를 사용하는 중요 구문	110
050	특수한 it	112
051	수를 세는 방법	114
052	먹거리와 마실거리	116
053	병과 약	118
054	감기 걸리다	120
055	임신과 출산	122
056	전화를 걸다	124
057	호텔에 묵다	126
058	최초와 최후	128
059	전부	130
060	무(無)	132
061	부족하다	134
062	능숙함과 서툼	136
063	자유롭게 하다	138
064	주의하다	140
065	약속	142
066	좋아함	144
067	어쩔 수 없다	146
068	당연하다	148

contens

069	다름없다	150
070	우연히, 문득	152
071	위해(이익)	154
072	때문(원인·이유)	156
073	위해(목적)	158
074	~에도 불구하고	160
075	하물며	162
076	얼굴과 관계 있는 숙어(1) 눈	164
077	얼굴과 관계 있는 숙어(2) 코와 입	166
078	얼굴과 관계 있는 숙어(3) 얼굴 주변	168
079	몸과 관계 있는 숙어	170
080	동물(펫이나 가축)	172
081	동물(야생 동물)	174
082	새와 벌레	176
083	자연 지형	178
084	천체와 지구	180
085	일기 예보	184
086	날씨	186
087	백과 흑	188
088	여러 가지 색	190
089	년/월	192
090	name을 사용하여	194
091	time을 사용하여	196

contents

092 mind를 사용하여 198
093 trouble을 사용하여 200
094 way를 사용하여 202
095 word를 사용하여 204
096 place를 사용하여 206
097 oneself를 사용하여 208
098 약어(생활) 210
099 약어(컴퓨터·인터넷 관련) 212
100 약어(정치·경제) 214

간판으로 쉽게 배우는 숙어 216
여기에서는 여러분이 쇼핑을 하거나 공원을 산책할 때 자주 볼 수 있는 간판들을 소개하고 있다. 생활하며 알아두면 도움이 되는 것들을 중심으로 모아두었다.

표지판으로 쉽게 배우는 숙어 273
도로 표지 등 교통에 관한 표지판만을 모아 보았다. 해외에 나가 운전을 하는 경우는 그리 많지 않을 수도 있지만 표지판에 사용되는 단어는 기본적이면서도 중요한 것들이므로 기억해 두어서 손해 보는 일은 결코 없을 것이다. 이번 기회에 제대로 공부해 보자.

단어 같은 숙어들 288
전작인 (내 영단어장을 공개합니다)에 소개되지 않았던 단어들을 망라해 보았다. 이렇게 소개된 단어들을 사용해 숙어를 조금씩 자신의 것으로 만들어 보자.

001 숙어를 공부하기 전에

숙어의 구성 요소

숙어를 공부하기 전에 숙어의 구성 요소가 되는 전치사와
부사의 이미지를 파악해 두어야 한다.

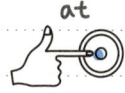

at 정확한 위치의 지정
※ 손가락 끝으로 정확한 위치를 가리키고 있는 이미지

from 출발점
※ 분리의 이미지

to 도착점
※ 확실한 행선지를 표시한다

for 목적지
※ 기분이나 몸이 목적지를 향하다

out of ~의 밖에
↔ **into** ~의 안에

of 꺼내다

out 바깥쪽
※ 확실히 벗어나다

in 안쪽

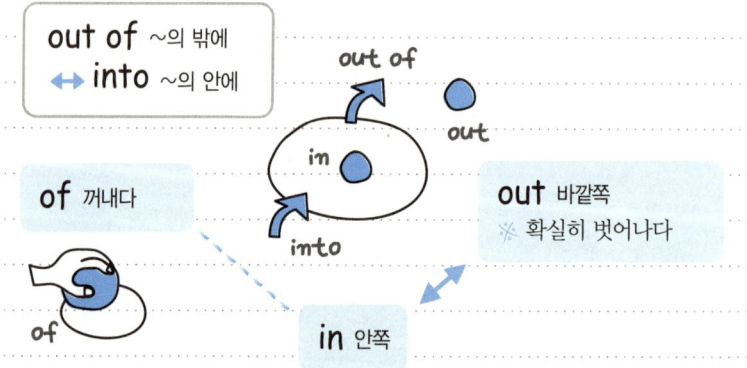

12

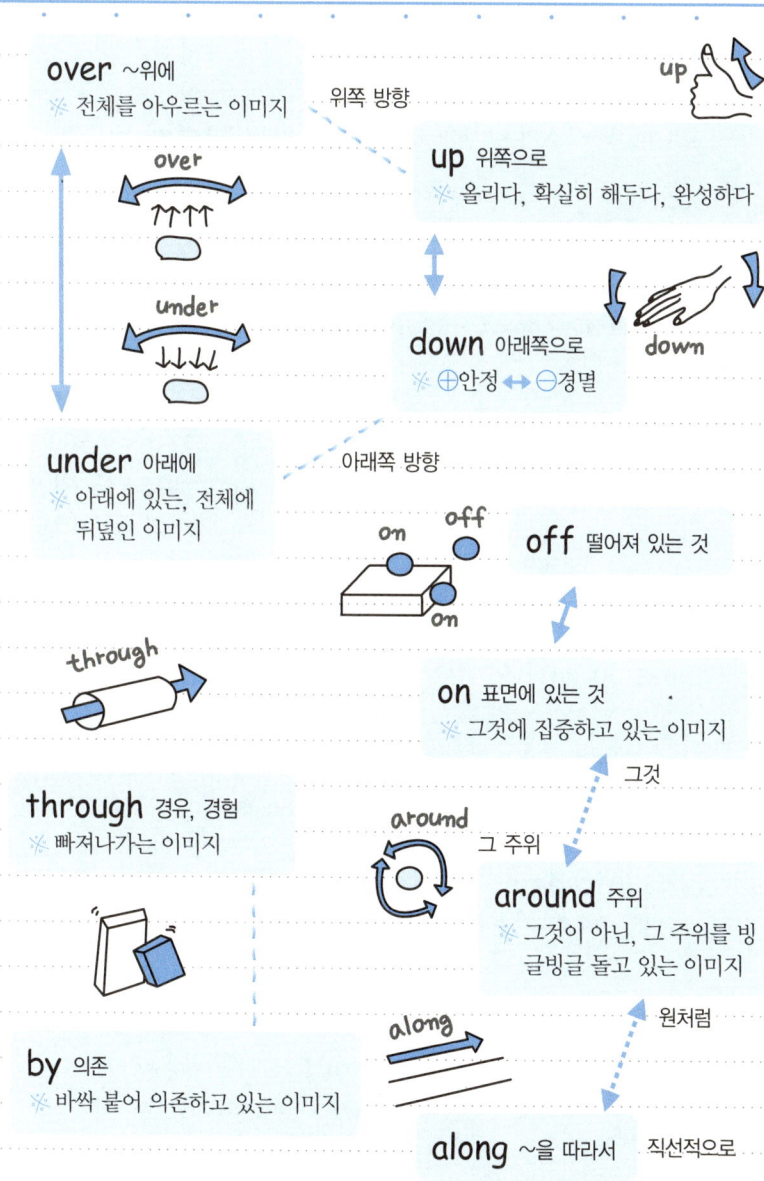

002 come

come across~ ~을 (뜻밖에) 만나다 (=run across)
- On my way home I came across an old friend of mine.
 (집으로 돌아오는 길에 친구를 우연히 만났다.)
※ across는 교차되는 이미지

come by~ ~을 손에 넣다(입수하다)
- How did you come by this picture?
 (이 그림을 어떻게 구했니?)

come about~ 일어나다, 발생하다
(=break out =happen =occur)
- How did this accident come about?
 (이 사고는 어떻게 일어났니?)

come
안쪽
※ 화자나 상대가 있는 곳, 화제의 중심에 접근하다

come up with~ 제안하다, 안출하다 (=hit upon)

come into~ ~이 되다, ~에 들어가다
- When did this word come into common use?
 (이 말은 언제 상용화되었니?)

come into being 생기다, 출현하다
=come into existence

come of age
성년이 되다

come out 드러나다, 나타나다
- All facts came out after he left.
 (그가 떠난 후에 모든 사실이 드러났다.)

come + 형용사(positive) ~이 되다

come alive 활기를 띠다
come easy 쉬워지다
come true 실현되다

go, fall 참조

- **Your dreams will come true.**
  (너의 꿈은 실현될 것이다.)

(~ing) come close to ~ing
거의 ~하게 되다, 거의 ~ 할 뻔하다

- **I came close to fainting to hear the news of his death.**
  (나는 그의 사망 소식을 듣고 거의 기절할 뻔했다.)
- = come near to ~ing

come down with~
병에 걸리다

- **My whole family came down with flu.**
  (가족들이 모두 독감에 걸렸다.)

come to
의식을 회복하다, 정신이 들다

come to one's senses
제정신이 들다, 헛된 꿈에서 깨어나다

come to life
소생하다, 의식을 회복하다

(부정사)

come to 원형동사 결국 ~이 되다

- **In time I came to love her.**
  (결국 그녀와 사랑에 빠지게 되었다.)

Come to think of it 문득 깨닫다

when it comes to~
~에 귀착되다, ~라고 말하면

(관용구)

come to an end 끝나다

come to terms with~ ~와 합의하다, 타협이 이루어지다, (구어)생각해 보면

- **You have to come to terms with your new situation.**
  (새로운 상황을 받아들여야만 한다.)

come to mind 생각이 떠오르다

- **A good idea came to mind.** (좋은 생각이 떠올랐다.)

come to light 나타나다, 드러나다

- **The truth will come to light soon.** (진실은 곧 밝혀질 것이다.)

003 go (기본편)

go along with~ ~에 찬성하다, 협력하다(따르다)
- **Are you going to go along with his opinion?**
  (너는 그의 의견에 찬성하니?)

go with~ ~와 어울리다, 조화하다 (=match)
- **This tie doesn't go with your shirt.**
  (이 넥타이는 당신의 셔츠와 어울리지 않는다.)

go without~ ~없이 해나가다 (=do without)
- **The victims had to go without food for days.**
  (조난자들은 여러 날을 음식 없이 견뎌야만 했다.)

go over 되풀이하다
- **He went over the whole story.**
  (그는 이야기 전부를 되짚어 나갔다.)

go on ~ing 계속하다
- **Go on working.**
  =Keep working.
  =Continue working.
  =Carry on with your work.
  (맡은 일을 계속해라.)

go
※ 화자나 상대가 있는 곳에서 멀어지다

go up 오르다 ↔ go down 내려가다, 내리다

go off 터지다, 폭발하다
- **The bomb went off.**
  (폭탄이 터졌다.)

외출하다

go out 외출하다 ↔ go home 귀가하다
go out with~ (이성과) 교제하다 (=date)
- Will you go out with me?
  (나와 데이트하겠니?)

go on a picnic 소풍 가다
go for a walk 산책하다 (=take a walk)
go for a drive 운전하다, 드라이브하다
go for a swim 수영하러 가다 (=go swimming)
go shopping 쇼핑하러 가다
go skiing 스키 타러 가다

go through 겪다, 경험하다 (=experience)
- They have gone through many hardships.
  =They have experienced many hardships.
  (그들은 수많은 고난을 겪었다.)

go by 지나가다 (=pass)
- Time goes by.
  (시간은 흐른다.)

go into ~에 들어가다,
~을 (자세히) 조사하다, 검토하다 (=look into =inquire into =investigate)
- The police are going into the murder case.
  (경찰이 그 살인 사건을 조사하는 중이다.)

004 go (응용편)

as far as ~ go
~관한 한
- **As far as** the plan **goes**, I have no objection.
  =As far as the plan in concerned, I have no objection
  (그 계획에 관한 한 나는 이의가 없다.)

as ~ go
~을 기준으로 말한다면, ~의 기준에 따르면
※ 일반적인 의미로 그러하듯이
- He is young **as** statesmen **go** nowadays.
  (그는 요즈음 정치가로서는 젊다.)
- **As** the proverb **goes**, practice makes perfect.
  (익힐수록 나아진다는 속담이 있다.)

(관용구)

It goes without saying (that)~
말할 나위도 없다
- **It goes without saying** that honesty is the best policy.
  (정직이 최선의 방책이라는 것은 더 말할 필요도 없다.)

go
※ 화자나 상대가 있는 곳에서 멀어지다

일반적으로 그와 같이 진행되다

☆ **That's the way love goes.**
(사랑이란 그런 것이다.)

go + 형용사 ~이 되다

go bad
상하다, 악화되다

- **The milk went bad.** = **The milk went sour.**
  (우유가 상했다.)
- **My eyes went bad years ago.**
  (몇 년 전에 눈이 나빠졌다.)

go mad
미치다

go bankrupt
파산하다

안 좋은 방향으로 진행되다

go out of control
통제력을 잃다, 조종 불능이 되다

- **The car went out of control and crashed into trees.**
  (차가 통제력을 잃고 나무에 충돌했다.)

go out of sight
시야에서 벗어나다

- **I waved until the train went out of sight.**
  (나는 기차가 보이지 않을 때까지 손을 흔들었다.)

↔ come into sight

go out of fashion
유행하지 않게 되다, 한물가다

005 run

run across
~을 우연히 만나다 (=come across)
- **John ran across Yoko on his way home.**
(존은 집으로 가는 길에 우연히 요코를 만났다.)

run into ~
~에 뛰어들다, ~와 우연히 만나다
- **He ran his car into a lamppost.**
(그의 차가 가로등 기둥과 부딪혔다.)
- **Mary ran herself into trouble.**
(메리는 스스로를 곤경에 빠뜨렸다.)

이동

run
달리다, 움직이다

run over~
(차가 사람·물건을) 치다

run away
도망치다, 도주하다 (=get out =escape)
- **Several prisoners ran away from the jail.**
(죄수 몇 명이 감옥에서 탈주했다.)

run after
위험을 무릅쓰다, 모험을 하다

run a risk
위험을 무릅쓰다 (=take a risk)

run the risk of ~ing
~한 위험을 무릅쓰다

- **I don't want to run the risk of losing my friends.**
(나는 친구를 잃는 모험은 하고 싶지 않다.)

기세좋게 진행하면…

run short
부족하다, 없어지다

- **We are gradually running short of water.**
(우리는 점점 물이 부족해지고 있다.)

run out of~
~을 다 써 버리다, 없어지다 (=exhaust)

- **Our car ran out of gas on the highway.**
(고속도로에서 차의 기름이 바닥났다.)

※ 가솔린 – gas/gasoline[미] petrol[영]

eat and run
(손님으로 식사에 초대되어) 먹고 바로 돌아가다

in the short run
단기적으로는, 당장은

in the long run
장기적으로는, 결국은 (in the end)

006 get

get over~
~을 극복하다 (=overcome), 회복하다 (=recover from)
- **Have you got over the shock?**
  (충격에서 회복되었니?)

get the better of~
이기다, 압도하다 (=overcome =defeat)
- **He got the better of the argument.**
  (그는 논쟁에서 이겼다.)

get on 타다
↔ **get off** 내리다
get to~ ~에 도착하다
(=arrive at)

get
※ 뭔가를 손에 넣다, 변하여 그 상태가 되다

이기다
이동
연락

get through~
~을 통과하다, 연결하다, 이해시키다, 이해되다
- **He couldn't get through to his father.**
  (그는 아버지를 이해시킬 수가 없었다.)

get in touch with~
~와 연락하다
- **I get in touch with my parents by mail.**
  (나는 부모님과 우편으로 연락한다.)

~이 되다 (형용사)

get married
결혼하다

- **Bob and Mary got married last month.**
  (밥과 메리는 지난달에 결혼했다.)

get lost 길을 잃다 (= lose one's way)
get sick 병들다
get excited 흥분하다
get angry 화나다
get ready 준비하다

(형용사)

(부사)

get away 떠나다
get together 모이다

(인간관계)

get on with~ ~와 일치하다, 사이좋게 지내다
get along with~ ~와 사이좋게 지내다
※ get along은 나아가다, 살아가다

- **You should get along with your boss.**
  (윗사람과 사이좋게 지내야 한다.)

↔ **get into trouble** 말썽이 나다, 곤경에 빠지다

get rid of~
~을 제거하다 (= do away with = abolish)

- **I cannot get rid of my bad cold.**
  (독감을 떼어버릴 수가 없다.)

007 turn

turn in ~
~을 제출하다 (=hand in =submit)
- **You have to turn in your paper on Friday.**
(금요일에 리포트를 제출해야만 한다.)
※ 학교 숙제인 '리포트'는 paper나 essay라고 한다. report는 '보고서'.

turn into ~
~으로 변하다, ~이 되다 (=become)

turn
※ 방향을 바꾸다, ~이 되다

turn out
생산하다, 제조하다 (=produce), ~임이 판명되다 (=prove)
- **What he said turned out to be false.**
(그의 말이 거짓임이 드러났다.)

turn over
~을 뒤집다, 뒤집어엎다. 뒤집히다, 전복하다
- **The boat turned over.**
(보트가 뒤집혔다.)

(관용구)

turn a blind eye 무시하다, 못 본 체하다
turn a deaf ear 무시하다, 못 들은 척하다

turn color 색이 변하다, 안색을 바꾸다

turn away
쫓아 버리다, 외면하다
- **She turned away in horror.**
(그녀는 두려움으로 인해 얼굴을 돌렸다.)

turn down ※ down으로 하다
① (제안 등을) 거절하다, 끊다(자르다) (=refuse =reject)
- **She turned down our suggestion.** (그녀는 우리의 제안을 거절했다.)

② 소리를 줄이다, 쇠퇴하다
- **Turn down the radio.** (라디오 소리를 줄여라.)

turn up
① (소리를) 크게 하다
② 모습을 나타내다, 뜻밖에 나타나다 (=appear =show up)
- **He turned up suddenly from the corner.**
(그가 갑자기 모퉁이에서 나타났다.)

turn on 틀다, 켜다 turn off 끄다
- **Don't turn off the light.**
(불을 끄지 마시오.)

at every turn 모퉁이마다, 가는 곳마다, 항상
in turn 차례로, 번갈아 (=by turns)
↔ **out of turn** 순서 없이, 순서가 뒤바뀌어
on the turn 바뀌는 고비에(변화하는 시점에)
- **The tide is on the turn.** (조류가 바뀌고 있다.)

008 fall

fall back on~ ~을 거점으로 하다, ~에 의지하다 (=rely on~)
- At least I have my parents to fall back on.
(적어도 나에게는 의지할 부모님이 계신다.)

fall
※ 떨어지다, 의도하지 않았지만 ~되다

떨어지다

fall behind 뒤지다, 뒤떨어지다, 추월당하다
- France has fallen behind in coal production.
(프랑스는 석탄 생산에서 뒤쳐져왔다.)

fall off (질·양 등이) 떨어지다, 감소하다, 쇠퇴하다
- It used to be my favorite restaurant but the standard of cooking has fallen off recently.
(내가 즐겨가곤 했던 식당의 음식이 최근에는 질이 떨어지고 있다.)

fall through (계획 등이) 실패로 끝나다, 수포로 돌아가다 (=fail)
- Our plan fell through because of the lack of money.
(자금 부족으로 인해 우리의 계획이 수포로 돌아갔다.)

fall apart 뿔뿔이 흩어지다, 산산조각 나다, 무너져 내리다
- My car is falling apart.
(차가 고장 났다.)
- Their marriage finally fell apart.
(그들의 결혼 생활은 마침내 깨지고 말았다.)

fall + 형용사 ~상태가 되다

fall ill 병이 나다 (= fall sick)
fall asleep 잠들다
fall flat 털썩 넘어지다
fall short of~ 부족하다, ~에 미달하다
- The movie fell short of my expectation.
(그 영화는 나의 기대에 미치지 못했다.)

세차게

fall to ~ ~을 얻다, ~하기 시작하다 (= begin)
- They fell to quarreling again. (그들은 다시 말다툼을 시작했다.)
↔ **fall out of~** ~을 버리다, 중지하다
→ **fall out of fashion** 쓸모없게 되다, 한물가다

fall for ~ ~에 반하다, 매혹되다, 속다
- I was foolish enough to fall for the story.
(그 이야기에 속을 만큼 나는 어리석었다.)

fall in love with~ ~와 연애하다, ~에게 반하다
- The prince fell in love with Grace at first sight.
(왕자는 그레이스에게 첫눈에 반했다.)

rise and fall 조수 간만, 흥망성쇠
decline and fall 쇠망

009 take

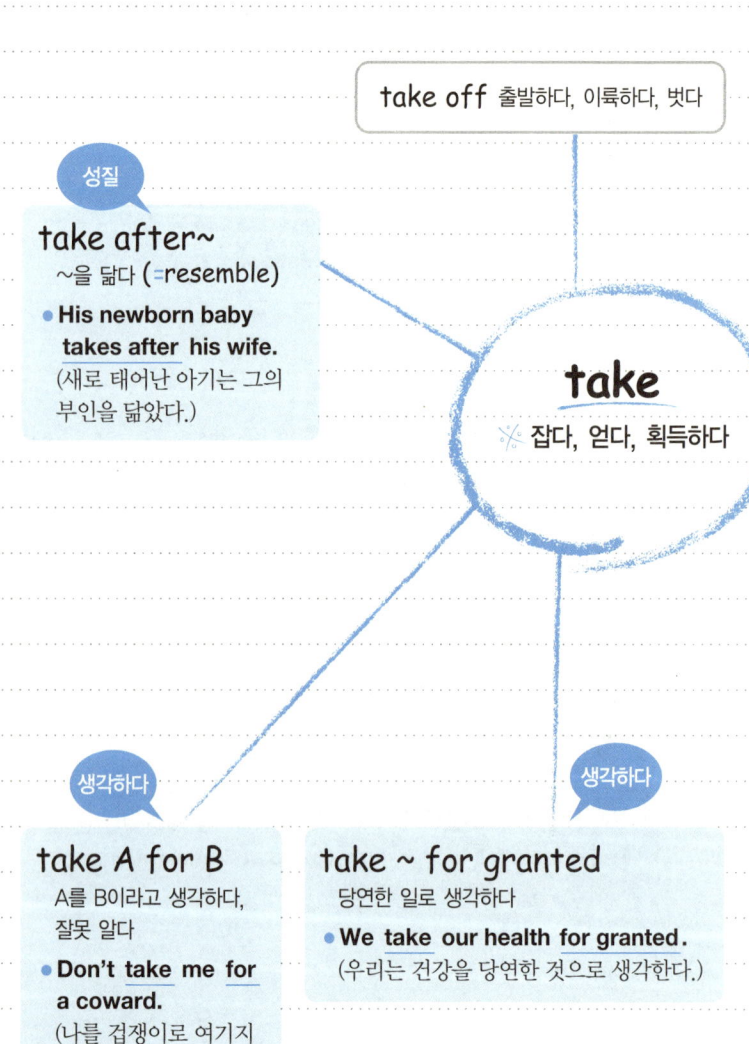

take off 출발하다, 이륙하다, 벗다

성질

take after~
~을 닮다 (=resemble)
- His newborn baby takes after his wife.
(새로 태어난 아기는 그의 부인을 닮았다.)

take
잡다, 얻다, 획득하다

생각하다

take A for B
A를 B이라고 생각하다, 잘못 알다
- Don't take me for a coward.
(나를 겁쟁이로 여기지 마라.)

생각하다

take ~ for granted
당연한 일로 생각하다
- We take our health for granted.
(우리는 건강을 당연한 것으로 생각한다.)

호의

take to~
~에 정들다, ~에 적응하다
- **He hasn't taken to his new school.**
  (그는 새 학교에 적응하지 못했다.)
→ **take a fancy to~** 좋아하다, 마음에 들다
- **He took a fancy to the house.**
  (그는 그 집이 마음에 들었다.)

책임

take up 들어 올리다, 시작하다, 종사하다
- **Let's take up where we left off.**
  (우리가 중단했던 곳에서부터 시작하자.)

take on~ 맡아서 경영하다, 고용하다 (=employ)
- **He took on new staff.** (그는 새로운 직원을 고용했다.)

take over 인계받다, 대신하다
- **George took over as managing director when Bill retired.**
  (조지는 빌이 은퇴하자 이사직을 인계받았다.)

take the place of~ (take one's place)
~에 대신하다, ~을 대리하다
- **Nothing can take the place of the family.**
  (가족을 대신할 수 있는 것은 아무것도 없다.)

take the responsibility 책임지다

take

(명사와 결합하여)

take place 일어나다, 발생하다
(=happen =occur =come about =break out)
- **Where did the ceremony take place?**
(식은 어디에서 거행되었니?)

take action 조치를 취하다

take a risk 위험을 무릅쓰다

take shelter 피난(대피)하다
- **We took shelter in a cave.** (우리는 동굴로 피신했다.)

take turns 번갈아 하다
- **We took turns in cleaning the car.** (우리는 번갈아가며 세차를 했다.)

take a glance (at~) 힐끗 보다

---

take a walk 산책하다
take a trip 여행하다
take/have a break 휴식을 취하다 (=take a rest)
take a nap 낮잠 자다, 선잠 자다
take a picture 사진 찍다

take care of~ 돌보다, 보살피다 (=look after)

take charge of~ 맡다, 담당하다

take account of~ ~을 고려하다, 참작하다 (=take ~ into consideration =consider)
- The magazine always <u>takes account of</u> young people.
  (그 잡지는 항상 젊은이들을 고려한다.)

take notice of~ ~에 주의하다, ~을 알아차리다
- He <u>takes no notice of</u> what his father says.
  (그는 아버지가 하시는 말씀을 무시했다.)

take advantage of~ ~을 이용하다
- We <u>took advantage of</u> the fine weather to play tennis.
  (우리는 좋은 날씨를 이용해 테니스를 쳤다.)

take part in~ 참가하다 (=participate in =join)
- How many countries <u>took part in</u> the last Olympic Games?
  (지난 올림픽 경기에 몇 나라가 참가했니?)

take pride in~ ~을 자랑하다, 자랑스럽게 여기다 (=be proud of~)
- I <u>take pride in</u> the success of my children.
  (나는 아이들의 성공을 자랑으로 여겼다.)

---

be taken ill
병이 나다

take care 조심하다
☆**Take care!**
(작별 인사. 몸 조심해!)

☆**Take it easy!**
(마음을 편히 가져.)

010 take와 cost

take
※ (시간, 돈, 노력)이 요구되다, 필요하다

그녀는 일을 마치는 데 5시간이 걸렸다.
It will take her five hours to finish the work.
=The work will take her five hours to finish.
=She will take five hours to finish the work.

같은 의미로 사용되는 take

take time 시간이 걸리다
☆ **Love takes time.** (사랑에는 시간이 필요하다.)
→ **take one's time** 천천히 하다
☆ **Take your time.** (서두를 것 없다.)

take up room 장소를 잡다(차지하다)
take pains 수고하다(애쓰다)
take trouble 수고하다
- **We took a lot of trouble to find the right person for the job.**
  (우리는 그 일에 적당한 사람을 찾기 위해 애를 썼다.)
→ **take the trouble to 원형동사** 수고를 아끼지 않고 ~하다
- **Decent journalists should take the trouble to check their facts.**
  (기자라면 사실을 확인해야 한다.)

cost

※ 비용이 들다
cost + 사람 + 값(또는 수치)의
순서로 쓴다

그 셔츠를 4달러에 샀다.

It cost me four dollars to buy the shirt.
=The shirt cost me four dollars.
=I bought the shirt for four dollars.
=I paid four dollars for the shirt.

같은 의미로 사용되는 cost

cost the earth 상당한 비용이 들다

- **It cost him the earth to build a new house.**
  (그는 새로운 집을 짓는 데 상당히 많은 비용을 들였다.)

cost ~ his/her neck
목숨을 구하다
※ 빚 갚는 데 목숨이 걸린 사건

to one's cost 자신의 부담으로, 피해를 입고

- **I know it to my cost.**
  (그것이 나에게 손해라는 것을 안다.)

at all costs 어떤 희생을 치르더라도
=at any cost
→ **cost what it may** 비용이 얼마가 들더라도, 어떤 일이 있어도

011 catch

catch on (to~)
이해하다 (=understand)
- **I couldn't catch on to what she said.**
(그녀의 말을 이해할 수가 없었다.)

catch up with~
따라붙다 (=overtake)
- **She will have to work hard to catch up with others.**
(그녀가 다른 사람들을 따라잡으려면 열심히 일해야 할 것이다.)

= catch ~ up
- **Go on in front. I'll soon catch you up.**
(먼저 가세요. 곧 따라가겠습니다.)

catch
뭔가 움직이는 것을 잡다, 멈춰 세우다

잡다

catch ~ ...ing
~가 …하는 것을 발견하다, 목격하다
- **I don't want to catch you smoking again.**
(네가 담배 피우는 것을 다시 보고 싶지 않다.)

catch ~ red-handed 현장에서 붙잡히다

catch sight of~
~를 발견하다, ~를 보다
(=get sight of~ =discover =find out)
- **The police caught sight of the criminal in the crowd.**
(경찰이 사람들 속에서 범인을 발견했다.)

주의, 관심

catch a glimpse of~
~을 힐끗 보다 (=have a glimpse of~)
※ sight(←see)는 보다, glimpse는 힐끗 보다

catch one's attention
~의 주의를 끌다, 주목을 받다.
- **Her beauty caught the prince's attention.**
(그녀의 미모는 왕자의 주의를 끌었다.)

catch one's imagination ~의 생각을 알아차리다

명사와 결합되어

catch (a) cold 감기에 걸리다

catch a chill 한기가 들다, 오한이 나다

catch a nap 낮잠을 자다 (=take a nap)

catch one's breath 숨을 돌리다
- **I don't have time to catch my breath.**
(숨 돌릴 시간도 없다.)

> ☆ **Catch you later.**
> (나중에 보자.)
> ☆ **A drowning man will catch at a straw.**
> (물에 빠진 사람은 지푸라기라도 잡으려고 한다.)

play catch 가볍게 공을 주고받다 (=catch ball)

012 bring

bring about 야기하다, 초래하다 (=cause)
- Cellular phones brought about various changes in our life.
  (휴대 전화는 우리의 생활에 여러 가지 변화를 가져왔다.)

→ bring forth~ 생기게 하다 (=produce)

bring out~ 내놓다, 출판하다 (=publish)
- The publisher will bring out a new magazine.
  (그 출판사는 새로운 잡지를 출판할 것이다.)

bring up~ 기르다, 가르치다 (=raise)
- I was brought up by my grandparents.
  (조부모님이 나를 기르셨다.)

초래하다

bring
여기에 없는 것을 가지고 오다

bring back 상기시키다
- These photos bring back memories of my childhood.
  (이 사진들이 어린 시절의 기억을 떠오르게 한다.)

부정사와 함께

bring oneself to do~ ~할 마음이 들다
- I cannot bring myself to do it.
  (아무래도 그것을 할 마음이 들지 않는다.)

bring ~ home to ... …에게 ~을 절실히 느끼게 하다

※ home은 잘 알고 있는 장소나 사물
at home은 '잘 알고 있다, 정통하다' 라는 뜻의 숙어

- **That incident brought home to us the importance of friendship.**
(그 사건으로 우리는 우정의 중요성을 절실히 깨달았다.)

주의, 관심

bring ~ to one's attention
~이 …의 주의를 끌게 하다

- **He brought the bribery case to the police's attention.**
(그는 뇌물수수 사건으로 경찰의 주의를 끌었다.)

bring/put ~ into effect (법률 등을) 시행하다, (계획을) 실행하다

※ in effect 효력이 있는 (상태)

- **The new law was brought into effect from yesterday.**
(새로운 법이 어제부터 시행되었다.)

관용구

bring ~ to an end ~을 끝내다, 마치다 (= finish)
bring ~ to light ~을 폭로하다 (= reveal)

- **That journalist brought the bribery case to light.**
(그 기자가 뇌물수수 사건을 폭로하였다.)

013 give

give in
굴복하다, 따르다, 양보하다 (=yield to)
- The authorities showed no sign of giving in to the kidnappers' demands.
(당국은 유괴범의 요구에 굴복하는 어떤 조짐도 보이지 않았다.)

→ give way 지다, 양보하다
- I gave way to her opinion.
(그녀의 의견에 양보했다.)

give
뭔가를 주다, 제출하다, 맡기다

포기하다, 맡기다

give out
떨어지다, 다하다
- Our food supply will give out in two weeks.
(식량이 2주 안에 바닥날 것이다.)

give up
끊다, 포기하다
- The doctor told me to give up smoking.
(의사가 나에게 담배를 끊으라고 말했다.)

give off
(증기·냄새·빛 등을) 내다, 방출하다 (=emit =release)
- The oven is giving off a funny smell.
(오븐에서 이상한 냄새가 나고 있다.)

give a glance at~
힐끗 보다 (=take a glance at~ =glance at~)

give attention to~
~에 주의하다, 정성을 쏟다 (=pay attention to~)
- **We should give attention to our environment.**
(환경에 주의를 기울여야만 한다.)

보내다

give birth to~
~을 낳다, ~의 원인이 되다
- **My sister gave birth to her third child last year.**
(여동생은 작년에 셋째 아이를 낳았다.)

주다

give rise to~
~을 발생시키다, ~의 근원이다 (=cause)
- **The factory waste gave rise to environmental problem.**
(공장 폐기물이 환경 문제의 근원이다.)

인간관계에서 자주 쓰이는 관용구

give a party 파티를 열다 (=have a party)

give ~ a call ~에게 전화 걸다

give ~ a ride/lift ~를 태워 주다
- **Could you give me a ride to the station?**
(역까지 태워 주겠니?)

give one's (best) regards
안부를 전하다 (=remember~)
- **Please give my best regards to your parents.**
  =Please remember me to your parents.
(부모님께 안부 전해 주세요.)

give ~ a hand 돕다
- **Give me a hand with my homework!** (숙제 좀 도와줘!)

014 hand

hand in~
제출하다 (= turn in = submit)
- **Have you handed in your homework yet?**
(숙제를 벌써 제출했니?)

hand out
나누어 주다, 분배하다
- **Please hand out these photocopies to the rest of the class.**
(이 사진 복사물을 다른 학생들에게 나누어 주세요.)
※ 배포 자료는 프린트(print)가 아닌 hand-out이라고 한다.

건네주다

hand over~
양도하다, 넘겨주다
- **They handed the man over to the police.**
(그들은 그 남자를 경찰에 인도하였다.)

hand
※ 건네주다, 내밀다

hand down
(유산 등을) 물려주다, 후세에 전하다
- **Most of my clothes were handed down to me by my older sister.**
(내 옷의 대부분을 언니에게서 물려받았다.)

shake hands with~
악수하다

※ hand는 복수형을 쓴다. 비슷한 형식의 숙어로는 make friends with(친해지다), change trains(기차를 갈아타다)가 있다.

(hand(명사)를 사용하여)

show one's hand
손에 든 패를 보이다, 생각을 털어놓다

at hand
가까이에, 항상 사용할 수 있는
- **Keep your passport at hand.**
  (여권은 사용하기 쉬운 곳에 보관해라.)
→ close at hand 바로, 가까이에

by hand
인편으로 넘겨주다
- **I will deliver the document by hand.**
  (그 서류를 인편으로 보내겠다.)

hand in hand
손에 손을 잡고, 협력하여
→ go hand in hand 보조를 맞추다
- **War and suffering go hand in hand.**
  (전쟁은 고통을 동반한다.)

☆ **Hands up!** = **Hold up your hands!** (손 들어!)

015 hold

hold back~ 제지하다 (=withhold), 감추다 (=hide)
- The police held the crowd back.
  (경찰이 군중들을 제지하였다.)
- I think he's holding something back.
  (나는 그가 뭔가를 숨기고 있다고 생각한다.)

hold down 억제하다, 유지하다, 계속하다
- He held down a tough job for a long time.
  (그는 오랫동안 힘든 일을 계속했다.)

> 유지하다

hold out (재고품 등이) 남아 있다, 계속되다 (=hold on =last)
- We can stay here as long as our supplies hold out.
  (물자가 남아 있는 한 우리는 여기에 머물 수 있다.)

hold on
① (전화를 끊지 않고) 기다리다 (=hang on)
☆ Hold on a minute, please.
  (잠깐만 기다리세요.)

② 버티다, 견디다
- They managed to hold on until help arrived.
  (그들은 도움의 손길이 도착할 때까지 간신히 견디었다.)

> 누르다

hold one's tongue 잠자코 있다.
☆ He cannot speak well that cannot hold his tongue.
  (침묵할 줄 모르는 사람은 말을 잘 할 수 없다.)

hold one's breath 숨을 멈추다, 숨을 죽이다
☆ Hold your breath.
  (숨을 멈추시오.)

hold up~

① 늦추다, 지체시키다 (=delay)

- **An accident at Miyakezaka junction is holding up traffic.**
(미야케자카 교차로에서의 사고로 인해 교통이 정체되고 있다.)

② 강도질을 하다 (=rob)

- **Masked men held up the bank yesterday.**
(복면을 한 남자가 어제 은행을 털었다.)

※ hold up에 강도질한다는 뜻이 있다.
　Hold up your hands! (손을 올려라!)

꼼짝 못하게 하다

hold

※ 손으로 잡고 있다, 유지하다

☆ **Hold it!**
(움직이지 마! 잠깐 기다려!)

have and hold (법적으로) 보유하다

☆ **I take thee to my wedded husband, to have an to hold from this day forward.**
(이제부터 앞으로 영원히 당신을 남편으로 맞이합니다.)

※ 결혼 서약에 쓰이는 말

잡다

catch/get/take hold of~

~을 움켜쥐다, 붙잡다 (=seize =grasp)

- **Where did you get hold of that idea?**
(어떻게 그런 생각이 났니?)

016 have (기본편)

have
구체적, 추상적인 무엇인가를 가지고 있다

have ~ on
① ~을 몸에 지니고 있다 (=wear)
② 준비 또는 계획하다
- **What do you have on for Christmas?**
  (크리스마스에는 무엇을 할 계획이니?)

(연관성)

have something to do with~
~와 관계가 있다
- **Her job has something to do with computers.**
  (그녀의 일은 컴퓨터와 관련이 있다.)
- ↔ **have nothing to do with~**
  (전혀) 관계가 없다

(구체적인 동작)

have a look at~
~을 훑어보다 (=take a look at)

have a word with~
~와 한두 마디 나누다, 대화하다

(몸의 증상)

have a cold 감기 걸리다
have a slight/ high fever 미열/고열이 있다
have a headache/toothache 두통/치통이 있다
have a pain in one's back 등(또는 허리)이 아프다

추상적 동작

have a good knowledge of~ ~에 대해 잘 알다
- She has a good knowledge of economics.
  (그녀는 경제학에 대해 잘 안다.)

have a high/good opinion of~
높이 평가하다, 좋게 생각하다
- I have a very high opinion of her work.
  (나는 그녀의 일에 대해 높이 평가한다.)

have an eye/ear for~ 안목이 있다, 식견이 있다
- He has an eye for sculpture.
  (그는 조각을 보는 눈이 있다.)

have no idea 전혀 없다, 전혀 모르다
- I had no idea what he said.
  (그가 무슨 말을 했는지 전혀 모르겠다.)

have ~ in mind ~을 생각하다, 계획하다
- Do you have anything in mind?
  (무슨 계획이 있어?)

have one's own way
바라던 것을 얻다, 마음대로 하다 (=get one's own way)
- He wants to have his own way in everything.
  (그는 모든 것을 마음대로 하고 싶어 한다.)

have confidence in~ ~를 신뢰하다
- I have every confidence in him.
  (나는 그를 전적으로 신뢰한다.)

have a narrow escape ~에서 간신히 도망치다
- They had a narrow escape from the thunderbolt.
  (그들은 가까스로 벼락을 피했다.)

017 have (응용편)

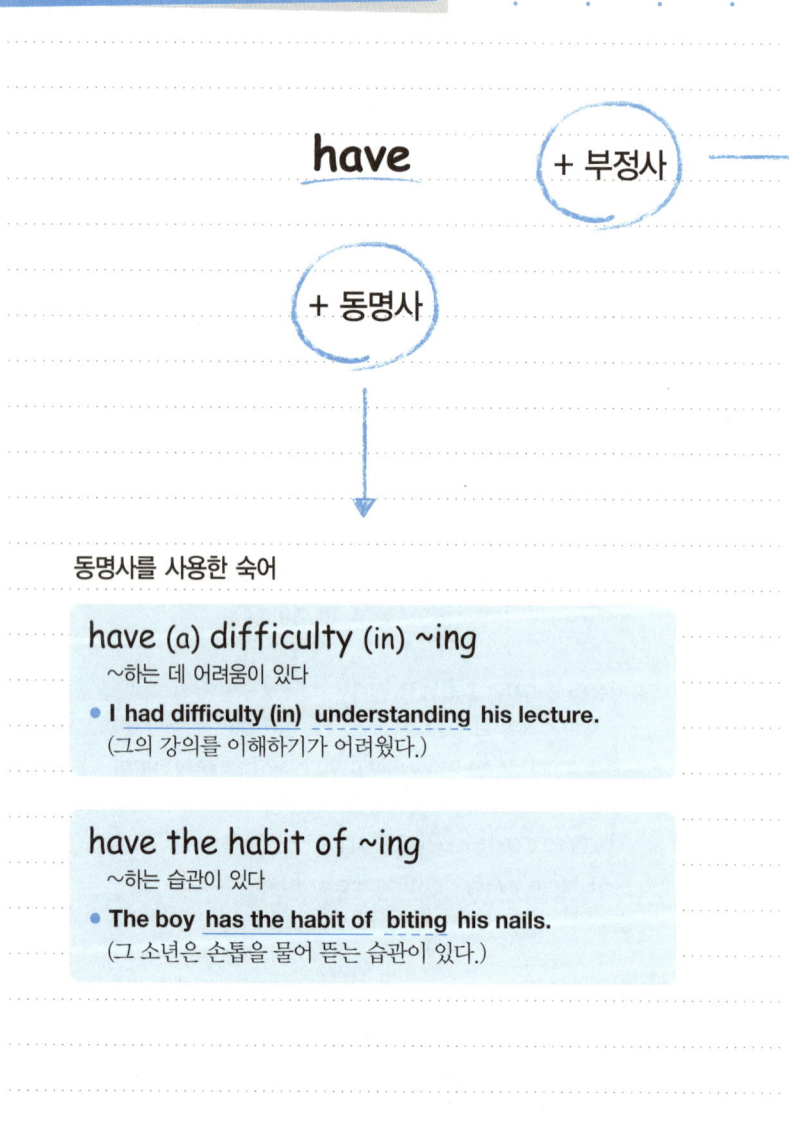

동명사를 사용한 숙어

have (a) difficulty (in) ~ing
~하는 데 어려움이 있다
- I had difficulty (in) understanding his lecture.
(그의 강의를 이해하기가 어려웠다.)

have the habit of ~ing
~하는 습관이 있다
- The boy has the habit of biting his nails.
(그 소년은 손톱을 물어 뜯는 습관이 있다.)

to부정사를 사용한 숙어

have only to 원형동사
~하기만 하다

- **You have only to listen to what your boss says.**
  (너는 윗사람이 말하는 것을 듣기만 하면 된다.)

have time to 원형동사
~할 시간이 있다

- **I went to my hometown on business, but I had no time to see my parents.**
  (사업차 고향을 방문했지만, 부모님을 만날 시간이 없었다.)

> ☆ **Do you have the time?**
> (몇 시니?)

have no alternative/choice but to 원형동사
~하지 않을 수 없다 (= cannot help ~ing = cannot but 원형동사)

- **Missing the last train, I had no choice but to walk.**
  (막차를 놓쳐 걸어갈 수밖에 없었다.)

※ alternative도, choice도 '알맞은 것을 고르다'라는 의미

have the kindness to 원형동사 친절하게도 ~하다

- **The woman had the kindness to show me the way to the museum.**
  = **The woman was so kind as to show me the way to the museum.**
  = **The woman was kind enough to show me the way to the museum.**
  (그 여자는 친절하게도 나에게 박물관 가는 길을 가르쳐 주었다.)

have the nerve to 원형동사
염치없게도 ~하다

018 keep

keep up
지속하다, 유지하다
- **Keep up the good work.**
  (계속 수고하세요.)

keep up with~
뒤떨어지지 않다, 지지 않다 (=keep pace with)
- **He cannot keep up with the rapid change in society.**
  (그는 사회의 빠른 변화를 따라잡을 수 없었다.)

※기본

keep
상태를 유지하다, 변하지 않도록 하다

거리를 유지하다

keep ~ from ...
~이 …하는 것을 막다, 방해하다 (=stop/prevent ~ from ...)
- **The fog kept the airplane from taking off.**
  (안개로 인해 비행기가 이륙하지 못했다.)

keep off 막다, 가까이 못 오게 하다
☆ **Keep off the grass.** (잔디밭에 들어가지 마시오.)

keep company with~ ~와 사귀다

- **Michael has kept company with Liz for a long time.**
(마이클과 리즈는 오랫동안 사귀어왔다.)
    ※ company는 집합적 동료 또는 교제의 의미로, 그것에서 회사라는 뜻도 유래한다

keep in touch with~ ~와 연락하다, 접촉하다

- **Do you still keep in touch with him?**
(그와 계속 연락하고 있니?)

교제

keep an eye on~ ~를 주시하다

- **You should keep an eye on your suitcase.**
(가방을 잘 지켜봐야 해.)

keep ~ in mind ~를 기억하다, 명심하다 (= remember)

- **We'll keep your suggestion in mind.**
(우리는 당신의 제안을 기억할 것이다.)

주의, 관심

keep track of~ ~을 기억하다, (사태·상황의 진전을) 지켜보다
※ track 지나간 자취 또는 길, tracking 추적

keep a diary 일기를 쓰다

keep a promise 약속을 지키다 (= keep one's word)

keep good time 시간이 잘 맞다

- **My watch keeps good time.** (내 시계는 잘 맞는다.)

관용구

keep early hours 일찍 자고 일찍 일어나다

- **Keeping early hours makes you healthy.**
(일찍 자고 일찍 일어나는 것이 건강에 좋다.)
    ↔ keep late hours 늦게 자고 늦게 일어나다

keep one's temper 침착성을 잃지 않다, 화를 참다
※ temper는 (도전 받았을 때의) 평정, 냉정, 침착함을 의미.

019 stand와 stay

stand ※ 똑바로 서다

stand back (위치)
뒤로 물러서다, 떨어진 곳에 있다
- **The police ordered the crowd to stand back from the building on fire.**
(경찰은 사람들에게 화재가 난 건물에서 물러서라고 명령했다.)

stand up 일어서다 (=rise)

stand up for~ 옹호하다, 두둔하다 (=support, defend) (지키다)
- **You must stand up for your rights.** (너의 권리를 지켜야만 한다.)
※ 뭔가를 위해 일어서다.

stand for ※ 뭔가를 위해 서 있다, 존재하고 있다.
① 지지하다 (=support)
- **Our party stands for racial tolerance.**
(우리 당은 인종에 대한 관용적 태도를 지지한다.)

② 나타내다, 의미하다, 대표하다 (=represent)
- **EU stands for European Union.** (EU는 유럽 연합의 약자이다.)

stand by ※ 옆에 서 있다.
① 대기하다, 준비하다
- **The troops are standing by.** (군대가 대기 중이다.)

② 돕다, 편들다, 지지하다 (=support)
- **I'll stand by your whatever happens.**
(무슨 일이 일어나도 나는 네 편이다.)

관용구
- **stand out** 눈에 띄다, 두드러지다
- **stand aloof** 거리를 두다, 가까이 어울리지 않다
- **stand still** 가만히 있다, 현상을 유지하다

come to a stand 막다른 곳에 서다

둘 다 움직임이 없는
정적인 이미지

stay
※ 머무르다

머무르다, 묵다

stay with + 사람 ~의 집에 머물다
- **I'm now staying with my uncle.**
  (나는 지금 삼촌 댁에 묵고 있다.)

stay at + 장소 ~에 머물다
- **The president is staying at the Hilton Hotel.**
  (대통령은 힐튼 호텔에 체류 중이다.)

지속됨

stay up 밤 늦게까지 일어나 있다
- **She always stays up late.**
  (그녀는 항상 밤 늦게까지 자지 않는다.)

현재의 상태가 지속됨

stay the course 인내하다, 견디어 내다
- **I don't think he is dedicated enough to stay the course.**
  (나는 그가 끝까지 최선을 다하고 있다고 생각하지 않는다.)
→ **stand on the course** 방침(항로)을 고수하다

☆ **I can't stand this noise.** (그 소음을 참을 수가 없다.)

020 make (기본편)

make up 꾸미다, 조작하다 (= cook up = invent), 분장하다
- The actor **made up** for the part of King Arthur.
  (그 배우는 아서 왕으로 분장했다.)

→ **make believe** ~인 체하다 (= pretend)
- Let's **make believe** that we don't know about it.
  (모르는 체하자.)

make up of~
~으로 이루어지다 (= consist of)
- The Morse code is **made up of** dots and dashes.
  (모스 부호는 점과 선으로 되어 있다.)

make up for~
보상하다, 배상하다 (= compensate for)
- He worked hard to **make up for** lost time.
  (그는 잃어버린 시간을 만회하기 위해 열심히 일했다.)

make up one's mind 결심하다

※기본

make
(재료를 가지고) 뭔가를 만들다

중요한 표현

be made of~ ~으로 만들어지다 (재료)
- This table **is made of wood**. (이 책상은 나무로 만들어졌다.)
  ※ 재료의 형태를 보존하고 있다.

be made from~ ~으로 만들어지다 (원료)
- Wine **is made from grapes**. (와인은 포도로 만들어진다.)
  ※ 재료의 형태를 알아볼 수 없다.

be made into~ ~로 가공되다 (제품)
- His grapes **are made into wine**. (그의 포도가 와인으로 만들어졌다.)

※ ~을 위해 만들다

make for~ ~ 쪽으로 가다, ~에 이바지하다, 도움이 되다
- This makes for good human relations.
(이것은 인간관계에 도움이 된다.)

※ out(생각하다)

make out~ 이해하다, ~처럼 말하다 (=figure out =understand)
- How do you make that out?
(그것을 어떻게 알았어?/ 어떻게 그렇게 말할 수 있어?)

(생각)

make much of~ ~을 중시하다
↔ make little of 경시하다
- The boy makes little of what his father says.
(그 소년은 아버지의 말을 대수롭지 않게 생각한다.)
↔ make nothing of~ ~을 무시하다

(관용구)

make it a rule to 원형동사
~하는 것을 잊지 않는다, 꼭 ~한다, ~하는 것을 원칙으로 하다
- He makes it a rule to take a walk in the morning.
(그는 아침에 산책하는 것을 잊지 않는다.)
=make a point of ~ing

to make matters worse 설상가상으로, 사태가 더욱 악화되어

021 make (응용편)

make와 만나 짝을 이루는 말

나아가다

make one's way 나아가다 (=make for)
→ make progress 진행하다, 전진하다 (=gain ground)
make an effort 노력하다 (=make efforts)
make haste 서두르다, 급히 ~하다 (=hurry up)

만들다

make room 자리를 내주다
- We should make room for each other in the train.
(기차 안에서 서로 자리를 양보해야 한다.)

돈, 화폐

make fortune 재산을 모으다
→ make money 돈을 벌다 (=earn money)
make a living 생계를 유지하다
- My grandparents make a living by growing vegetables.
(나의 조부모님은 채소 재배로 생계를 유지하신다.)

이용 가치

make use of~ ~을 이용하다 (=utilize)
- You should make more use of your dictionary in studying English.
(영어 공부에 사전을 더 활용해야 한다.)
→ make the best of~
~을 최대한 이용하다 (=make the most of~)
- She knows how to make the best of her talents.
(그녀는 자신의 재능을 최대한 이용하는 법을 안다.)

make fire 불을 피우다

make a journey 여행하다
(=make a trip =make a tour =travel)

make sure 확인하다, 확신하다
- Sophia made sure of my telephone number again.
(소피아는 나의 전화번호를 다시 확인하였다.)

make a decision 결심하다 (=decide)

make a mistake 실수하다 (=make an error)

생각

make sense 이치에 닿다, 뜻이 통하다

make a difference 차이가 생기다, 차별을 두다
- The flower makes all the difference to the room.
(그 꽃이 방 안에 있는 모든 것을 달라 보이게 한다.)
- It makes no difference to me.
(나와는 상관없다.)

make a noise 떠들다, 떠들어대다
→ make a fuss 소란을 피우다

음성·소리

make an answer 대답하다 (=make a reply =reply =respond)
make a call 전화를 걸다 (=telephone =call)

make friends 사귀다, 친구가 되다
- David finds it hard to make friends with other children.
(데이비드는 다른 아이들과 친구가 되기 어렵다.)

인간관계

make a face 얼굴을 찡그리다 (=frown)

make fun of~ 놀리다, 조롱하다 (=ridicule)
- He always makes fun of his little sister.
(그는 늘 여동생을 놀린다.)
→ make a fool of~ 우롱하다
- Are you trying to make a fool of me?
(나를 바보로 아니?)

make an appointment 약속하다
- I made an appointment with my dentist for next Monday.
(다음 주 월요일에 치과에 가기로 했다.)

make a reservation 예약하다 (=reserve =book)

make arrangements for~ 준비하다, 예약하다
- Could you make arrangements for my trip to England?
(영국 여행을 준비해 주실래요?)

make an application for~ ~을 신청하다 (=apply for)
- I'm going to make an application for a job with a computer company.
(컴퓨터 회사에 일자리를 구하고 있다.)

022 put

put ~ aside 저축하다, ~을 소중히 간직하다
- We'll put this suit aside for you.
  (당신을 위해 이 양복은 따로 놔두겠습니다.)

put ~ away 치우다, ~을 소중히 간직하다
- I'm just going to put the car away. (마침 차를 차고에 넣는 중이다.)
- She has twenty thousand dollars put away for her retirement
  (그녀는 은퇴 자금으로 2만 달러를 갖고 있다.)

put back 제자리로 되돌리다, 되돌아가다 (=return)
- Put it back again where it was. (그것을 다시 제자리에 갖다 놓아라.)

put together 모으다
- This project team earns more money than the other teams put together. (이 기획팀은 다른 팀을 다 합친 것보다 더 많은 돈을 벌어들였다.)

put down ※ 아래에 놓다

① 억제하다, 진정시키다, 진압하다
- They has put down a strike. (그들은 파업을 진압하였다.)

② 기입하다 (=wite down), 적다, 기록하다
- She put down every word the man spoke.
  (그녀는 남자가 하는 말을 모두 받아 적었다.)
- Put them down to my account.
  (그것들을 나의 계산서에 달아두시오.)

put on 입다 ↔ take off 벗다

- Put on your hat. (모자를 써라.)

→ **put on weight** 살찌다, 체중이 늘다 (=gain weight =get fat)
- My wife has put on weight recently.
  (나의 아내는 최근에 체중이 늘었다.)

↔ **lose weight** 여위다, 체중이 줄다

put
※ 확실한 장소·상태에 놓다

put forward ※ 앞에 놓다
제안하다, 추천하다
(=suggest =offer)
- **They put him forward as chairman.**
(그들은 그를 의장으로 추천하였다.)

put through
통과시키다, (전화 등을) 연결하다
- **They put through a new plan.**
(그들은 새로운 계획을 통과시켰다.)
- **Please put me through to Mr. Green.**
(그린 씨를 연결해 주십시오.)

(관용구)

put ~ another way
~바꾸어 말하면
- **Let me put it another way.**
(바꿔 말할게.)

put up ※ 위에 놓다
~을 올리다 (=raise),
~을 짓다 (=build)
- **Put your hand up!**
(손 들어!)

put up with~ ~을 참다
(=endure =tolerate =stand =bear)
- **I had to put up with many inconveniences.**
(여러 가지 불편을 참아야만 했다.)

put up at~
숙박하다 (=stay at)

put an end to~
~을 끝내다, 결말을 짓다

put emphasis on~
~을 강조하다 (=emphasize)
- **He put great emphasis on the importance of the environment.**
(그는 환경의 중요성을 대단히 강조하였다.)

put off 벗다, 연기하다 (=postpone)
- **Don't put off answering the letter.**
(편지에 답장하는 것을 미루지 마라.)

put out 끄다
- **Put out the light.** (불을 꺼라.)

023 set

set in
시작하다 (=start =begin)
- I must get these bulbs planted before the cold weather set in.
(날씨가 추워지기 전에 이 구근들을 심어야만 한다.)

set 세트하다, 어떤 상태가 되게 하다

시작하다

set sail
출항하다

set off
출발하다
- What time are you planning to set off tomorrow?
(내일 몇 시쯤 출발할 계획이니?)

↔ set back 좌절시키다, 뒤로 옮기다
- The bad weather has set back their building program several weeks.
(날씨가 좋지 않아 그들의 건설 계획이 몇 주 지체되었다.)

set about~
~에 착수하다, ~하기 시작하다 (=begin =start)
- She set about cleaning.
(그녀는 청소를 시작했다.)

set up~

~를 세우다, 건설하다 (=establish)

- **He set up his son in a shop.**
  (그는 아들에게 가게를 지키게 했다.)

→ **set up as~** ~을 개업하다

- **He set up his son as a photographer.**
  (그는 아들이 사진관을 개업하게 했다.)

놓다

set aside

챙겨 놓다, 저축하다 (=put aside =save)

- **She sets aside a bit of money every month.**
  (그녀는 매달 약간의 돈을 저축한다.)

부정사와

set ~ to 원형동사

~에게 …하게 하다

- **They set their maid to sweep the room.**
  (그들은 가정부를 시켜 방을 청소했다.)

- **She set herself to finish her work.**
  (그녀는 일을 끝마쳤다.)

※ off로 한다

set off~

~를 폭발시키다, 일으키다, 유발하다

- **Several boys were setting off fireworks in the street.**
  (몇 명의 소년들이 거리에서 폭죽을 쏘아 올리고 있었다.)

- **Panic on the stock market set off wave of selling.**
  (주식 시장의 공황은 매도 주문을 유발했다.)

024 Speak와 tell

speak
※ '입에서 나오는 목소리' 라는 음성에 중점, 어떤 대상에게 하는 행위

- **Don't speak loudly.**
  (큰소리로 말하지 마시오.)
- **He speaks English well.**
  (그는 영어를 잘한다.)

not to speak of~ ~은 말할 것도 없이, 물론
- **I like her kindness, not to speak of her beauty.**
  (나는 미모는 물론이고 그녀의 상냥함을 좋아한다.)

nothing to speak of 말할 것도 없는, 사소한
- **He has saved a little money, but nothing to speak of.**
  (그는 약간의 돈을 저축했지만 별로 말할 것은 못 된다.)

speak out 큰 소리로 이야기하다, 의견을 말하다
※ 음성을 밖으로 내다
- **If you disagree with something, speak out.**
  (뭔가 의견을 달리하는 것이 있다면, 터놓고 말해라.)

speak for~ 대변하다, 변호하다
※ ~을 위해 음성을 내다
- **Our party speaks for the poor and unemployed.**
  (우리 당은 저소득층과 실업자들의 입장을 대변한다.)

speak well of~ ~을 칭찬하다
↔ **speak ill of~** 험담하다 (=criticize)
- **Don't speak ill for others behind their backs.**
  (다른 사람들의 등 뒤에서 험담하지 마라.)

---

so to speak 말하자면
generally speaking 일반적으로 말하면
strictly speaking 엄밀히 말하면

tell
※ 메시지 · 내용에 중점

tell a lie 거짓말하다 ↔ **tell the truth** 진실을 말하다
※ '거짓 · 진실의 내용을 서술하다' 는 이미지

to tell the truth 사실은, 사실을 말하자면
※ 진실(의 내용)을 말하자면
- **To tell the truth, I haven't told him yet.**
  (사실은 그에게 아직 말하지 않았어.)

tell A from B A와 B를 구분하다
※ 'A와 B의 구별 내용을 서술하다' 는 이미지
- **They are so much alike that we can't tell one from the other.**
  (그들은 너무 비슷해서 구별할 수가 없다.)

A tell on B A가 B에게 영향을 미치다
※ A(의 내용)가 B에게 영향을 미친다는 의미
- **Hard work began to tell on my health.**
  (과중한 업무가 건강에 영향을 미치기 시작했다.)

all told 전부 합하여, 모두 해서 (= on the whole)
※ 서술된 내용의 모든 것
- **There were about 300 people present there, all told.**
  (전부 합해서 약 300명의 사람들이 거기에 있었다.)

☆ **You can never tell.** (아무도 알 수 없어요.)
☆ **I'm telling you.** [(앞의 말 강조) 정말이야! (뒤의 말을 강조) 내 말을 잘 들어 봐!]
☆ **It's easy, I tell you.** (정말이지 쉽다니까.)

025 talk와 say

talk
※ 서로 말하고 들으며 주고받는 행위

talk to oneself 혼잣말을 하다

talk about~ ~에 관해 이야기하다, 의논하다 (=talk over =discuss)
※ 대화하는 이미지
- They talked about what to do with the land.
  (그들은 땅을 어떻게 할지 의논했다.)

talk over~ ~에 관해 의논하다 (=discuss), 설득하다
- We talked over the plan for nearly an hour.
  (우리는 한 시간 가까이 그 계획에 대해 의논했다.)

talk around 쓸데없는 말을 하다, 진지하게 이야기하지 않다
- My boss always talks around his projects.
  (나의 상사는 항상 그의 계획에 대해 진지하게 말하지 않는다.)

talk back 말대꾸하다

talk on 이야기하며 보내다 (=talk away)
- They talked and laughed away the evening.
  (그들은 이야기하고 웃으며 저녁 시간을 보냈다.)

talk 사람 into~ …을 설득하여 ~하게 하다   ※ 사람과 대화하며 ~의 속으로 들어가다
- We talked her into a better mood.
  (우리는 그녀와 이야기를 나누어 기분이 나아지게 했다.)

↔**talk 사람 out of ~** …와 이야기하여 ~를 그만두게 하다
- We talked him out of leaving school.
  (우리는 그와 이야기하여 학교를 떠나게 하였다.)

> **talking of~** ~에 관해 말하면
> - Talking of cars, I hear you've got a Toyota.
>   (차 말이야, 네가 도요타를 갖고 있다고 하던데.)

say
※ 소리를 내든 안 내든 상관없다

- **His letter says that he is ill.**
  (그의 편지에는 네가 아프다고 써 있다.)
- **The traffic sign says "slippery when wet."**
  (도로표지판에 '빗길 미끄럼 주의' 라고 적혀 있다.)

say to oneself 혼잣말을 하다, 스스로 다짐하다
※ 반드시 음성이 필요하다고는 할 수 없다
- **You must say to yourself that you can do it.**
  (할 수 있다고 스스로 다짐해야만 한다.)

say hello to 사람 ~에게 안부를 전하다
- **Please say hello to your family.** (가족들에게 안부 전해 주세요.)

as they say 사람들 말에 따르면
- **The movie was not as bad as they say.**
  (그 영화는 듣던 것보다 나쁘지 않다.)

it goes without saying~ ~은 말할 나위도 없다
↔ **to say nothing of~** ~은 말할 것도 없이

---

so to say 말하자면 (=so to speak)
strange to say 이상한 얘기지만 (=strangely enough)
(let's) say 이를테면, 글쎄

that is to say 즉, 다시 말하면
not to say~ ~라고는 말할 수 없지만
- **He is impolite not to say rude.**
  (그는 무례하다고는 말할 수 없지만 예의 바르지도 않다.)

hear
※ 의식하지 않고 듣다

hear from~ ~에게서 편지를 받다
- **I haven't heard from her for a long time.**
  (오랫동안 그녀에게서 편지가 없었다.)

hear of ~ ~의 소식을 듣다
- **I've never heard of the place.**
  (그곳 소식을 전혀 들은 적이 없다.)
- **She has never been heard of since.**
  (그 이후로 그녀의 소식이 들리지 않았다.)

026 call

부르다

call at 들르다, 방문하다

call on~ ※ ~에게 말을 걸다
① ~을 방문하다 (=visit)
- Please call on me if you have time.
(시간 있으시면 한번 들러 주세요.)
② 요청하다 (=ask)
- He called on me for my support.
(그는 나의 지지를 요구했다.)

call for~
① ~을 데리러 가다
- I'll call for you at seven.
(7시에 데리러 가겠다.)
② ~을 요구하다 (=demand =need =require)
- The position calls for the person with experience.
(그 자리에는 경험이 있는 사람이 필요하다.)

call off~ ※ off를 선언하다
중지를 선언하다, 취소하다 (=cancel)
- The game was called off because of the heavy rain and lightning.
(폭우와 번개로 인해 경기가 취소되었다.)
※ called game 일몰·비 등으로 중지된 경기

call it a day 오늘은 이것으로 끝내자
- Let's call it a day!
(오늘은 그만하자!)

call one's attention
~의 주의를 환기시키다

- **To call people's attention, the shop put up a big sign.**
  (사람들의 주의를 끌기 위해 그 가게는 큰 간판을 걸었다.)

전화

make a call
전화를 걸다 (=call up =telephone)
↔ receive/answer a call 전화를 받다

call ~ on the telephone
전화로 불러내다

call
※ 소리를 내어 부르다, 소리를 내다

answer a call of nature
화장실 가다
※ 자연스런 욕구에 답하다

what you call
소위, 이른바
=what is called

관용구

call the doctor 의사를 부르다
→ **send for the doctor** 의사를 부르러 사람을 보내다
call a meeting 회의를 소집하다
call together 소집하다

☆ **Call me a taxi.** (택시를 불러 주세요.)
= **Call a taxi for me.**

027 break

break down
부서지다, 고장 나다 (=fail)
- **The car broke down, so we had to push it.**
(차가 고장 나서 밀어야만 했다.)

break up
사이를 갈라놓다
- **We have broken up.**
(우리는 헤어졌다.)

그동안의 조용한 상태가 깨지다

break out
발발하다, 갑자기 ~하기 시작하다
- **World War II broke out in 1939.**
(2차 세계대전은 1939년에 발발했다.)

break
※ 지금까지의 상태를 깨는 느낌

break a promise (one's word) 약속을 어기다
↔ **keep a promise** (one's word) 약속을 지키다

척부수다

break in 침입하다
break in on
방해하다 (=cut in =interrupt)
- **My mother broke in on our conversation.**
(어머니가 우리의 대화를 방해하셨다.)

break into~
침입하다, 갑자기 ~하기 시작하다 (=burst into)
- **When she heard the news, the girl broke into tears.**
(그 소식을 듣고 소녀는 갑자기 눈물을 흘렸다.)

break through
~을 헤치고 나아가다, 새로운 발견을 하다
- **Dr. Salk failed many times but he finally broke through to find a successful polio vaccine.**
(소크 박사는 실패를 거듭했지만 마침내 폴리오백신을 찾아내는 데 성공했다.)
※ vaccine[væksi(:)n] 백신

관용구

break the ice
긴장을 풀게 하다, 어려운 일의 실마리를 찾다
※ 얼음에 금이 가며 서서히 녹아드는 이미지

take a break
잠깐 쉬다

028 See, look, watch

see
※ 보고 있다(눈을 뜨고 있는 한 보이는 것)

see ~ off 배웅하다
- I went to Narita Airport to see my husband off.
  (나는 남편을 배웅하기 위해 나리타 공항에 갔다.)

see through 꿰뚫어보다, 간파하다
- The detective immediately saw through his story.
  [형사는 즉시 그의 말(속의 거짓)을 간파했다.]

see to~
① 다루다 (=deal with)
- I'll see to the work.
  (내가 그 일을 맡을 것이다.)

② 돌보다 (=attend to =look after =take care of)

see (to it) that~ 꼭 ~시키다 (=make sure that~)
- See to it that this never happens again.
  (다시는 이런 일이 발생하지 않도록 확실히 해라.)

see eye to eye 의견이 일치하다
- She left because she didn't see eye to eye with her boss.
  (그녀는 상사와 의견이 맞지 않아 사직했다.)

see the bright/sunny side
밝은 면을 보다, 긍정적으로 생각하다

see the world 세상을 알다

☆ **Long time no see!** (오래만이야!)
☆ **Let's wait and see.** (기다려 보자.)

look
※ 의식적으로 보다

보다

watch
※ 움직이고 있는 것을 보다

look after~
~을 돌보다 (=take care of)

look for~
~를 찾다 (=search for =seek)

look forward to ~ing
기대하다, (기대하고) 기다리다
- **I'm looking forward to hearing from you.**
  (나는 네게서 소식이 오기를 기다리고 있다.)

look into~
~을 들여다보다, 조사하다 (=investigate)
- **FBI is now looking into the case.**
  (FBI가 지금 그 사건을 조사하고 있다.)

look up
① 조사하다, 자세히 살펴보다 (=look into)
☆ **You can look it up.** (살펴보아라.)
② 방문하다
- **I'll look you up when I'm in town.**
  (마을에 가면 너를 방문하겠다.)

look up to~ ~를 존경하다 (=respect)
- **I look up to my father.** (나는 아버지를 존경한다.)
↔ **look down on~** 낮추어보다, 경멸하다 (=despise)

---

watch out 조심하다, 위험하다

on (the) watch 마음을 놓지 않고 경계하여, 촉각을 세우고
- **Tourists were warned to be on the watch for thieves.**
  (여행자들은 촉각을 세워 도둑들을 경계하였다.)

☆ **Watch your mouth! = Watch your tongue!** (말을 조심해라.)

029 on

붙어 있다 (접촉)

on fire 화재가 나다, 불이 붙다
※ catch fire 불붙다 / make fire 불을 피우다
turn on 켜다 ↔ turn off
put on 몸에 걸치다, 입다 ↔ take off

교통수단

on board 배 위에, (배, 차 등에) 타고 있는
get on
  타다, 일이 진척되다
- She got on board the train.
  (그녀는 기차를 타고 있었다.)
↔ get off 내리다
on foot 걸어서, 도보로
- My boy goes to school on foot.
  (나의 아들은 걸어서 학교에 간다.)
※ 교통수단(탈것)을 사용할 경우는 by bus, by train, by plane처럼 by를 사용한다.

on the/one's way to~
  ~에 가는 도중에
- I was caught in a shower on my way home.
  (집으로 가는 길에 소나기를 만났다.)

즉시

on the spot 현장의, 즉석의
on ~ing
  ~하자 곧 (=as soon as 절)
- On arriving at the hotel, he made a phone call to his office.
  (호텔에 도착하자마자 그는 사무실로 전화를 했다.)

on
붙어 있는 것
※ 접촉·집중하고 있는 이미지

~대로

on schedule 예정대로
on time 정각에 ※ in thime 시간 내에
- The train arrived on time.
  (기차는 정각에 도착했다)
↔ behind schedule 예정보다 늦게
↔ ahead of time/schedule
  예정보다 먼저

집중(한창 ~하고 있다)

on sale 판매 중, 세일 중
on a diet 다이어트 중
on the air 방송 중
  ※ on air는 우리식 영어
on duty 근무 중 ↔ off duty
- Smoking on duty is out.
  (근무 중에는 흡연을 금함.)
on vacation 방학 중에
on business 사업차
  ↔ for pleasure 재미삼아

on the ground of~ ~이라는 이유로, ~을 구실로
on condition that~ ~이라는 조건으로, 만약 ~이라면
- You can go out on condition that you wear an overcoat.
  (코트를 입는다면 나가도 좋아.)

on the whole 대체로, 일반적으로
- The class of 1999 was diligent on the whole.
  (1999년 졸업생들은 대체로 성실했다.)

on balance 모든 것을 고려하여, 결국
- Despite some failures, our firm has had quite a good year on balance.
  (몇 가지 실패에도 불구하고 결국 우리 회사에게는 상당히 양호한 한 해였다.)
※ balance는 양극단 사이의 균형 관계

on the/an average 평균하여, 대략

on second thought(s) 다시 생각하여 보고, 재고(再考)하여
- On second thoughts, I think I'd better go now.
  (다시 생각해 보니 지금 가는 것이 좋을 것 같아.)

on purpose 고의로, 일부러 (=intentionally)
on one's own 스스로, 혼자 힘으로
on one's part ~로서는, ~쪽에서는 (=on the part of~)
- The schedule is OK on my part. (그 계획이 내 쪽에서는 괜찮아.)

on the other (hand) 한편으로는, 이에 반해서
※ on the one hand(한편으로는)와 세트로 사용하는 경우가 많다
- On the one hand, I want to travel abroad,
  but on the other I don't want to give up my job.
  (한편으로는 해외여행을 가고 싶지만 다른 한편으로는 일을 포기하고 싶지도 않아.)

on one hand   on the other

on the contrary 이에 반하여, 그러기는커녕
- Have you finished the book? On the contrary, I've only just begun.
  (그 책은 다 읽었니? 웬걸, 이제 겨우 시작했어.)

계속·중첩

on and on 계속해서, 쉬지 않고 ↔ **on and off** 때때로, 불규칙하게
- He kept moaning on and on. (그는 신음을 계속했다.)

→ **on end** 계속하여
→ **on top of~** ~의 위에, ~에 더하여
- On top of everything else, he's got a weak body.
  (게다가 그는 몸이 약해졌다)

carry on 계속하다 (=continue)
- Carry on with your work. (일을 계속하시오.)

keep on 계속 ~하다 ↔ **keep off** 피하다, 삼가다, 금지하다

030 off, with, without

without
※ 없이

without reference to~
~에 관계없이
- without reference to age or sex.
(나이나 성별에 관계없이)

without respect to~
~을 고려하지 않고, 무시하고

without choice 무차별로 ※ 선택할 것도 없다
without control 제멋대로 ※ 제어가 안 된다
without date 무기한으로
without difficulty 어려움 없이, 수월히
without (a) doubt 의심할 바 없이 (=no doubt)
without end 끝없이, 끝없는 (=endless)
without fail 틀림없이
without reserve 솔직하게, 무제한으로
→ **without restraint** 자유롭게, 느긋한, 걱정없는

off
※ 떨어져 있는 것

off duty 비번의, 비번으로
off work (일을) 파하다
※ out of work 실직하여
off one's guard 방심하여
- The salesman caught him off his guard.
(판매원은 그가 방심한 틈을 노렸다.)

off the point 요점에서 벗어난
off the record 비공개의, 비공식의
off one's food 식욕이 없는
- He's off his food. (그는 식욕이 없다.)

off liquor/cigarettes
술/담배를 멀리하는 (금주/금연 중인)

do without~ ~이 없어도 되다
- I can do without him.
[그가 없어도 된다(필요 없다).]

go without saying
말할 나위도 없다, 당연하다
→ **It goes without saying (that) ~**
~는 말할 나위도 없는 일이다

not/ never ~ without ...
...하지 않고 ~하는 일은 없다,
~하면 반드시 ...하다
- They never meet without quarreling.
(그들은 만나면 꼭 싸운다.)

with
※ 함께

with 명사

with ease 용이하게, 손쉽게 (= easily)
- I could read the paperback with ease.
  (그 책을 수월하게 읽을 수 있었다.)

with care 애써서, 조심하여, 조심스럽게 (= carefully)
with difficulty 마지못해, 겨우, 간신히
with courage 용감하게 (= courageously)
with diligence 근면하게 (= diligently)
with a frown 눈살을 찌푸리고 (= frowningly)

with 명사 + 형용사 등
~을 …한 상태로

with one's arms crossed 팔짱을 끼고
with one's arms akimbo 양손을 허리에 대고
- My mother was standing at the door with her arms akimbo when I came home.
  (내가 집에 왔을 때 어머니는 양손을 허리에 대고 문 앞에 버티고 서 계셨다.)

with one hand in a pocket 한손을 주머니에 넣고

> with all one's heart 진심으로, 기꺼이, 온 정성을 다하여
> = with one's whole heart

~할 목적으로   ※ No.073 참고

with a view to ~ing
with the view of ~ing
with the intention of ~ing

~에 관하여

with regard to~
with respect to~
※ respect는 point를 의미함

031 in (기본편)

in
안쪽에, 내실은
안에 푹 싸여 있는 이미지

시간을 표시하다

in ~ing ~하고 있을 때, ~하고 있는 동안
in time
① 때맞추어, 제때에
- **I was just in time for school.** (꼭 제 시간에 학교에 갔다.)
② 때가 오면, 이윽고 (=in due time =in due course)
- **Love will come in time.** (때가 되면 사랑이 찾아올 것이다.)

in a little/short while 곧, 얼마 안 있어 (=soon)
in the future 앞으로, 장차
- **I want to live abroad in the future.** (장차 해외에 살고 싶다.)

in no time 곧, 잠깐 사이에
in advance 전방에, 앞에
in the beginning of~ ~의 초기에, 최초에
in progress 진행 중인
in the meantime 그 사이에 (=meanwhile), (한편) 이야기는 바뀌어
in those days 당시에는
- **There used to be a big tree in front of the City Hall in those days.**
(당시에는 시청 앞에 큰 나무가 있었다.)

in the end 결국은, 마침내 (=finally)
→ **in the long run** 긴 안목으로 보면

장소를 표시하다

in front of~ ~의 앞에, ~의 정면에

in the middle
① ~의 중앙에 (장소)
- **His picture was right in the middle of the front page.**
(그의 사진은 표지의 바로 한가운데에 있었다.) ※ right는 강조

② 가운데에 (시간)
- **They were in the middle of dinner when I called.**
(내가 전화했을 때 그들은 점심식사 중이었다.)

in the/one's way 앞길을 가로막다, 방해하다
- **Don't stand in my way.** (나의 앞을 가로막지 마라.)

in the distance 먼 곳에 (=far away)
- **You can see Mt. Fuji in the distance.**
(멀리 후지산을 볼 수 있을 것이다.)

in the north (south/west/east) of~
~의 북부(남부/서부/동부)에 ※ 그 일부이다
- **Wakkanai is in the north of Hokkaido.**
(와카나이는 홋카이도 북부에 있다.)

↔ **to the north of~** ~의 북쪽에 ※ 북쪽 방향에 위치하다
- **Sakhalin is to the north of Hokkaido.**
(사할린은 홋카이도 북쪽에 있다.)

in the north

to the north

순서에 대해

in order
　순서 있게, 정리되어
in succession
　잇달아, 계속해서
in turn
　차례로 (=by turns)
in return
　답례로, 회답으로

현실 ⇔ 이론에 관한 말

in fact 사실상
　(=actually =to tell the truth)
in effect 사실상, 효력이 있는
in reality 실제로는, 정말로
in practice 실제로 ↔ in theory 이론적으로는
- **The idea did not work in practice.**
(그 생각은 실제로는 소용이 없다.)

032 in (응용편)

in
안쪽에, 내실은
안에 푹 싸여 있는 이미지

상태를 표시

in vain 헛되이, 공연히
- All our efforts were in vain.
  (우리의 모든 노력이 헛된 것이었다.)

in despair 절망하여
in anger 화가 나서
in haste 급히, 서둘러
☆ Marry in haste, and repent at leisure.
  (서둘러 결혼하면 두고두고 후회한다.)

in demand 수요가 있다
in fashion 유행하고 있는
in public 공공연히, 공적으로
in the air 공중에, 막연하여, 미정으로
in private 은밀히, 비공식으로, 사생활에 있어
in secret 은밀히, 남몰래
in silence 말없이, 조용히

다른 것과의 관계 표시

in common 공동으로, 공통으로, 보통의
- In fact, my wife and I have no hobbies in common.
  (사실 아내와 나는 공통의 취미가 없다.)

in company with~ ~와 함께
in harmony with~ ~와 조화를 이루어(화합하여)
in proportion with~ ~에 비례하여
in contrast to/with~ ~와 대조를 이루어, ~와는 현저히 다르게
- In contrast to their school, ours is rather old.
  (그들의 학교와 달리 우리 학교는 오래되었다.)

in comparison with~ ~와 비교해 볼 때
in accordance with~ ~에 따라서, ~와 일치하여
in place of~ ~ 대신에 (=instead of)
- I attended the meeting in place of my boss.
  (나는 상사를 대신해 그 회의에 참석하였다.)

> 의논할 때 자주 쓰이는 숙어

in short 요컨대, 즉
=in brief =in a word 한 마디로 말하면
in other words 바꿔 말하면, 다시 말하자면
in general 대개, 일반적으로 (=generally)
↔ in detail 상세히

in particular 특히 (=particularly)
- Do you have anything to say? Nothing in particular.
(뭔가 이야기할 것이 있니? 특별히 없어.)

in a sense/way 어떤 의미에서는
in the first place 처음부터, 첫째로, 우선 (=firstly =first of all)
- Why didn't you tell us that in the first place?
(왜 처음부터 우리에게 말하지 않았니?)

in any case 하여튼, 어쨌든
in terms of~ ~의 점에서 (보면) (=in one's terms)
in view of~ ~을 고려하여, ~한 까닭에
- In view of the weather, the party will now be held indoors.
(날씨로 인해, 파티는 실내에서 열릴 것이다.)

in favor of~ ~에 찬성하여 ↔ against
- There were 200 votes in favor of the motion and 325 against.
(그 의제에 대해 찬성이 200표, 반대가 325표였다.)

in one's opinion ~의 견해로는

in itself/themselves 그 자체로는, 원래는
in person 자기 스스로, 본인이
- She had better go in person. (그녀 본인이 가는 것이 좋다.)

in the face of~ ~에 직면하여, ~에도 불구하고
- We were powerless in the face of such a treatment.
(그러한 대우를 받고도 우리는 무기력했다.)

in the presence of~ ~의 면전에서
- He made the accusation in the presence of witnesses.
(나는 상사를 대신해 그 회의에 참석하였다.)
↔ in the absence of~ ~이 없을 때는, ~이 없으니까

033 out

out
바깥쪽
※ 바깥쪽으로 나가는 (확실한) 이미지
　바깥쪽으로 벗어난 이미지

nine out of ten 십중팔구
out of the blue 뜻밖에

확실한

come out 나타나다, 발각되다.
- The problem eventually came out into the open.
 (그 문제가 마침내 표면으로 드러났다.)

turn out 결국 ~임이 드러나다, 판명되다
- His story turned out to be false.
 (그의 이야기가 거짓임이 드러났다.)

stand out (다른 것에 비해) 눈에 띄다, 두드러지다
- It seems to me that certain memories stand out from the rest.
 (어떤 특정한 기억이 나머지 다른 기억들보다 더 두드러지는 것 같다.)

point out ~을 지적하다

find out 발견하다

pick out ~을 고르다, 선택하다 (=select)

carry out 수행하다, 실행하다 (=put ~ into practice =execute)

work out~ ~을 해결하다 (=solve)
- Thank you for helping me work things out.
 (일을 해결하는 데 도움을 주어서 고맙다.)

break out 발생하다, 돌발하다

burst out ~ing 갑자기 ~하기 시작하다
- My parents burst out laughing on seeing my face.
 (부모님은 내 얼굴을 보고 갑자기 웃음을 터뜨렸다.)

> 바깥쪽으로 벗어난 이미지

out of work 실직하여
- Without him, I would be **out of work**.
(그가 아니었다면 나는 실직 상태에 있었을 것이다.)

out of sight 보이지 않는

out of place 제자리에 놓이지 않은, 어울리지 않는

out of reach 손이 닿지 않는, 힘이 미치지 않는
- Certain highly-paid jobs are **out of reach** for someone with no qualifications.
(특정한 고소득 직종에는 자격을 갖추지 않은 사람은 미치지 못한다.)

out of date 구식의, 낡은, 시대에 뒤떨어진
↔ **up to date** 최신식의, 현대적인, 시대에 뒤지지 않는

out of fashion 구식의, 한물간

out of order 고장 난
↔ **in order** 쓸 수 있는 상태의, 제대로

out of control 제어할 수 없는, 조종 불능의

out of the question 문제가 안 되는, 불가능한
- A new car is **out of the question**. We can't afford it.
(새 차가 문제가 아니다. 우리는 지불할 능력이 없다.)

out of danger 위험에서 벗어나다

drop out 낙오하다, 중퇴하다

put out 끄다 (=extinguish)
- **Put out** the light. (불을 꺼라.)

leave out 제외하다, 줄이다
- **Leave out** the errors. (실수를 줄여라.)

run out 없어지다
- We are **running out** of provisions.
(식량이 떨어져가고 있다.)

die out 멸종하다, 낡아 없어지다, 차차 소멸하다

034 of

분리・떼어내다 of

accuse A of B B를 이유로 A를 비난하다, 고발하다
- They accused the man of theft.
(그들은 그 남자를 절도로 고발하였다.)

deprive A of B A에게서 B를 빼앗다, 면직하다, 박탈하다
- The revolutionaries deprived the king of his power.
(혁명론자들이 왕의 권력을 박탈했다.)

rob A of B A에게서 B를 훔치다, 빼앗다, 강탈하다
- The boys robbed the old lady of her purse.
(그 소년들은 노부인의 지갑을 빼앗았다.)

수량・단위를 표시

※ No.051 참고

a bit of 조금, 작은
→ **a couple of** 두 개(사람)의, 두서넛의
→ **a handful of** 소량의, 한줌의
↔ **a lot of** 많은
→ **a good/great deal of** 많은
↔ **a number of** 얼마간의
- A great/small number of people came to his party.
(그의 파티에 많은/소수의 사람들이 왔다.)
※ the number of~는 '~의 수' 라는 뜻
- The number of college students in Japan is increasing.
(일본에서 대학생들의 수가 증가하고 있다.)

of
※ (부분을) 떼어내다

구성을 표시하는 of

consist of~ ~로 구성되어 있다
- The committee consists of ten trustees.
(그 위원회는 10명의 평의원으로 구성되어 있다.)

= **be composed of**
- The United States is composed of 50 states.
(미국은 50개의 주로 이루어져 있다.)

of 추상명사 = 형용사

of use 유익한, 쓸모 있는 (=useful)
- This book is of use for you.
  (이 책은 너에게 유익하다.)

of no use 소용이 없는, 쓸모없는 (=useless)
of help 유용한, 도움이 되는 (=helpful)
of service 도움이 되는 (=serviceable)
of importance 중요한 (=important)
of value 가치 있는 (=valuable)
all of a sudden 갑자기 (=suddenly)
come of age 성년이 되다
☆ **coming-of-age ceremony** (성인식)

of one's own ~자신만의
- Each of us has a room of our own.
  (우리는 각자 자기 방을 갖고 있다.)

of course 물론

감정·상태를 표현하는 구문

be afraid of~ 두려워하다
be ashamed of~ 부끄러워하다, 면목이 없다
be fond of~ ~을 좋아하다 (=like)
be tired of~ 지긋지긋하다, 싫증나다
- I'm tired of hearing your complaints. (너의 불평을 듣는 것도 지겹다.)
↔ **be tired form~** ~에 지치다, 피곤하다
- My boy is tired from walking. (나의 아들은 걸어서 피곤하다.)

be independent of~ ~으로부터 독립하다, ~와 관계없다
↔ **be dependent on~** ~에 예속되다, 의존하다

What has become of~? ~이 어찌되었는가?
- What has become of her? (그녀는 어떻게 되었을까?)
→ What has happened to her? (그녀에게 무슨 일이 일어났니?)

What will become of~? ~은 어떻게 될까?

035 to

> 감정을 나타내는 관용구

to one's surprise~ 놀랍게도
to one's joy 기쁘게도
to one's sorrow 슬프게도, 안타깝게도
to one's disappointment 낙심천만하게도, 실망스럽게도
to one's regret 유감스럽지만, 유감스럽게도
- **To my regret, the plan was given up.**
  (유감스럽지만 그 계획은 포기되었다.)

to and fro 이리저리 움직이는, 동요하는
to the north of~ ~의 북쪽에
to the contrary 그와 반대로
stick to~ ~을 고집하다, 집착하다, 고수하다 (=adhere to)
- **He sticks to his principles.** (그는 원칙을 고수한다.)

amount to~ 합계가 ~가 되다 (=add up to =reach)
- **His debt amounts to $500.** (그의 빚은 총 500달러에 달한다.)

to the point 적절한, 딱 들어맞는
- **Keep to the point.** (요점에서 벗어나지 않다.)

according to~ ~에 따라, ~에 의하여
- **I'll go or stay according to circumstances.**
  (상황에 따라서 떠나거나 머물 것이다.)
- **According to today's paper, it's going to rain in the evening.**
  (오늘 신문에 따르면, 저녁에 비가 올 것이다.)

hand to mouth 그날 벌어 그날 먹는, 불안정한
※ 손에 넣은 것을 그대로 입에 넣는 그런 상황
→ **live from day to day** 하루하루(하루살이) 생활하다

> 범위나 한계를 표시

to the best of~ ~할 수 있는 한
- **I worked hard, to the best of my ability.**
  (나는 힘닿는 데까지 열심히 일했다.)
- **To the best of my memory, she graduated from Harvard University.**
  (내가 기억하는 한 그녀는 하버드 대학을 졸업했다.)

to one's heart's content 마음껏, 실컷, 충분히 (=to the full)
- **Eat to your heart's content.** (마음껏 먹어라.)

to some extent 약간은, 어느 정도는 (=in some degree)

to (the best of) my knowledge
내가 아는 한 (=as far as I know)

to
도달점 · 행선지
※ 확실한 행선지를 표시

> ~에게 작별 인사하다

Say hello to~
All the best to~
Give my best regard to~

(관용구)

to be frank with you
솔직히 말하면 (=to speak frankly)
to be sure 확실히
to start with = **to begin with**
우선, 먼저, 처음에 (=in the first place)

036 for

목적(~을 위해)

for example/instance 예를 들면
for a change 기분 전환으로
for pleasure 재미삼아, 오락으로서 ↔ **on business** 사업상, 볼일로
for oneself 스스로, 자기 힘으로
- She fends **for herself**. (그녀는 혼자 힘으로 살아간다.)

for a rainy day 만일의 경우에 대비하여
- You should save up **for a rainy day**. (만일의 경우에 대비하여 저축하여야 한다.)

for fear of~ ~이 두려워, ~이 없도록 → **for fear (that)** 절
- They spoke in whispers **for fear of** waking the guards.
= They spoke in whispers **for fear (that)** they might wake the guards.
(그들은 수비대를 깨우는 것이 두려워 낮은 소리로 말했다.)

for the purpose of~ ~을 위한(위하여), ~할 목적으로
= **for the sake of~** ~을 위한(위하여), ~의 이익을 위하여

※기본

for
목적(지)
기분이나 몸을 목적지로 향하게 하다

ask for~ ~을 찾아오다, 청하다

account for~ ~을 설명하다 (=explain)
- That **accounts for** his mysterious action.
(그것은 그의 수수께끼 같은 행동을 설명해 준다.)

allow for~ ~을 참작하다, 고려하다
(=consider =take ~ into account/consideration)
- You should **allow for** his youth. (그가 젊다는 것을 참작해야 한다.)

> 교환이나 매매

for one's age 나이치고는
- His mother looks young **for her age**.
  (그의 어머니는 나이보다 젊어 보인다.)

for sale 판매 중인
for rent 대여 중인
for free 무료로
→ **for nothing** 거저, 무료로, 부질없이 (=in vain)
- I got these pies **for nothing**. (이 파이들을 무료로 얻었다.)
- Those broken chairs are good **for nothing**.
  (저 망가진 의자들은 쓸모가 없다.)

for one's part ~의 입장에서 (=as far as ~is concerned)
- That's OK **for my part**. (그것은 내 입장에서는 괜찮다.)
※ OK는 우리말의 '오케이'보다 다소 약한 표현. 나쁘지 않다는 정도.

for all~(+ of) ~에 관한 한 (=with all~) ~에도 불구하고
- **For all** his efforts, he failed the exam.
  (모든 노력을 다했음에도 불구하고 그는 시험에 떨어졌다.)

> 시간

for a moment 잠시 동안
for the time being 얼마 동안, 당분간 (=temporarily)
↔ **for a while** 잠시 동안
↔ **for a long time** 오랫동안
for good 영원히, 이것을 마지막으로
- I am going **for good**. (이제 다시는 돌아오지 않겠다.)

for sure/certain 확실히, 틀림없이
☆ That's **for sure**. (확실해. 맞아.)
for short 생략하여, 간단히 말해서 (=briefly)

037 from

시점

from ~ on ~(때)부터
→ from now on 지금부터는, 앞으로는

from one's point of view ~의 관점으로부터
(=from the viewpoint of~)

judging from~ ~으로 판단하건데
- He seems to have made some mistake judging from what I hear.
(내가 들은 바로 판단하건데 그가 뭔가 실수를 한 것 같다.)

hear from~
① ~로부터 소식을 듣다
- I'm looking forward to hearing from you.
(너의 소식을 기대하고 있다.)

② ~에게서 벌(비난)을 받다
- Another complaint, and you'll hear from me.
(다른 불평을 또 한다면 나는 너를 혼낼 것이다.)

tell ~ from ... ~과 …을 구별하다
↔ not know ~ from ... ~과 …을 구별하지 않다, 알지 못하다

rise from the grave 소생하다, 부활하다

---

from ~ to ... ~에서 …까지
from A to Z A부터 Z까지, 처음부터 끝까지
from head to foot 머리끝부터 발끝까지
=from tip to tip
from hear to eternity 영원히
from the cradle to the grave 요람에서 무덤까지, 일생 동안
from hand to hand 손에서 손으로
from mouth to mouth 입에서 입으로
from time to time 때때로 (=sometimes =occasionally)

from

출발점
※ 분리하는 이미지

분리하다

apart from~ ~와 관계없이, ~은 별문제로 하고
far from ~ing ~에서 멀리(에), ~하기는커녕 (오히려)
free from~ ~이 없는, ~을 면한
- After the retirement, my father is free from care.
  (은퇴한 후로 아버지는 걱정이 없다.)

금지의 from

prevent ~ from ...ing 막다, 방해하다
- I can't prevent him from going.
  (나는 그가 떠나는 것을 막을 수 없다.)
=stop ~ from ...ing
=keep ~ from ...ing

prohibit ~ from ...ing
~가 …을 금지하다

※ ing 또는 명사 모두 가능

- you should prohibit children from danger.
  (아이들이 위험한 일을 못하게 해야 한다.)
=ban ~ from ...ing

refrain from ~ing ~을 참다
- I cannot refrain from laughing.
  (나는 웃음을 참을 수가 없었다.)

038 at (기본편)

at
정확한 위치의 지정
※ 시계 바늘이나 손가락 끝으로
정확한 위치를 가리키는 이미지

일정한 포인트를 보여 준다

at best 잘해야
↔ **at worst** 아무리 나빠도(못해도)
- **At the very worst, he'll have to pay a fine.**
  (아무리 못해도 그는 벌금을 물어야 할 것이다.)

at most 고작해야, 많아야
↔ **at least** 적어도
☆ **Fortune knocks at least once everyman's gate.**
  (일생에 최소한 한 번의 행운은 찾아온다.)

장소를 보여 준다

at a distance 거리를 두고, 좀 떨어져
at the bottom of~ ~의 하단에, 바닥에
at the foot of~ ~의 아래에, 발치에

at first sight/glance 첫눈에
- **He fell in love with Cathy at first sight.**
  (그는 캐시에게 첫눈에 반했다.)

at (the) sight of~ ~을 보고, ~을 보자
at the thought of~ ~라고 생각만 해도
- **I cannot help trembling at the thought of the ghost.**
  (귀신은 생각만 해도 떨지 않을 수 없다.)

시간을 표시한다

at the age of~ ~의 나이에

at present 현재로는, 요즈음, 오늘날에는
→ for the time being 당분간, 우선은

at the moment 현재, 바로 지금, 바로 그때

at any moment 언제 어느 때나, 하시라도

at the last moment 위급한 순간에, 마지막 순간에

at noon 한낮에, 정오에 ↔ at midnight 한밤중에, 자정에
→ at night 밤에, 저녁에

at first 처음에 (=at the beginning =at the outset)
↔ at last 마침내, 드디어, 끝에 가서
☆ **Win at first and lose at last.**
(처음에 이기고, 막판에 지다.)

at the beginning of~ 최초에, 처음에
↔ at the end of~ ~최후에, ~의 끝에

at once 즉시 (=immediately), 동시에
- **Acknowledge the gift at once.** (즉시 선물에 감사를 표해라.)
- **She is at once witty and beautiful.** (그녀는 재치 있으며 동시에 아름답다.)
→ at the same time 동시에 (=all at once)
- **You've got to be firm, but at the same time you must be sympathetic.**
(단호해야 하지만 동시에 인정이 있어야 한다.)

at a time 동시에, 차례로, 한번에
- **One thing at a time.** (한 번에 한 가지씩.)

at times 때때로, 이따금

at intervals 띄엄띄엄, 여기저기에, 때때로
- **She writes to me at regular intervals.**
(그녀는 정기적으로 나에게 편지를 썼다.)

at hand 가까이에, 가까운 곳에

039 at (응용편)

at ※ at의 관용구

at all 전적으로, (부정문) 조금도 ~아니다, (의문문) 조금이라도, 도대체, (조건문) 이왕, 적어도
- **I don't know her at all.** (그녀를 전혀 모른다.)
- **Do you believe her at all?** (너는 도대체 그녀를 믿니?)
- **If you do it at all, do it well.** (이왕 하려거든 잘해라.)

at random 닥치는 대로, 되는 대로
at large 일반적으로 (=in general)
- **He discussed the social problems at large.**
(그는 일반적인 사회 문제를 논의했다.)

at will 뜻대로, 마음대로
at the mercy of~ ~의 마음대로
at one's disposal 마음대로 처분할 수 있는, 마음대로 쓸 수 있는
- **This money is at your disposal.**
(이 돈은 네 마음대로 쓸 수 있다.)

at first hand 직접, 바로
↔ **at second hand** 간접으로, 간접적으로 들어 (=indirectly)

at sea 해상에, 항해 중에
at table 식사 중
at work 업무 중에, 작동 중에

at any rate 하여튼, 좌우간에 (=at all events)
- That's one good piece of news **at any rate**.
(어쨌든 그것은 좋은 뉴스이다.)

at any cost/risk 기어코, 어떤 희생을 치르더라도
=at all costs/risks
- We must prevent them finding our secret **at all costs**.
(그들이 우리의 비밀을 알아내는 것을 기필코 막아야 한다.)

at one's own risk 자기가 책임지고
at the cost of~ ~을 희생하여, ~의 비용으로
- Russia conquered Poland **at great cost of life**.
(러시아는 많은 인명을 희생시켜 폴란드를 정복하였다.)

at stake 관련이 되어, 위태로워 (=at risk)
- My honor is **at stake**.
(나의 명예가 걸린 일이다.)

at ease 마음 편하게, 여유 있게
- I feel **at ease** back in Japan. (일본으로 돌아와 마음이 편하다.)

→ **at home** 마음 편히, 편히, 정통하여
- Please make yourself **at home**. (자, 편히 하십시오.)
- He is **at home** in history. (그는 역사에 정통하다.)

↔ **ill at ease** 마음 놓이지 않는, 안절부절못하는

at a loss 당황하여
- I am **at a loss** what to do. (당황하여 어찌할 바를 모르겠다.)

→ **at one's wit's end** 난처하여

040 by

수단

by all means 무슨 일이 있어도
- Shall I ask him to write a proposal? By all means.
  (그에게 기획안을 작성하라고 요청할까? 반드시 그렇게 해.)
→ **by any means** 어떤 짓을 해서라도

by means of~ ~에 의하여
- The thieves escaped by means of a secret tunnel.
  (도둑들은 비밀통로로 탈출했다.)

by no means 결코 ~이 아닌

by/in virtue of~ ~의 덕분으로, 힘으로

by way of~ ~을 지나서, 경유하여, ~을 위하여
- He made investigations by way of discovering the truth.
  (그는 진실을 밝히기 위하여 조사하였다.)

by turns 번갈아, 차례로 (=in turn)

by oneself 혼자 힘으로 (=without help)
- She lives all by herself. (그녀는 혼자 힘으로 살아간다.)

by heart 외워서, 암기하여
- I learned the poem by heart. (나는 그 시를 암기하였다.)

by name ~라는 이름으로, 이름은
- I know the actress by name only. (나는 그 여배우의 이름만 알고 있다.)

pass by the name of~ ~이라는 이름으로 통하다

☆ A man is known **by** his friends.
(친구를 보면 사람을 알 수 있다.)

by chance 우연히, 뜻밖에
↔ 반드시 necessarily, inevitably

by any chance 만일, 혹시

by accident 우연히
- It happened by accident. (그 일은 우연히 일어났다.)
↔ **by intention** 고의로, 의도적으로 (=on purpose)

by mistake 잘못하여, 실수로

정도를 표시

bit by bit 조금씩, 점차로 (= by bits = little by little = step by step)
by and large 전반적으로, 대체로 (= on the whole)
by far 대단히, 아주
- Rugby is **by far** the most popular winter sports in Japan.
(럭비는 일본에서 아주 인기 있는 겨울 스포츠이다.)

by degrees 점차로
by halves 어중간하게, 불완전하게 ※ 원뜻은 '반씩'

by
의존
※ 바싹 붙어 의지하는 이미지

단위를 표시

by the hour 시간제로
- She is hired **by the hour**.
(그녀는 시간제로 고용되었다.)

시간을 표시

by now 지금쯤
by daylight 환할 때에
by the time~ ~할 때까지는
- The train had left the station **by the time** we arrived.
(우리가 도착했을 때 기차는 역을 떠났다.)

교통수단

by sea 바다로, 배편으로
↔ **by air** 비행기로
by train/bus/plane 기차/버스/비행기로
↔ **on foot** 걸어서

by the way 그런데, 그건 그렇고
※ 길 옆에 → '이야기는 빗나갔지만'

by birth 타고난
- He is a musician **by birth**. (그는 타고난 음악가이다.)

by nature 날 때부터, 본래
- He is artistic **by nature**. (그는 천성이 예술가이다.)

041 under

아래에 두다

under control 통제하는, 다스리는
under the law 법에 따르면, 법 앞에
under age 미성년의
- He could not enlist in the army because he was <u>under age</u>.
  (그는 미성년자이기 때문에 군에 입대할 수 없다.)

bring under 진압하다, ~의 지배하에 두다
→ **keep under** 억제하다, 복종시키다
come under~ ~에 편입되다, 해당하다, 받다
go under 굴복하다, 지다, 가라앉다
be snowed under with~ ~에 압도되다, 쩔쩔매다
※ 눈에 덮인 이미지
- <u>I'm snowed under with work.</u> (나는 일이 많아 쩔쩔매고 있다.)

get under one's skin
화나게 하다, 마음을 사로잡다

under
밑에
※ 밑에 놓인, 전체에 뒤덮인 이미지

상황

under present conditions 현재 상황으로는
under these/such circumstances
그러한/이러한 조건(상황) 하에
- They gave up the plan <u>under these circumstances</u>.
  (그들은 이러한 조건 하에 그 계획을 포기했다.)

> 덮고 있다

under the disguise of~ ~으로 변장하여, ~을 구실로

sail under false colors 국적을 감추고 항해하다, 정체를 가리다
※ color는 국기

under one's roof ~의 집에 유숙하고, ~의 신세를 지고

> ~을 받고 있다

under a cloud 의혹을 받고, 풀 죽어
- **Joe has been under a cloud since his dog died.**
  (그의 개가 죽은 후로 조는 풀이 죽어 있다.)

under arrest 체포되어, 수감되어
- **The police put the murderer under arrest.**
  (경찰이 살인자를 구속했다.)

under fire 포화를 받고, 공격을 받고

under pressure 압박을 받고

under suspicion 의혹(의심)을 받고

> 진행

under consideration 생각(고려) 중인

under construction 건설 중인, 공사 중인
- **The subway is under construction.**
  (그 지하철은 건설 중이다.)

under repair 수리 중인

under way 진행 중인, 움직이고 있는
- **Preparations are well under way for the international convention.**
  (국제회의를 위한 준비가 잘 진행되고 있다.)

under discussion 심의 중인, 검토 중인

042 as (기본편)

> **as**
> ~와 마찬가지라는 뜻에서
> also와 유사한 이미지
> → 동시 진행의 이미지

전치사 as ~로서

- **Kennedy is known as a great president.**
  (케네디는 위대한 대통령으로 알려져 있다.)

관계대명사 as ~와 같은

such ~ as ... ...와 같은 것(사람)

- **Choose such friends as will benefit you.**
  (너에게 도움이 될 만한 친구를 선택해라.)

the same ~ as... ...와 똑같은

- **I have the same camera as you have.**
  (나는 너의 것과 똑같은 카메라를 가지고 있다.)

접속사 as ※ 동시 진행 → ~때문에, ~하면서, ~와 같이

① ~이므로, 이기 때문에 (=since, because)
- **It may rain as the barometer is falling.**
  (기압계가 내려가고 있으므로 비가 올 것이다.)

② ~하고 있을 때, ~하자마자, ~하면서 (=when)
- **She was weeping as she watched the TV.**
  (그녀는 TV를 보며 울고 있었다.)

③ ~와 같이, ~와 마찬가지로
- **Do as you are told.** (네가 들은 대로 해라.)
- ☆ **As rust eats iron, so care eats the heart.**
  (녹이 쇠를 좀먹듯이 근심이 마음을 좀먹는다.)

④ ~이지만, ~이건만
- **Young as he was, he was able.** (젊었지만 그는 유능했다.)
- **Woman as she is, she is brave.** (여자지만 그녀는 용감하다.)

※ 이때의 Woman에는 a도, the도 붙지 않는다

as ~ as ... …와 같을 정도로~

- **Take as much as you want.**
  (원하는 만큼 가지시오.)
- **Jack made as good a chair as Tom did.**
  (잭은 탐만큼 좋은 의자를 만들었다.)
- **Madonna is twice as old as Britney.**
  (마돈나의 나이는 브리트니의 두 배이다.)

043 as (응용편)

as
as의 관용구

as is often the case with~ ~에게 흔히 있는 일이지만
- Michael was late, as is often the case with him.
  (마이클이 늦었다, 그에게는 흔한 일이지만.)

as might be expected 예상되는 바와 같이, 역시, 과연
- As might be expected of a gentleman, he was as good as his word.
  (과연 신사답게 그는 약속을 지켰다.)

as ~ go ~치고는, ~로서는, 대체로 ~이다
- The lady is nice as secretaries go.
  (그 여자는 비서치고는 친절하다.)

---

regard ~ as ... ~를 …로 간주하다
- I regard him as the best teacher at this school.
  (나는 그가 이 학교에서 가장 훌륭한 선생님이라고 생각한다.)

=**look on ~ as ...**
- I looked on him as quite old. (나는 그가 아주 나이가 많다고 보았다.)

---

as usual 평소와 같이

as it is 실상은, 지금 그대로
- Leave the matter as it is. (그 일은 그대로 두어라.)

---

as to~ ~에 관하여 (=as for~)
- He said nothing as to my failure.
  (그는 나의 실패에 대하여 한마디도 하지 않았다.)

> **as ~ as를 사용하여**

as good as one's word 언행이 일치하는, 약속을 지키는

as soon as possible 될 수 있는 대로 빨리 (A.S.A.P)

A as well as B B뿐만 아니라 A도
 ※ A에 중심이 있다
- I like coffee as well as tea. (나는 차뿐만 아니라 커피도 좋아한다.)

> **비유**

black as a raven 까마귀처럼 검은
busy as a (honey) bee 몹시 바쁜
weak as water 물처럼 연한
- This coffee is weak as water. (이 커피는 물처럼 연하다.)

as/so far as~

① ~하는 한 (범위) (=in so far as~)
- As far as I know, he is honest. (내가 아는 한, 그는 정직하다.)
=To the best of my knowledge, he is honest.

② ~까지 (정도)
- We drove as far as Kyoto. (우리는 차로 교토까지 갔다.)

go so far as to 원형동사 ~까지도 하다, ~할 정도로 극단으로 흐르다
- He went so far as to say that he didn't love her any more.
 (그는 더 이상 그녀를 사랑하지 않는다고 말할 정도로 극단까지 갔다.)

as far as ~ go 그 일에 관한 한, 어떤 범위 내에서는
=**as far as ~ is concerned**
- As far as I'm concerned I have no objection.
 (그 일에 관한 한 나는 이의가 없다.) ※ 다른 사람은 불만일지도 모르겠지만
  나는 불만이 아니라는 뉘앙스

as/so long as~

① ~하는 한은 (조건)
- I don't care as long as you are happy. (네가 행복하다면 나는 상관없어.)

② ~하는 동안은 (시간)
- Stay here as long as you want to. (네가 원하는 만큼 여기에 머물러라.)
- I've been in Japan as long as four years. (4년 동안 일본에 살았다.)

044 but

> **but**
> ● but O의 경우처럼 but의 앞뒤에서 내용이 반전되는 것에 주의

(기본)

전치사 but ~을 제외하고
- There was **no one but me**. (나를 제외하고는 아무도 없다.)

접속사 but 그러나
- Thank you **but** I don't need it. (고맙지만 필요 없다.)

특수접속사 but ~이 아닌 (=that ... not)
- No man is so old **but** he can learn.
= No man is so old **that** he **cannot** learn.
 (배움에는 나이가 없다.)

never A but B ~하면 반드시 ~한다
※ B하지 않고 A하는 일은 없다
☆ **It never rains but it pours.**
 (비가 오면 꼭 퍼붓는다. 불행한 일은 겹쳐 온다.)

not only A but also B A뿐만 아니라 B도 (또한)

anything but A A 이외에는 무엇이든, 결코 A가 아니다
※ A이외라면 무엇이든 상관없지만 결코 A는 아니다
- **Michael is anything but a gentleman.**
  (마이클은 결코 신사가 아니다.)

nothing but A A에 지나지 않는
- **It is nothing but a joke.** (농담일 뿐이다.)

do nothing but 원형동사 ~만 할 뿐이다
※ ~이외는 아무것도 하지 않는 것
- **She does nothing but grumble.** (그녀는 불평만 할 뿐이다.)

can do nothing but 원형동사 ~할 수밖에 없다
- **I could do nothing but wait for him.** (나는 그를 기다릴 수밖에 없었다)
=cannot but 원형동사

all but~
① ~이외에는 모두
- **All but she answered the question.**
  (그녀를 빼고는 모두 대답했다.)
② 거의
- **He is all but dead.** (그는 죽은 것이나 다름없다.)

but few 극히 소수의 (=only a few)
- **I have but few chances of success.**
  (성공할 기회가 거의 없었다.)

but for~ ~이 없다면(아니라면) (=without)
- **But for his help, I should have failed.**
  (그의 도움이 없었다면 나는 실패했을 것이다.)

045 동명사를 사용하는 중요 구문(1)

동명사 ~ing
※ 동사에서 만들어진 명사
동사나 전치사의 목적어가 된다

START

❶ look forward to ~ing
~을 기대하다
- I am looking forward to seeing you.
(너를 만나기를 기대하고 있다.)

❷ feel like ~ing ~을 하고 싶다
- I felt like crying. (울고 싶었다.)

❸ have no difficulty in ~ing
=have no trouble in ~ing ~하는 데 어려움이 없다
- He had no difficulty in finding out my house.
=He had no trouble in finding out my house.
(그는 어렵지 않게 우리 집을 찾았다.)

❹ cannot help ~ing ~하지 않을 수 없다
- I could not help laughing.
=I could not but laugh.
(나는 웃지 않을 수가 없었다.)

❺ It goes without saying that 절
말할 나위도 없는 일이다
- It goes without saying that honesty is the best policy.
=Needless to say, honesty is the best policy.
(정직이 최선의 방책이라는 것은 말할 필요도 없다.)

25 more to go

❻ cannot ... without ~ing
= never ... without ~ing
~없이는 …할 수 없다

- My sister cannot sleep without turning the light off.
= My sister turns off the light whenever she sleeps.
= My sister always turns off the light whenever she sleeps.
= My sister never sleeps without turning the light off.
(나의 언니는 불을 끄지 않고는 잠을 자지 않는다.=언니는 잠을 잘 때 반드시 불을 끈다.)

❼ There is no ~ing 전혀 없다

- There is no proving the fact.
= It is impossible to prove the fact.
= We cannot prove the fact.
(그 사실을 입증할 수 없다.)

❽ It is no use ~ing 아무 소용없다

☆ It is no use crying over spilt milk.
(우유를 엎지르고 울어 봐야 소용없다.)
※ 엎지른 물은 다시 담을 수 없다.

❾ worth(while) ~ing ~할 가치가 있다

- Tasmania is worth visiting.
= It is worthwhile visiting Tasmania.
= It is worthwhile to visit Tasmania.
(태즈메이니아는 방문할 만하다.)

❿ What is the use of ~ing?
무슨 소용이 있느냐?

- What is the use of discussing this issue?
= It is no use discussing this issue.
(이 문제를 토론해 봐야 무슨 소용이 있느냐?)
※ '무슨 소용이 있느냐(소용없을 게 뻔하지 않은가)' 라는 수사 의문(rhetorical question)

103

046 동명사를 사용하는 중요 구문(2)

⑪ in ~ing ~할 때
- **You should be careful in crossing the road.**
  (길을 건널 때는 조심해야 한다.)

⑫ be busy (in) ~ing ~하기에 바쁘다
- **My mother is busy (in) washing up the dishes.**
  (어머니는 설거지를 하느라 바쁘시다.)

⑬ lose no time (in) ~ing 때를 놓치지 않고 ~하다, 곧 ~하다
- **He lost no time (in) making a phone call.**
  (그는 곧바로 전화하였다.)

⑭ object to ~ing ~하는 것을 반대하다
- **My family objected to my quitting the job.**
  (가족들은 내가 일을 그만두는 것을 반대하였다.)

⑮ be in the habit of ~ing
~하는 버릇이 있다
- **I am in the habit of going for a walk every morning.**
- =I make it a rule to go for a walk every morning.
  (나는 매일 아침 산책하는 습관이 있다.)

15 more to go

⑯ what do you say to ~ing?
=how about ~ing? =what about ~ing?
~하는 것이 어떻겠니?
- **What do you say to going to the movies?**
- =How about going to the movies?
- =What about going to the movies?
- =Let's go to the movies.
- =Shall we go to the movies?
- =Why don't we go to the movies? (영화 보러 가겠니?)

⑰ be used to ~ing ~에 익숙해져 있다

- **I am used to sitting up late.**
- =I am accustomed to sitting up late.
  (밤 늦게까지 깨어 있는 데 익숙해져 있다.)

⑱ on ~ing ~하자마자, ~하는 순간

- **On seeing her, he ran away.**
- =As soon as he saw her, he ran away.
- =He had hardly seen her when/before he ran away.
- =He had scarcely seen her when/before he ran away.
- =He had no sooner seen her than he ran away.
- =Hardly had he seen her when/before he ran away.
- =Scarcely had he seen her when/before he ran away.
- =No sooner had he seen her than he ran away.
- =The moment/instant he saw her, he ran away.
  (그녀를 보자마자 그는 달아나 버렸다.)

⑲ on the point of ~ing ~의 순간에, ~하기 직전에
=on the verge of ~ing

- **On the point of my going, she started to cry.**
  (내가 가려는 순간에 그녀가 울기 시작했다.)

⑳ come near to ~ing 거의 ~할 뻔하다

- **I came near to crying.**
  (나는 거의 울 뻔했다.)

10 more to go

047 동명사를 사용하는 중요 구문 (3)

㉑ besides ~ing ~이외에도, 게다가
- **Besides being kind, the man is quite handsome.**
  (그 남자는 친절한 데다가 잘생겼다.)

㉒ prevent ... from ~ing …가 ~를 막다, 방해하다
- **Lots of work prevented me from taking a holiday.**
  (일이 너무 많아 휴가를 얻을 수 없었다.)

㉓ keep ... from ~ing …가 ~하는 것을 막다
- **He tried hard to keep me from laughing.**
  (그는 내가 웃는 것을 막으려고 노력했다.)

㉔ prohibit ... from ~ing …에게 ~을 금지하다
- **The law prohibits those under 20 years old from smoking and drinking.**
  (20세 이하의 흡연과 음주는 법으로 금지되어 있다.)

㉕ stop ... from ~ing …가 ~하는 것을 방해하다
- **I could not stop myself from laughing.**
  (나는 웃음을 멈출 수가 없었다.)

5 more to go

㉖ refrain from ~ing ~을 그만두다, 삼가다
- **I decided to refrain from smoking.**
  (나는 담배를 끊기로 마음먹었다.)

㉗ keep from ~ing ~에서 떨어져 있다, 금하다
- **Let's keep from drinking alcohol.**
  (음주를 멀리 하자.)

㉘ with a view to ~ing
= with the view of ~ing ~하려고, ~할 목적으로

- **He studied hard with a view to becoming a lawyer.**
  (그는 변호사가 되기 위해 열심히 공부했다.)

㉙ above ~ing
~ 따위 짓을 하지 않는, ~을 부끄럽게 여기는

- **He is above telling a lie.**
  (그는 거짓말을 할 사람이 아니다.)

㉚ talk ... into ~ing
···를 설득하여 ~하게 하다

- **We talked him into giving up the plan.**
  (우리는 그 계획을 포기하라고 그를 설득하였다.)

↕

talk ... out of ~ing
= persuade ... out of ~ing
···을 설득하여 ~시키다

- **Her parents talked her out of dating him.**
  (그녀의 부모님은 그녀를 설득하여 그와 데이트하게 했다.)

048 부정사를 사용하는 중요 구문

to 부정사 (원형동사)

동사와의 조합

come to 원형동사 ~하게 되다
- I came to love her. (나는 그녀를 사랑하게 되었다.)

fail to 원형동사 못하다, ~하지 않다
- I failed to reach the station on time.
  (나는 역에 시간 맞춰 도착하지 못했다.)

learn to 원형동사 ~하는 것을 배우다
- My boy learned to respect me.
  (아들이 나를 존경하게 되었다.)

mean to 원형동사
=**intend to** 원형동사 ~을 의도하다, 마음먹다
- I had intended to make a phone call to you.
  (나는 너에게 전화하려고 했었다.)

관용구

to tell the truth 사실을 말하면
- To tell the truth, it's he who broke the window.
  (사실, 유리창을 깬 것은 그이다.)

to make matters worse 설상가상으로, 엎친 데 덮치다
- I got cold, and to make matters worse, I broke my leg.
  (감기에 걸렸고, 설상가상으로 다리까지 부러졌다.)

to do ~ justice 공평하게 말하자면
- To do him justice, he is to blame.
  (공정하게 말하자면, 그의 책임이다.)

(관용구)

so to speak 말하자면, 이를테면
- He is, **so to speak**, a walking dictionary.
  [말하자면 그는 걸어 다니는 사전(박식한 사람)이다.]

not to speak of~ ~은 말할 것도 없이, 물론
- My father speaks French, **not to speak of** English.
  (아버지는 영어는 물론이고 불어로도 말씀하신다.)

not to say~ ~이 아닐지라도, ~이라고는 말할 수 없지만
- She is pretty, **not to say** beautiful.
  (그녀는 아름답다고는 할 수 없지만 예쁘다.)

to begin with 우선, 첫째로, 맨 먼저
- **To begin with**, tell me your name.
  (먼저 이름을 말해라.)

to be brief 간단히 말해서, 요컨대
- **To be brief**, I am angry. (간단히 말해 나는 화가 난다.)

to be frank with you 솔직히 말하자면
- **To be frank** with you, his lecture is boring.
  (너에게 솔직히 말하자면, 그의 강의는 지루하다.)

strange to say 이상한 이야기지만
- **Strange to say**, I feel I have been here before.
  (이상한 이야기이지만 전에 여기 와 본 적이 있는 것 같은 느낌이 든다.)

needless to say 말할 나위도 없이, 물론
- **Needless to say**, the best way to learn English is to practice.
  (연습이 영어를 배우는 가장 좋은 방법이라는 것은 말할 나위도 없다.)

to make a long story short 요약하여 말하자면
- **To make a long story short**, we had a splendid time.
  (간단히 말하면, 우리는 멋진 시간을 보냈다.)

to say the least of it 아무리 줄잡아 말하더라도, 적어도
- **To say the least of it**, we didn't betray you.
  (적어도 우리는 너를 배신하지 않았어.)

049 분사를 사용하는 중요 구문

분사
※ 현재분사(~ing)와 과거분사(~ed 등) 두 종류가 있다

~ing 형을 쓰는 중요 구문

briefly speaking 간단히 말하면
- **Briefly speaking, I don't want to do it by myself.**
  (간단히 말하면 나는 혼자서는 그것을 하고 싶지 않다.)

speaking of~ ~에 관해서 말한다면, ~의 이야기라면
- **Speaking of him, is he still in Tokyo?**
  (그가 아직 교토에 있다는 말이니?)

roughly speaking 대충 말해서
- **Roughly speaking, the movie takes two hours.**
  (대충 그 영화는 두 시간 정도 걸려.)

frankly speaking 솔직히 말하면
- **Frankly speaking, she doesn't speak Japanese very well.**
  (솔직히 말해서 그녀는 일본어를 썩 잘하지 않아.)

strictly speaking 엄밀히 말하면
- **Strictly speaking, it will take another week to finish this work.**
  (엄밀히 말하면 이 일을 끝마치는 데 한 주가 더 걸릴 것이다.)

generally speaking 일반적으로 말하면, 대체로
- **Generally speaking, the Japanese are polite.**
  (대체로 일본인들은 예의가 바르다.)

judging from~ ~로 판단하건대
- **Judging from** this letter, she must be very happy.
  (이 편지로 보아 그녀는 아주 행복한 것이 틀림없어.)

considering~ ~를 고려하건대, ~로 보아
- **Considering** his youth, we shouldn't blame him for this mistake.
  (그가 젊다는 점을 고려할 때, 이 실수로 그를 탓해서는 안 된다.)

weather permitting 날씨가 좋으면
- **Weather permitting**, we will go for a walk.
  (날씨가 좋으면 우리는 산책을 할 것이다.)

other things being the same 다른 조건들이 같다면
- **Other things being the same**, I'll take the car.
  (다른 조건들이 같다면 나는 그 차를 살 것이다.)

seeing (that) 절 ~하고 있는 것을 고려하여
- **Seeing that** he is busy now, I'll go home.
  (지금 그가 바쁘므로 나는 집으로 돌아가겠다.)

supposing (that) 절
만약 ~이라면, 설령 ~하더라도
= assuming (that) 절
= providing (that) 절
= granting (that) 절 [= suppose (that) 절]
- **Supposing that** you like her, she doesn't love you.
  (네가 그녀를 좋아한다 하더라도 그녀는 너를 사랑하지 않는다.)

night coming on 밤이 되었기 때문에
- **Night coming on**, crows begin to cry.
  (밤이 되자 까마귀들이 울기 시작했다.)

such being the case 이러한 (그러한) 사정으로
- **Such being the case**, I didn't go to the party last night.
  (그러한 사정으로 인해 나는 어제 밤 파티에 가지 않았다.)

050 특수한 it

형식 주어 it

it takes 사람 시간/비용 to 원형동사
(사람이) ~하는 데 시간/비용이 들다
- It took me three days [to finish the book.]
  (그 책을 다 읽는 데 3시간이 걸렸다.)

it costs 사람 비용 to 원형동사
(사람이) ~하는 데 비용이 들다
- It cost me $70 [to rent a car for a day.]
  (차를 하루 빌리는 데 70달러가 들었다.)

형식 목적어 it

take it for granted that 절 ~을 당연하게 생각하다
- I take it for granted [that he speaks English.]
  (그가 영어를 말하는 것은 당연하다고 생각한다.)

owe it to 사람 that 절 ~을 당연하게 생각하다
- I owe it to you [that I am successful.] (내가 성공한 것은 네 덕분이다.)

hear it said that 절 ~라고 듣다, ~을 듣다
- I often hear it said [that he is honest.]
  (그가 정직하다는 말을 종종 듣는다.)

see to it that 절 책임지고 ~하도록 하다, 틀림없이 ~하도록 하다
- See to it [that my child should go to bed at 10.]
  (반드시 10시에는 내 아이를 재워라.)

have it in mind to 원형동사 ~를 마음먹고 있다, 염두에 두고 있다
- I have it in mind [to ask her opinion when I see her.]
  (그녀를 만나면 의견을 물어봐야겠다고 생각하고 있다.)

make it a rule to 원형동사 ~하는 것을 상례로 하다, ~을 습관으로 하다
- I make it a rule [to get up early.] (나는 일찍 일어나는 습관이 있다.)
= I am in the habit of getting up early.

☆ **That's the way it goes.** (인생이란 다 그런 거야. 세상일이 다 그렇지 뭐.)
☆ **So it goes.** (계속해.)

형식 주어 it

it is no use ~ing ~해 봐야 소용없다.
- It is no use trying to persuade him. (그를 설득해 봐야 소용없다.)

it goes without saying that 절
말할 나위가 없다, ~은 말할 것도 없다
- It goes without saying that honesty is the best policy.
(정직이 최선의 방책이라는 것은 말할 것도 없다.)

it dawns on 사람 that 절 갑자기 떠오르다, 문제가 풀리다
- It dawned on me that Mary was a fool.
(갑자기 메리가 어리석은 사람이라는 생각이 들었다.)

it occurs to 사람 that 절 = it strikes 사람 that 절
~의 머리에 떠오르다
- It occurred to me that Susie may have been in love with Bill.
= It struck me that Susie may have been in love with Bill.
(수지가 빌과 사랑에 빠졌을 수도 있다는 생각이 떠올랐다.)

특별한 의미없는 it

make it
① 도착하다, 시간에 맞추다
- If you hurry, you can make it to the train.
(서두른다면 기차 시간에 맞춰 도착할 수 있을 것이다.)

② 성공하다
- We made it! (우리가 해냈다!)

make it up with~ ~와 화해하다
- I made it up with my boyfriend in no time. (나는 남자 친구와 곧 화해했다.)

take it easy 걱정하지 마, 진정해
☆ Take it easy! (진정해!)

call it a day 마치다, 끝내다
- After forty years in politics, I think it's time for me to call it a day.
(40년 간의 정치계 생활을 뒤로 하고 이제는 그만두어야 할 때라고 생각한다.)

end it all 끝내다, 자살하다
- He was so miserable that he seriously thought about ending it all.
(그는 너무 비참해서 자살에 대해 심각하게 생각했다.)

051 수를 세는 방법

액체나 기체, 형태가 변해 버리는 것은 형상이나 용기의 단위로 센다

a piece of ~
- **a piece of chalk** 분필 한 개
- **a piece of paper** 종이 한 장 ※ a sheet of paper도 가능
- **a piece of fruit** 과일 1개
- **a piece of furniture** 가구 한 점
- **a piece of advice** 충고, 조언 한마디
  - He gave me a piece of advice.
    (그는 나에게 조언을 해 주었다.)
- **a piece of news** 뉴스 한 편
  - I heard an interesting piece of news.
    (재미있는 뉴스를 한 편 들었다.)

쌍을 이루는 경우

a pair of~
- **a pair of shoes** 신발 한 켤레
- **a pair of socks** 양말 한 켤레
- **a pair of trousers** 바지 한 벌
  - How many pairs of trousers do you have? I have five.
    (바지가 몇 벌 있니? 다섯 벌 있어.)
- **a pair of scissors** 가위 한 개
- **a set of tools** 도구 한 벌

- **a group of people** 다수의 사람(군중, 집단)
- **a couple of people** 2~3인

※ measuring spoon 계량스푼
tablespoon 식탁용 스푼
teaspoon 찻숟가락

측량 단위

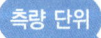

a spoonful of~
- **a spoonful of salt/sugar** 소금/설탕 한 숟가락
  - Please put two tablespoonfuls of sugar in it.
    (설탕 두 스푼 넣어 주세요.)

a mouthful of~
- **a mouthful of food** 음식 한 입

a handful of~
- **a handful of people** 소수의 사람들

형상

a slice of~
a slice of bread 빵 한 조각
※ a loaf of bread 빵 한 덩어리
a slice of toast 토스트 한 조각
- I had two slices of toast this morning. (오늘 아침에 토스트 두 쪽을 먹었다.)

a slice of ham 햄 한 조각
a slice of lemon 레몬 한 조각

a sheet of~
a sheet of paper 종이 한 장
- Give me a sheet of paper. (종이 한 장 주세요.)

a sheet of glass/iron 유리/철 한 장

a bunch of flowers/bananas 꽃/바나나 한 다발

a bar of chocolate 초콜릿 한 개

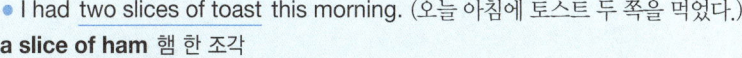

용기

a pack of~
a pack of eggs 달걀 한 판
a pack of cards 카드 한 벌
a pack of cigarettes 담배 한 갑

a glass of~
a glass of water 물 한 잔
a glass of milk/wine 우유/와인 한 잔

a bottle of~
a bottle of beer 맥주 한 병
- I drank two bottles of beer and three glasses of wine last night.
(어젯밤에 맥주 두 병과 와인 세 잔을 마셨다.)

a bottle of milk 우유 한 병
※ a carton of milk 우유 한 상자

a cup of~
a cup of coffee/tea 커피/차 한 잔
- Let's have a cup of coffee. (커피 한 잔 하자.)

a box of chocolates/tissues 초콜릿/티슈 한 상자

a can of beer/coke 맥주/콜라 한 캔

a jar of jam 잼 한 병

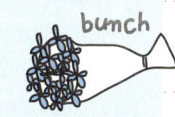

052 먹거리와 마실거리

eat 먹다

keep down (음식물 등을) 받아들이다
- I couldn't **keep** anything **down**.
(나는 어떤 음식물도 받아들일 수 없었다.)

go down (음식 등이) 삼켜지다, 목구멍을 넘어가다
- The dinner **went down** very nicely.
(저녁을 아주 잘 먹었다.)

dig in (게걸스럽게) 먹다, 먹기 시작하다
- **Dig in**! We have plenty more food.
(먹어! 음식이 더 많이 있어.)

bite off 먹다, 베어 물다, 물어뜯다

put away 먹어치우다
- She **put away** lots of foods. (그녀는 많은 양의 음식을 먹어치웠다.)

finish off 먹다
- We couldn't **finish off** a lot of foods.
(우리는 많은 음식을 다 먹을 수가 없었다.)

clean/empty one's plate 접시를 비우다

leftover 먹다 남은 음식

doggie bag (식당에서 손님이 먹다 남은 것을) 넣어 주는 봉지
- We couldn't eat up everything, so we asked for a **doggie bag**.
[다 먹을 수가 없어서 (남은 음식을) 봉지에 담아 달라고 요청했다.]

※ **eat** soup (with a spoon) 스프를 먹다
스푼 등 식기를 사용해 먹을 때 **eat**을 쓴다.

drink 마시다

get down 의지에 반하여 음식을 먹다
- She refused to get that mysterious water down.
(그녀는 그 미심쩍은 물을 마시기를 거부했다.)

gulp down 벌컥벌컥 마시다
- To hear the news, he gulped down a cup of tea.
(그 뉴스를 듣고 그는 차 한 잔을 벌컥벌컥 마셨다.)

at one gulp 한입에, 단숨에
→ **swallow down** (꿀꺽) 삼키다
- He swallowed a pill down. (그는 알약을 꿀꺽 삼켰다.)

take a sip 한 모금 마시다
- He took a sip of whisky from the glass.
(그는 잔에서 위스키를 한 모금 마셨다.)
→ **sip** 찔끔찔끔 마시다
- We sat in the sun, sipping lemonade.
(우리는 레모네이드를 마시며 햇볕에 앉아 있었다.)

toss off 단숨에 들이켜다
- He tossed off a beer and complained.
(그는 맥주를 단숨에 들이켜고 불평을 했다.)

knock back 술을 마시다
- He knocked back two beers and fainted.
(그는 맥주 두 잔을 마시고 의식을 잃었다.)

drink in desperation 필사적으로 마시다

barhop 장소를 옮기며 술을 먹다
※ bar에서 bar로 옮기는(hop) 것이므로
=go bar-hopping =go on a pub crawl

---

have a hangover 숙취가 있다
→ **be under the weather** 몸이 편치 않다
dry out 숙취를 다스리다

053 병과 약

병

suffer from~ ~으로 고통받다, (병을) 앓다
- I've been suffering from a bad cold these days.
(요즈음 독감으로 고생하고 있다.)

약

medicine, meds
pill 알약, **granulated medicine** 과립의 약, **capsule** 캡슐
a dose of~ 일회 분, 한 봉

코

allergic rhinitis 알레르기성 비염
stuffy/congested nose 코가 맹맹한
(=**stoppage in the nose**)
※ stuffy/congested 막힌, 정체된
→ **stuff up** 막다
- My nose is stuffed up because of a cold.
(감기로 코가 막혔다.)

입

throw up 토하다 (=**vomit**)
- I feel like throwing up. (토할 것 같다.)

motion sickness 멀미
a spell of coughing 기침이 발작하다
→ **asthma** 천식
cough medicine 기침약
cold medicine 감기약
- This cold medicine has done me good.
(이 감기약은 나에게 잘 듣는다.)

배

food poisoning 식중독
※ poison 독, 몸에 안 좋은 것
stomach ulcer 위궤양
- My father had a stomach ulcer due to stress.
(아버지는 스트레스로 인한 위궤양에 걸렸다.)
→ **stomach cramp** 위경련
→ **duodenal ulcer** 십이지장 궤양
cirrhosis of the liver 간경변증
- He suffers from cirrhosis of the liver.
(그는 간경변증을 앓고 있다.)
→ **viral hepatitis** 바이러스성 간염
viral←**virus** 바이러스

상처

adhesive plaster 반창고
※ adhesive 점착성의, 끈끈한
- I applied an adhesive plaster to the wound.
(나는 상처에 반창고를 붙였다.)
absorbent cotton 탈지면
※ absorbent 흡수성의

죽음

die of~ (질병, 노령 등으로) 죽다 ※ 일반적
- A lot of children died of hunger. (많은 어린이들이 굶어 죽었다.)

die from~ (외상, 부주의 등으로) 죽다
- The soldier died from a wound. (그 병사는 부상으로 사망했다.)

귀

ringing in one's ears 이명이 있는
- I have a ringing in my ears.
= My ears are ringing. (이명이 있다. 귀가 울린다.)

hard of hearing 난청, 귀가 먼
→ glue ear 중이염 (=inflammation of the middle ear)

눈

eye mucus 눈곱, 아주 작은 물건 ※ mucus 점액
eye drops 안약, 점안약
- Put eye drops in your eyes three times a day.
  (하루에 세 번 안약을 눈에 넣으시오.)

insomnia 불면증
sleeping pill 수면제
- You should not have sleeping pills often.
  (수면제를 자주 복용하지 않는 것이 좋다.)

어깨

stiff shoulder(s) 어깨가 뻣뻣한
→ stiff neck
※ stiff 딱딱하게 굳다
- I have stiff shoulders.
  (어깨가 뻣뻣하다.)

여러 가지 병

lifestyle-related diseases
  생활과 관련된 질병들
contagious disease 전염병
chronic disease 지병
  ※ chronic 만성의
obstinate disease
  잘 낫지 않는 병, 난치병
  ※ obstinate 완고한

심장

heart failure 심부전, 심장마비
- My grandfather died of heart failure. (아버지는 심장마비로 돌아가셨다.)

heart attack 심장 발작(마비), 심근경색
high/low blood pressure 고/저혈압
※ pressure 압력 → atmospheric pressure (=air pressure) 기압
hypotensive drug 혈압 강하제

054 감기 걸리다

catch a cold
감기 걸리다

have a cold 감기에 걸리다
- **My boy has a cold.**
  (아들이 감기에 걸렸다.)
- **I think I've got a cold.**
  (내 생각에는 감기에 걸린 것 같아.)
↔ **get over a cold** 감기가 낫다

dizziness 현기증
- **I have dizzy spells.**
  (나는 어지럼증이 있다)
※ spell은 '(증상 등이) 계속됨'

shiver/shake/chill 오한, 한기
- **I've got a chill.**
  (나는 오한이 있다.)

열

take one's temperature ~의 체온을 재다
- **Why don't you take your temperature?** (체온을 재 보겠니?)

have a fever 열이 있다
- **I have a slight fever.** (미열이 있다.)

in a fever 열이 올라, 열광하여

fever heat (37℃ 이상의) 높은 체온, 열광

fever blister 단순 포진, 발진 (= cold sore[미])

코

runny nose 콧물이 흐르는 코
- You've got a **runny nose**.
= Your **nose** is **running**. (너의 코에서 콧물이 흐르고 있다.)

↓

stuffy/congested nose 막힌 코
(=stoppage in the nose)
→ **blow one's nose** 코를 풀다
→ **sniff, sniffle, snivel, snuffle** 코를 훌쩍거리다
※ 영국과 미국에서는 손수건(handkerchief)으로 코를 푸는 경우가 많다.
※ 개가 킁킁대는 것도 sniff

목

cough 기침하다
→ **a spell of coughing** 기침 발작
- When I **cough**, my throat burns. (기침을 하면 목이 따갑다.)

swell 붓다

rough 거칠거칠한
- My throat feels **rough** and **swollen**. (목이 거칠거칠하고 부은 것 같다.)

have a sore throat 목이 아프다

get hoarse 목이 잠기다, 목이 쉬다

gargle 양치질하다, 양치질 약

배

throw up 토하다 (=vomit)

feel like vomiting 토할 것 같다
- I don't **feel like vomiting** but I have absolutely no appetite.
  (토할 것 같지는 않은데 입맛이 전혀 없다.)

feel nausea 구역질이 나다

feel sick 속이 울렁거리다, 구역질이 나다

have a stomachache 위(배)가 아프다
↔ **suffer from the stomachache** (만성적인) 위통으로 고생하다

121

055 임신과 출산

artificial insemination 인공수정
- **She conceived a child through artificial insemination.**
(그녀는 인공수정을 통해 아이를 임신했다.)
※ conceive 임신하다, artificial 인공의, insemination 수정

get pregnant 임신하다
be pregnant 임신 중이다
- **She is three months pregnant.**
(그녀는 임신 3개월이다.)

labor(pains) 진통
- **She's in labor.**
(그녀는 진통 중이다.)

※ 회화에서는 "She's expecting (a baby)."(그녀는 임신 중이다)도 자주 사용한다. expect '기대하며 기다리다' 완곡한 어법으로 "She's in the family way."라는 표현도 있다.

have a miscarriage 유산하다
- **She seems to have had a miscarriage.**
(그녀는 유산했던 것 같다.)

have an abortion 유산(낙태)하다
- **She had an abortion when she was a teenager.**
(그녀는 10대에 낙태를 했었다.)

caesarean operation/section 제왕절개
※ [sizέəriən]이라고 발음. 로마의 장군 줄리어스 시저(카이사르)가 이 방법으로 출생했다는 전설도 있다.
- **She gave birth in a caesarean operation.**
  (그녀는 제왕절개로 아이를 낳았다.)

give birth 낳다, 출산하다
- **She gave birth to a girl.**
  (그녀는 딸을 낳았다.)
※ '해산'은 childbirth라고 한다.

bring up 기르다, 양육하다 (=raise)
- **She decided to bring up her child alone.**
  (그녀는 혼자 아이를 기르기로 결심했다.)

premature delivery/birth 조산
- **The baby was born prematurely.**
  (그 아기는 달을 덜 채우고 태어났다.)

have a stillborn baby 사산하다
- **She had stillborn baby.** (그녀는 아기를 사산했다.)
= **Her baby was born dead.** (그녀의 아기는 사산되었다.)
※ 죽은 채 나왔다는 것

056 전화를 걸다

make a (phone) call 전화 걸다
use a phone 전화를 사용하다, 빌리다
- May I use your phone? (전화를 써도 될까요?)
※ 이 경우에는 borrow(빌리다)가 아닌 use를 사용한다

be on the phone 통화 중이다
- Kazu is on another phone. (카즈는 다른 전화로 통화 중이다)

get/answer the phone 전화 받다
- There's the phone. I'll answer it. (전화 온다. 내가 받을게.)

hold the line 전화를 끊지 않고 기다리다
- Hold the line, please. (잠시만 기다려 주세요.)

hang up 전화를 끊다
- I have to hang up now. (지금 전화를 끊어야 해.)

각종 전화

cellular phone 휴대전화기
(=portable phone, cell phone)
※ cell은 '세포·구획' 서비스 구역을 작은 구획(cell)마다 분할하여 각각 중계국을 설치한 무선전화 시스템

local call 시내전화
long-distance call 시외전화
answering machine 자동 응답 전화
long telephone conversation
전화로 나누는 긴 대화
- My mother always has a long conversation on the phone.
(어머니는 늘 전화로 길게 이야기하신다.)

public telephone 공중전화
(=pay phone)
- Could you tell me where the public telephone is?
(공중전화가 어디에 있는지 알려 주시겠습니까?)

(tele)phone booth [미] 전화 부스
=**telephone box** [영]

telephone book 전화번호부
(=telephone directory)
phone card 전화 카드
international call 국제 전화
- I'd like to make an international call to Japan.
(일본으로 국제 전화를 하고 싶다.)

collect call 수신자 요금 부담 전화
station-to-station call 번호 통화
person-to-person call 지명 통화
phone number 전화번호
- What is your phone number?
(전화번호가 어떻게 되니?)

directory assistance 전화번호 안내
toll-free number
수신자 요금 부담 전화번호
area code 지역 번호, 시외 국번

자주 사용하는 구어 표현

May I use the telephone? (전화를 써도 될까요?)
Hello. Is this the Millers? (여보세요, 밀러 씨 계십니까?)
Hello, this is Tanaka speaking.
(안녕하세요, 저는 다나카입니다.)
Who's calling, please? (전화하시는 분은 누구신가요?)
※ 전화 받는 쪽에서 사용하는 말
Who am I speaking to? (누구십니까?)
※ 전화를 건 쪽이 받는 사람의 이름을 묻는 경우
May I speak to Keiko, please?
(게이코 씨와 통화할 수 있을까요?)
The line is busy. (통화 중입니다.)
I'm afraid you have the wrong number.
(전화 잘못하셨습니다.)
Jack is out now. (잭은 지금 외출 중입니다.)
Go ahead, please. (먼저 말씀하세요.)
You are wanted on the phone. (너에게 전화 왔다.)
May I leave a message? (메모 좀 전해 주시겠습니까?)
Can I take a message? (메모를 남기시겠습니까?)
I'll call back later. (나중에 다시 전화하겠습니다.)

관련된 단어

e-mail 전자 우편, 전자 우편을 보내다
- I sent you an e-mail. = I e-mailed you.
(너에게 이메일을 보냈다.)
※ 최근에는 email이라고 '-' 없이 쓰는 경우도 많다.
- E-mail me. (이메일을 보내라.)

telegram 전보
ordinary telegram 보통 전보
urgent telegram 지급 전보
congratulatory telegram 축전
- I sent a congratulatory telegram to my friend.
(내 친구에게 축전을 보냈다.)
condolatory telegram 조문(애도) 전보
※ condole 애도를 표하다

057 호텔에 묵다

cancel a reservation 예약을 취소하다
- **I'd like to cancel a reservation for today.**
  (오늘 예약을 취소하고 싶습니다.)

make a reservation 예약하다
→ book a room 객실을 예약하다
- **I booked a room for you at the Hilton.**
  (힐튼 호텔에 너의 방을 예약했다.)
※ reserve는 레스토랑의 좌석 등을 예약할 때 쓰는 경우가 많다. book은 호텔 방을 예약할 때 자주 사용한다.

reconfirm
(예약을) 재확인하다
※ 해외 호텔이나 항공편을 이용할 때는 예약 확인이 필요

check-in 투숙 절차
- **Have you finished check-in?**
  (투숙 절차를 마치셨습니까? 체크인하셨습니까?)
※ 공항의 탑승 절차도 check-in이다.

be booked fully 예약이 꽉 차다

vacancy 빈 객실 있음

- **We are fully booked today.**
  (오늘 예약이 꽉 찼습니다.)

hotel clerk
호텔 종업원

service charge 봉사료
- **Service charge is no included.**
(봉사료는 포함되어 있지 않다.)

check-out 정산, 퇴실 절차
- **What time is check-out? Check-out is noon.**
(체크아웃은 몇 시인가요? 정오입니다.)

stay at a hotel 호텔에 머물다
- **What hotel are you staying at?**
(어느 호텔에 묵고 있니?)

※ stay at의 뒤에는 장소·숙박 시설이 붙는다. stay with의 뒤에는 사람 이름이 들어가 '~의 집에 머물다'라는 의미가 된다

- **I'm staying with John.**
(나는 존과 함께 묵고 있다.)

wake-up call
(호텔의) 모닝콜

run a hotel = keep a hotel
호텔을 경영하다

- **I started to run this hotel when I was 26.**
(스물여섯에 이 호텔을 운영하기 시작했다.)

hotel manager
호텔 지배인

058 최초와 최후

from first to last 처음부터 끝까지, 시종일관
- It was a splendid show from first to last.
  (시종일관 훌륭한 쇼였다.)

☆ **Win at first and lose at last.**
(초반에 이기고 후반에 지다.)

for the first time 처음으로
- For the first time in her life she fell in love.
  (그녀는 난생 처음 사랑에 빠졌다.)

be the first to 원형동사 최초로 ~하다
- He was the first to fly across the Atlantic.
  (그는 최초로 대서양을 횡단 비행하였다.)

at first 처음에는
- The girl was shy at first. (소녀는 처음에는 수줍어하였다.)

the first time (that) 절 처음에 ~하였을 때는
- The first time I met him, he was a young man about your age. (처음 그를 만났을 때 그는 당신 또래의 젊은이였다.)

at the first sight 첫눈에
- He liked her at the first sight.
  (그는 첫눈에 그녀를 좋아하게 되었다.)

from the first 처음부터
- They were attracted to each other from the first.
  (그들은 처음부터 서로에게 끌렸다.)

● 최초
● first
● 최우선

first of all 무엇보다도 우선
(=in the first place =to begin with =to start with)
- First of all, we can possibly spare the time.
  (무엇보다도 우리는 어쩌면 시간을 아낄 수 있을 것이다.)

come first ~에 우선하다 (=take first place)
- In any decision she makes, her family always comes first.
  (그녀는 어떤 결정을 하든지 항상 가족이 먼저이다.)

put ~ first ~을 가장 우선하다
- She always puts her career first. (그녀는 항상 일을 가장 우선한다.)

☆ **Safety first.** (안전 제일)
☆ **Ladies first.** (숙녀 먼저)
☆ **First things first.** (중요한 일부터 먼저)
☆ **First come, first served.** (선착순으로 응대하다, 먼저 온 사람부터 대접 받는다)

last

최후

at last 드디어, 마침내, 결국 (=after all =in the end =finally)
- At last we are home! (드디어 집에 왔다!)

last of all 마지막으로 (=in the last place =lastly)

last but not least 마지막에 말하기는 하지만 아주 중요한
- Last but not least, I'd like to express my gratitude to Professor Brown.
(끝으로 브라운 교수님께 감사드리고 싶습니다.)

극한

at the last minute/moment 마지막 순간에
- We changed our plan at the last minute.
(우리는 마지막 순간에 계획을 바꿨다.)

in the last resort 결국, 최후의 수단으로서 (=as a last resort)
- In the last resort we can always walk home.
(결국 우리는 언제든지 걸어서 집으로 돌아갈 수 있다.)
→ play one's last card 최후 수단을 쓰다, 별도리가 없다

for the last time 마지막으로
- I saw her for the last time. (나는 마지막으로 그녀를 보았다.)

to the last man 만장일치로, 마지막 한 사람까지
- They agreed to the last man. (그들은 만장일치로 찬성했다.)

on one's last legs 기진맥진하여, 망가져 가고 있는
- Our car is on its last legs. (우리 차는 망가져 가고 있다.)

one's last breath 숨을 거두다, 죽다
→ to the last breath/gasp 죽을 때까지
→ breathe one's last (breath) 숨을 거두다, 죽다

every last~ 모두, 남김없이
- We spent every last penny we had.
(우리는 가진 돈을 모두 써 버렸다.)

최신

the last word in~ ~최신형의
- It's the last word in street fashion.
(그것은 최신의 거리 패션이다.)

☆ **He is the last person in the world I want to see.**
(그는 세상에서 내가 가장 만나고 싶은 사람이다.)

☆ **It's the last straw that breaks the camel's back.**
(마지막 작은 지푸라기 하나가 낙타 등을 부러뜨린다.)

129

059 전부

전부

all the way 도중 내내, 먼 길을 무릅쓰고, 전폭적으로
- I go **all the way** with what George says about Bill.
  (나는 조지가 빌에 대하여 말한 것에 전적으로 동의한다.)

all over 전면적인, 온몸이(에)
- He said he had a fever and aches **all over**.
  (그는 열이 있고 온몸이 아프다고 말했다.)

after all 결국

all in all
① 전부해서, 통틀어, 합계
- I read the book three times, **all in all**.
  (나는 그 책을 통틀어 세 번 읽었다.)

② 대체로 (=all things considered)
- **All in all**, it was a good plan. (대체로 그것은 좋은 계획이었다.)

all or nothing
전부이거나 전무이거나

all
전부

시간 표현

all the time 그 동안 줄곧, 언제나 (=all the while)
- I went to college in my hometown and lived at home **all the time**.
  (나는 고향에 있는 대학에 들어가고 줄곧 본가에 살았다.)

all day long 하루 종일

all at once 갑자기
(=suddenly =all of a sudden)
- **All at once** we heard a shot and the soldier fell to the ground.
  (갑자기 총소리가 들리고 그 병사가 땅에 쓰러졌다.)

꼭

at all costs 어떤 희생을 치르더라도, 기어코
(=at any cost)
- **The man tried to save his son's eyesight at all costs.**
  (그 남자는 어떤 희생을 치르더라도 아들의 시력을 되찾으려 노력했다.)

by all means 반드시 (=by any means)
- **He felt that he should by all means warn Jones.**
  (그는 반드시 존스에게 주의를 주어야겠다고 느꼈다.)

양보

for all~ ~에도 불구하고 (=with all~)
- **For all (that) you say, I still like him.**
  (너의 말에도 불구하고 나는 여전히 그를 사랑한다.)

all the same 똑같은, 아무래도 좋은(상관없는)
- **Everyone opposed it, but Sally and Bob got married all the same**
  (모든 사람이 반대했지만 샐리와 밥은 개의치 않고 결혼했다.)

부정 · 의문

at all
[부정문에서] 조금도 (~아니다), 전혀
- **It's not at all likely he will come.** (그는 전혀 올 것 같지 않다.)

[의문문에서] 조금이라도, 도대체, 이왕이면, 정말
- **Can it be done at all?** (정말 그것이 이루어질 수 있을까?)

all that [부정문에서] 그다지
- **He isn't all that honest.** (그는 그다지 정직하지 않다.)

> ☆ **All that glitters in not gold.**
> (반짝이는 것이 다 금은 아니다.)

060 무(無)

※기본

no doubt
① 의심할 바 없이, 확실히 (=surely)
- **No doubt Hilary was the smartest girl in her class.**
(의심할 바 없이 힐러리는 그녀의 반에서 가장 똑똑한 소녀이다.)

② 필시, 아마도 (=probably)
- **Bill will no doubt telephone us as soon as he comes to town.**
(아마도 빌은 마을에 오자마자 우리에게 전화할 것이다.)

no end 몹시
※ '끝이 아니다' 에서 '한없이, 제한없는' 이라는 의미가 나온다
- **Jim was no end upset.** (짐은 매우 화가 났었다.)
- **The baby cried no end.** (아기가 몹시 울었다.)

→ no end to~ 한도 끝도 없다, 다수의
- **There was no end to the letters pouring into his office.**
(그의 사무실로 편지들이 끝도 없이 쇄도했다.)

no small 결코 적지 않은, 대단한
- **I have no small interest in the next election.**
(나는 다음 선거에 상당히 관심이 있다.)

없음

no more than~ 단지, 겨우
※ 적다는 것을 강조 (=only)
- **I have no more than three dollars.** (겨우 3달러밖에 없다.)

↔ no less than~ ~에 못지않게
※ 많다는 것을 강조 (=even)
- **He gave me no less than $500.** (그는 나에게 500달러나 주었다.)

be no better than~ ~나 마찬가지다
- **That fellow is no better than an impostor.**
(그놈은 사기꾼이나 마찬가지다.)

강조

no matter 문제가 아닌
- **She was going to be a singer no matter what difficulties she met.**
  (그녀는 어떤 어려움을 만났든 가수가 되었을 것이다.)

no sweat 간단히, 수월하게
- **The child solved the problem with no sweat.**
  (그 아이는 그 문제를 쉽게 풀었다.)

> 다르지 않은, 간단한

no (無)
※ 강한 부정

> 부정

no way 절대로 안 되다, 싫다
- **No way will I go with you.**
  (절대로 너와 함께 가지 않을 거야.)
※ No 등의 부정어가 강조를 위해 문장 앞에 위치하고 있을 때는 문장 전체를 의문문의 어순으로 한다.

☆ **No way!** (절대로 안 돼, 싫어.)

☆ **No kidding!**
(농담 아니야, 정말이야 또는 (상대의 말에 대해) 농담 마! 설마 그럴 리가.)
※ 보통 'No kidding'이라고 하면 '거짓말이 아니야' 라는 의미

☆ **Did you actually win the lottery? No kidding, I really did.**
(정말 복권에 당첨되었다고? 농담 아니야, 진짜 당첨됐어.)

☆ **No news is good news.** (무소식이 희소식이다.)

No parking 주차 금지
No entry 입장 금지
No objection 이의 없음

061 부족하다

부족

shortage 부족, 결핍, 충분하지 않은 상태
  shortage of water 물 부족   shortage of food 식량 부족
lack 부족, 결핍, 결여
  lack of experience 경험 부족   lack of sleep 수면 부족
want (특히 필요한 어떤 것의) 결여, 부족 ※절박함의 강조
  want of food 식량 부족   want of sunshine 일조량 부족
deficiency 부족, 결핍, 결여
  deficiency of vitamins 비타민 부족
deficit 부족(액), 적자, 결원 ↔ surplus 잉여(금)
  ※due balance 지불 연체액

~이 부족하다

be short of~
 • The problem is that we are short of money.
   (문제는 우리의 자금이 부족하다는 것이다.)
be lacking in~ ※약식
 • He is sadly lacking in common sense. (안타깝게도 그는 상식이 부족하다.)
be wanting in~ ※lacking쪽이 보통
 • He is wanting in courage. (그는 용기가 없다.)

be destitute of~ ~이 결여되다, ~이 없다
 • They were people destitute of sympathy. (그들은 동정심이 없는 사람들이었다.)
be strapped for~ (현금 또는 돈이) 부족하다 (=penniless)
 • He was strapped for cash. (그는 현금이 부족했다.)

come/fall short (돈이나 물자) 부족하다, 미달하다, 모자라다
 • His fund fell short. (그의 자금이 부족했다.)
 • The movie came short of my expectations. (그 영화는 나의 기대에 못 미쳤다.)
run short (물자) 부족하다, 없어지다, 부족하게 하다
 • The food began to run short. (식량이 떨어져가기 시작했다.)
run out of~ ~을 다 써버리다, 바닥나다
 • We're running out of food. (식량이 바닥나고 있다.)
for lack of~ ~의 부족으로 (=for want of~)
 • We've had a poor crop for lack of water. (물 부족으로 작황이 좋지 않았다.)

부족해서 필요하다

be in want of~ ~을 필요로 하다
- I am in want of food. (나는 음식이 필요하다.)

→ be in need of~ ~을 필요로 하다
- My grandfather is in need of institutional care.
  [할머니는 (노인) 시설의 보살핌이 필요하다.]

부족함을 보충하다

span the gap 틈을 메우다, 격차를 줄이다 ※ span (다리를) 놓다, (빈 곳을) 채우다
- The lecture spanned the gap in our knowledge about international relations.
  (그 강의는 국제 관계에 대한 우리의 부족한 지식을 채워 주었다.)

make up for~ ~(결함을) 메우다, 만회하다, 보충하다
- We made up for lost time by taking an airplane instead of a train.
  (기차 대신 비행기를 타 늦은 시간을 만회하였다.)

 풍부

plenty of~ (좋은 의미에서) 많은
- There are plenty of fish in this river. (이 강에는 물고기가 많다.)

abound in~ 풍부한, 많은
- Our university abounds in talented undergraduates.
  (우리 대학에는 재능 있는 학생들이 많다.)

be abundant in~ (장소가) 풍부하다
- The forest is abundant in trees. (그 숲에는 수목이 풍부하다.)

 여분

in excess(of) ~을 초과하여
be left (over) 나머지의
- A lot of cakes were left over. (케이크가 많이 남았다.)

be surplus to~ 과잉의, 여분의
- The wine he bought for me is surplus to my needs.
  (그가 사다 준 와인은 내가 필요한 것보다 많다.)

★ I am a little short. (나는 주머니 사정이 별로 좋지 않다.)
★ He is soft in the head. (그는 머리가 나쁘다.)

062 능숙함과 서툼

be good at~ ~에 능하다
- **She is good at speaking German.**
= She speaks German well.
= She is a good speaker of German.
(그녀는 독일어를 잘 한다.)

write a good hand 글씨를 잘 쓰다

be skillful in~ ~에 능숙하다, 교묘하다
- **He is skillful in making decisions.**
(그는 결정을 잘 한다.)　　　※ [미] skillful [영] skilful

be clever at/with~ ~의 달인이다, 능하다
※ at~ 하는 것이 훌륭하다, with~ ~의 취급이 훌륭하다
- **He is clever at making model cars.**
(그는 모형차를 만드는 데 달인이다.)
- **She is clever with her hands.** (그녀는 손재주가 좋다.)

have/get the knack ~의 요령을 터득하다
- **Making pancakes is easy once you've got the knack.**
(한번 요령을 터득하고 나면 팬케이크를 만들기는 쉽다.)

have a knack for~ ~의 재주가 있다, ~에 능하다
- **He has a knack for picking winners.**
(그는 탁월한 선택을 한다.)
※ pick a winner는 '훌륭한 선택을 하다'

기능 · 학문 → **good**

솜씨 좋은 → **skillful**

be bad at~
~를 못하다
- He is bad at speaking French.
= He is a poor speaker of French.
(그는 불어를 못한다.)

be poor at~
서툴다
= be weak in
- She is poor at mathematics.
= She is weak in mathematics.
(그녀는 수학이 서툴다.)

↔ **clumsy** 모양 없는, 서투른, 재치 없는
- He is clumsy with a tool. (그는 도구를 다루는 데 서툴다.)

063 자유롭게 하다

free

※ 원뜻은 '(속박·제한이) 없는 것'
여기에서 '자유' '무료'라는 뜻이 나온다
→ liberty도 (구속·지배로부터의) 자유·해방

자유

be free to 원형동사 자유롭게 ~하다
= **be at liberty to** 원형동사
- You **are free to** go or stay.
= You **are at liberty to** go or stay.
(떠나든지 머물든지 너의 자유다.)

give ~ a free hand 재량권을 주다, 마음껏 ~하게 하다
- I was **given a free hand** in designing the poster.
(나는 재량껏 그 포스터를 디자인할 수 있었다.)

feel free (to) 마음대로 ~해도 좋다
- May I use your phone? **Feel free**.
(전화를 써도 될까요? 마음대로 하세요.)
- **Feel free** to ask questions if you don't understand.
(이해가 안 되는 것이 있다면 자유롭게 질문하세요.)

at one's disposal ~의 마음대로 처분할 수 있다, 임의로 쓸 수 있다
- I'll leave the money **at your disposal**. (네가 마음대로 쓸 수 있는 돈을 남겨 두겠다.)

at will 자유자재로, 마음껏
- With an air conditioner you can enjoy comfortable temperatures **at will**.
(에어컨으로 마음껏 쾌적한 온도를 누릴 수 있다.)

without restraint 자유로이, 제멋대로, 거리낌 없이
- He talked **without restraint**. (그는 거리낌 없이 말했다.)

제멋대로 함

make free with~ ~을 마음대로 쓰다, ~에게 너무 허물없이 굴다
- He made free with all his girlfriend's money.
(그는 여자 친구의 돈을 마음대로 썼다.)

해방

set ~ free ~을 석방하다
- Set the prisoner free.
(죄수를 석방하다.)

~이 없다

be free from~ ~로부터 자유롭다
- There is no one who is free from prejudice.
(편견으로부터 자유로운 사람은 없다.)

be free of~ ~을 떠나다, ~을 면하다
- He is free of guilt. (그는 죄를 면했다.)

free of charge 공짜의, 무료의, 요금이 안 드는 =for nothing =free
- He came bay the ticket free of charge.
=He got the ticket for nothing.
=He got the ticket free.
(그는 티켓을 무료로 얻었다.)

강제하다

be obliged to 원형동사 강제로 ~하게 되다 ※ 의무적으로 ~하다
- I was obliged to go. (나는 가지 않을 수 없었다.)
☆ I'm much obliged to you. (대단히 감사합니다.)
※ 은혜를 입었다는 뉘앙스로, 어떤 의무를 지고 있다.

be forced (to 원형동사) ~을 떠나다, ~을 면하다 ※ 강제로 ~하게 되다
- She was forced into crime by circumstances.
(그녀는 주변 상황에 의해 범죄를 저지르게 되었다.)
=be compelled to 원형동사

064 주의하다

~에 주의하다
be careful of~ ※ 기본
- **Be careful of** pickpockets.
(소매치기를 조심하시오.)

beware of~ ※ 명령법과 부정사 또는 조동사 뒤에만 씀.
- **Beware of** pickpockets. 격식 있는 표현

be on one's guard against~
※ 공격에 대해 경계하다, 대비하다가 원래의 의미
- **Be on your guard against** pickpockets.

watch out for~ ※ 주시하다
- **Watch out for** pickpockets.

= look out for~
- **Look out for** pickpockets.

have/pay/show regard 주의하다, 관심을 보이다, 배려하다
- She showed little regard for the feelings of others.
(그녀는 타인의 감정을 거의 배려하지 않는다.)

☆ Please send my regards to your brother.
(너의 형에게 안부 전해 줘.)

put/set/turn one's mind to~ ~에 주의를 기울이다, 집중하다, 전념하다
- You could be a very good writer if you set your mind to it.
(네가 거기에 전념했다면 좋은 작가가 될 수 있었을 것이다.)

pay attention to~ ~에 주의를 기울이다
= take notice of~
- She paid no attention to such a thing.
= She took no notice of such a thing.
(그녀는 그런 일에는 주의를 기울이지 않았다.)

be careful in ~에 주의하다

- **Be careful in** choosing your company.
- =**Be careful in** your choice of company.
(친구를 선택하는 데 신중해야 한다.)

take care to 원형동사/that 절 ~하는 데 주의하다

- **Take care not to** break your knee.
- =**Take care that** you don't break your knee.
(무릎을 다치지 않도록 조심해라.)

관련

see to it that 절 책임지고 ~하도록 하다, 틀림없이 ~하도록 하다

- **See to it that** the light is turned off before you leave.
(나가기 전에 불이 꺼졌는지 확인해라.)
- =**make sure that** 절 ~를 확신하다, 확인하다

be sure to 원형동사 확실히(반드시) ~하다 =never fail to 원형동사

- **Be sure to** reach the station by 5 o'clock.
(5시까지는 반드시 역에 도착해야 한다.)

don't forget to 원형동사 잊지 않고 ~하다

- **Don't forget to** post the letter by October 31.
(잊지 말고 10월 31일까지 편지를 보내라.)

Watch your head. (머리 조심)

Watch your step. (발 조심)

Mind the gap. [(지하철과 역 사이의) 틈새 조심]
※ Watch [미], Mind [영]

065 약속

promise/word

a verbal promise
=a speaking engagement 언약
an empty promise
=a vain promise 공허한 약속
a fair promise 그럴 듯한 약속

keep one's promise/word 약속을 지키다
- My friend always keeps his promise.
=My friend always keeps his word.
(내 친구는 항상 약속을 지킨다.)
※ 다음과 같은 관용적 표현도 있다
- My friend is a man of his word.
(내 친구는 약속을 지키는 사람이다.)
=My friend is as good as his promise/word.
(내 친구는 약속에 충실하다.)

perform a promise 약속을 이행하다
- It is one thing to promise and another to perform.
(약속을 하는 것과 약속을 이행하는 것은 별개의 문제이다.)

make a promise good 약속을 이행하다
=make good on a promise
- He made good on his promise and married her.
(그는 약속을 지키고 그녀와 결혼했다.)

take one's promise at face value
~의 약속을 액면 그대로 믿다
※ at face value 액면 그대로
- She took his vain promise at face value.
(그녀는 그의 공허한 약속을 있는 그대로 믿었다.)

break one's promise/word 약속을 파기하다
= **go back on one's word**
- He went back on his word and bilked out of me.
  (그는 약속을 어기고 나의 돈을 갚지 않았다.)

of promise 유망한
※ 장래가 약속되어 있다
- He is a writer of great promise.
  (그는 상당히 유망한 작가이다.)

make a promise 약속하다 (= promise)
- She made a promise to call him back.
  (그녀는 그에게 다시 전화하겠다고 약속했다.)

give one's word 약속하다, 언질을 주다
- He gave her his word that he would marry her.
  (그는 그녀와 결혼하겠다고 약속했다.)

만날 약속 appointment

make an appointment 약속하다
- I made an appointment with the professor at 1:30.
  (1시 30분에 그 교수와 만나기로 약속했다.)

cancel an appointment 약속을 취소하다
- I cancelled an appointment to meet him for lunch.
  (나는 그와의 점심 약속을 취소했다.)

(비밀 엄수의) 약속 seal

under seal of secrecy 비밀을 지키기로 약속하고
- She told me the reasons for her divorce under seal of secrecy.
  (그녀는 비밀을 지킨다는 약속을 받고 나에게 이혼한 이유를 말해 주었다.)

맹세, 서약, 공약 pledge

make a pledge 서약(공약)하다
- The party made a pledge that they would support the poor.
  (그 정당은 빈곤한 사람들에 대한 지원을 공약했다.)

be under pledge 맹세하고 있다
- I'm under pledge that I will never tell a lie to my wife.
  (나는 아내에게 절대로 거짓말을 하지 않겠다고 맹세한 상태이다.)

☆ **A promise is a promise.** (약속은 약속이다.)
※ '지켜야만 한다' 는 의미와 '깨질 수도 있다' 라는 의미가 있다

066 좋아함

♥**like** 좋아하다 ※기본
  ☆ I like spring better than summer.
  (나는 여름보다는 봄이 좋다.)
  ☆ Which do you like better, tea or coffee?
  (차와 커피 중에 어떤 것을 더 좋아하니?)

♥**prefer A (to B)** (B보다) A를 더 좋아하다
  • I prefer wine to beer.
  (나는 맥주보다는 와인을 더 좋아한다.)
  = I like wine better than beer.

♥♥**love** 사랑하다, 매우 좋아하다 ※ 주로 여성들이 사용

♥♥**adore** 매우 좋아하다 ※ 주로 여성들이 사용. love보다 강한 뜻
  • I adore going to the cinema.
  (나는 영화 보러 가는 것을 매우 좋아한다.)

be fond of~ ~를 좋아하다
• He is fond of reading. (그는 독서를 좋아한다.)
※ like보다 알기 쉬운 표현으로 더 강하다

have a fondness for~ ~을 좋아하다
= have a liking for~
• He has a fondness for reading.
= He has a liking for reading. (그는 독서를 좋아한다.)

have a taste for~ ~의 취미를 가지다
• He has a taste for music. (나는 음악에 취미가 있다.)
※ 얽매일 정도로 좋아하는 상태

have a love of/for~ ~을 좋아하다
• Erick has a love of Japanese food. (에릭은 일본 음식을 좋아한다.)

have a preference for~ ~을 더 좋아하다, ~을 선택하다
• I have a preference for vegetables rather than meat.
(나는 고기보다는 야채를 더 좋아한다.)

lose oneself in~ ~에 정신이 팔리다, 열중하다
- **The girl lost herself in playing with dolls.**
(소녀는 인형 놀이에 몰두해 있었다.)

be absorbed in~ ~에 열중하다, 몰입하다
- **She was absorbed in playing a video game.**
(그녀는 비디오 게임에 몰두해 있었다.)

※ absorb 흡수하다, 빨아들이다, 열중하다. 뭔가에 몰두해 있는 상태를 나타냄

be hooked on~ ~에 중독되어 있다, 열중해 있다, 탐닉하다
- **He is hooked on going to concerts.**
(그는 열심히 콘서트를 찾아다닌다.)

be stuck on~ ~에 열중하다, ~에 반해 있다
- **My son is stuck on making model cars.**
(나의 아들은 모형 차 만들기에 몰두하고 있다.)

be crazy about/for~ ~에 미치다, ~을 매우 좋아하다, ~라면 사족을 못 쓰다
- **I'm crazy about coffee.** (나는 커피를 매우 좋아한다.)
- **He's crazy for you.** (그는 너에게 완전히 빠져 있다.)

※ crazy는 자신을 망각할 정도로 좋아하는 상태

devote oneself to~ ~에 전념하다, ~에 빠지다, ~에 골몰하다
=be devoted to~ ※ 자기를 바칠 정도로 좋아하는 상태
- **He is devoted to football.** (그는 축구에 전념하고 있다.)

---

take to~ ~를 좋아하다
- **Everybody took to him at once.** (모두가 그를 곧 좋아하게 된다.)

=take a fancy to~
- **She took a fancy to the vehicle.** (그녀는 그 자동차를 좋아했다.)

---

care for~ [부정문, 의문문에서] ~을 좋아하다, 바라다
- **I don't much care for computer.**
(나는 컴퓨터를 그다지 좋아하지 않는다.)

☆ **She was buried in a book.** (그녀는 책에 몰입해 있었다.)
※ bury 묻다. 책에 파묻힐 정도로 몰두해 읽다.

067 어쩔 수 없다

※ 여기서의 help는 '어쩔 수 없다, 피치 못하다' 라는 의미
☆ **You can't help it. = It cannot be helped.**
(어쩔 수 없다.)

cannot help ~ing ~하지 않을 수 없다, ~할 수밖에 없다

☆ **I cannot help falling in love with you.**
(너를 사랑할 수밖에 없다.)
※ 엘비스 프레슬리의 명곡 제목

cannot but 원형동사
~하지 않을 수 없다.
- **I could not but laugh at her.**
(그녀를 보고 웃지 않을 수가 없었다.)
※ 여기서의 but은 '~이외에' 라는 의미

beyond one's control 제어할 수 없는, 어쩔 수 없는
(=inevitable)
- **The accident was beyond our control.**
(그 사고는 어쩔 수 없는 것이었다.)

☆ **That's the way it goes.**
(인생이란 다 그런 거야. 세상일이 다 그런 거야.)

have no choice/alternative but to 원형동사
선택의 여지가 없다, ~하지 않을 수 없다
※ choice/alternative 선택지. 그 외의 선택의 여지가 없다는 뜻

- **We have no choice but to obey his order.**
  (그의 명령에 복종하는 것 이외에는 선택의 여지가 없다.)

관련

=cannot choose but 원형동사
~할 수밖에 없다

- **We cannot choose but change our plan.**
  (우리의 계획을 변경하지 않을 수 없다.)

=**All we can do is to change our plan.**
  (우리 모두는 계획을 변경할 수밖에 없다.)

→cannot do other than 원형동사
~할 수밖에 없다

- **He could not do other than speak out.**
  (그는 소리 내어 말할 수밖에 없었다.)

just have to 원형동사
~할 수밖에 없다

- **If there are no taxis, we'll just have to walk.**
  (택시가 없으면, 우리는 걸어갈 수밖에 없을 것이다.)

068 당연하다

may/might well 원형동사 ~하는 것도 당연하다
- He may well get angry. (그가 화를 내는 것도 당연하다.)

have good/every reason to 원형동사
~에 충분한 까닭이 있다

> 정당하다
> 당연하다

- He has good reason to do so.
(그가 그럴 만한 충분한 이유가 있다.)

> 자연스럽다

It is natural that 절 ~은 당연하다, 자연스럽다
→ It is natural for 사람 to 원형동사
- It is natural that he should be proud of his son.
= It is natural for him to be proud of his son.
(그가 아들을 자랑스러워하는 것은 당연하다.)

(It is) no wonder that 절
당연하다, 놀라울 것이 없다, 이상할 것이 없다
- It is no wonder that he passed the exam.
(그가 시험에 합격한 것은 놀라운 일이 아니다.)

> 당연

take ~ for granted that 절
~하는 것을 당연하게 여기다
- I take it for granted that she did her best.
(그녀가 최선을 다한 것은 당연하다고 생각한다.)

with reason 당연한, 무리가 아닌
- He complains <u>with reason</u>.
(그가 불평하는 것은 당연하다.)

당연한 흐름

be due to 원형동사 당연하다
- If you do such a thing, you <u>are due to</u> have a good scolding.
(그런 짓을 한다면 혼나는 것이 당연하다.)
※ due는 정당한, 당연한이라는 의미로 미래를 가리킨다
- I'm <u>due</u> ten day's leave.
(나는 열흘간의 휴가를 받을 만하다.)

in order 적절한, 타당한, 마땅한
- I think a salary cut is <u>in order</u>.
(나는 급료 삭감은 타당하다고 생각한다.)
※ in order에는 이외에도 '순서가 바른, 기능적인' 이라는 의미도 있다

by right(s) 바르게, 정당히, 당연히
- You should <u>by rights</u> receive it.
(당연히 네가 그것을 받아야 한다.)

as a matter of course 당연한 일, 응당 있을 일
- Bank officers ask questions <u>as a matter of course</u> when someone wants to borrow money.
(어떤 사람이 돈을 빌리려고 할 때, 은행 직원이 질문을 하는 것은 당연한 일이다.)

> ☆ You deserve it.
> (너는 그럴 만한 자격이 있다. 혹은 자업자득이다.)

069 다름없다

be as good as~ ~와 다름없다

- **She is as good as dead.**
  (그녀는 죽은 사람이나 마찬가지이다.)
- **The car looked as good as new.**
  (그 차는 새것이나 다름없어 보인다.)

→ **be all but~** 거의

- **The man was all but nudity.**
  (그 남자는 거의 벌거숭이 상태였다.)

→ **next to~** (부정어 앞에 써서) 거의

- **It is next to impossible.**
  (그것은 거의 불가능하다.)

같다

amount to~ ~와 같다, 사실 ~이나 마찬가지이다

- **Her advice amounts to an order.**
  (그의 충고는 명령이나 마찬가지이다.)
- **This answer amounts to a refusal.**
  (이 대답은 거절과 같다.)

the same ~ as ... ~도 …와 같다

- **It is the same with drinking as with smoking.**
- = **The same goes for drinking as for smoking.**
  (술을 마시는 것도 담배를 피우는 것과 마찬가지이다.)

비교급을 사용해서

be no better than~
~도 같다(더 나은 것이 없다), ~에 불과하다

- That guy **is no better than** am impostor.
(그 자는 사기꾼보다 나을 것이 없다.)

nothing more nor less than~
~에 다름 아니다, ~와 같다

- His criticism was **nothing more nor less than** the expressions of his love.
(그의 비평은 그의 관심을 표현하는 것에 다름 아니었다.)

nothing less than~
~에 다름 아니다

- It **is nothing less than** murder. (그것은 살인과 같다.)

be no more than~
~에 불과하다

- It's **no more than** a fiction. (그것은 꾸며낸 이야기에 불과하다.)

be nothing but~
~이외에는 아무것도 아니다

- It is **nothing but** fraud. (그것은 사기나 다름없다.)

> ☆ **Life is but a dream.**
> (인생은 꿈일 뿐이다.)

070 우연히, 문득

우연히

① **happen/chance to** 원형동사 우연히 ~하다
② **by chance/accident** 우연히, 마침
③ **It happened that** 절 우연히 ~이 발생하다(생기다)
④ **come across~** 우연히 만나다
 =run into~ =meet with~

그는 우연히 오랜 친구를 만났다
① He happened to meet an old friend of his.
 =He chanced to meet an old friend of his.
② =He met an old friend of his by chance.
 =He met an old friend of his by accident.
③ =It happened that he met an old friend of his.
④ =He came across an old friend of his.
 =He ran into an old friend of his.
 =He met with an old friend of his.

come across

run into

생각이 문득 떠오르다

생각 occur to 사람
생각 strike 사람
- **An idea <u>occurred to</u> me.**
- =**An idea <u>struck</u> me.** (문득 어떤 생각이 떠올랐다.)

생각 pop into one's mind
- **A bright idea <u>popped into my mind</u>.**
  (우연히 좋은 생각이 떠올랐다.)

↕

사람 hit upon 생각
- **I <u>hit upon</u> an idea.**
  (생각이 떠올랐다.)

사람 come up with 생각
- **He said he <u>came up with</u> a good idea.**
  (좋은 생각이 났다고 그가 말했다.)

it dawn on 사람 that~ ~라는 생각이 들기 시작하다, 이해되기 시작하다
- <u>**It dawned on me that**</u> **Mary was a fool.**
  (메리가 어리석은 사람이란 생각이 들기 시작했다.)

071 위해 (이익)

in the interest of~
~을 위하여

- I called him myself **in the interest of** saving time.
  (시간을 절약하기 위해 나는 그에게 전화를 걸었다.)

interest (관심·중요성)

※기본

for the sake of~
(=for one's sake) ~을 위하여, ~할 목적으로

- I'll help you **for the sake of** your sister.
  (너의 언니를 위해 너를 도와줄 것이다.)
- They made concessions **for the sake of** peace.
  (그들은 평화를 위해 양보했다.)

account (이유·고려)

on account of~ (=on one's account)
~을 위하여, 고려하여

- Don't change your plans **on my account**.
  (나를 위해 너의 계획을 변경하지는 마라.)

응용

in token of~ ~의 기념으로, 표시로
- Please accept this small gift **in token of** my affection.
  (이 작은 선물을 제 성의의 표시로 받아 주십시오.)

for the benefit of~ (=for one's benefit)
~을 위하여

- **Professor Brown translated what he said <u>for the benefit of</u> the students from abroad.**
(브라운 교수는 유학생들을 위해 자신이 말한 것을 번역하였다.)

benefit (이익)

on behalf of~ (=on one's behalf)
(in)　　　　　　　(in)
~을 위하여, ~을 대표하여

behalf
(큰 목적·이익)

- **<u>On behalf of</u> my company I thank you.**
(저희 회사를 대표하여 감사드립니다.)

- **Mike is not present today, so I'll accept the prize <u>on his behalf</u>.**
(마이크가 오늘 참석하지 못해 제가 그를 대신하여 상을 받겠습니다.)

응용

in honor of~
~를 축하하다, ~에게 경의를 표하다

- **A birthday party was held <u>in honor of</u> our grandfather.**
(조부님을 축하하기 위해 생일 파티를 열었다.)

072 때문 (원인 · 이유)

on account of~
~ 때문에, ~의 이유로, ~을 고려하여

- She was able to go to college <u>on account of</u> the scholarship.
  (그녀는 장학금 때문에 대학에 갈 수 있었다.) ⊕
- We delayed our departure <u>on account of</u> a typhoon.
  (태풍 때문에 우리의 출발이 연기되었다.) ⊖

> 긍정적 ⊕ · 부정적 ⊖
> 양쪽 다 사용하는 것

owing to~
~로 인하여, ~덕택에

- She succeeded <u>owing to</u> her strength.
  (그녀의 성공은 그녀의 강인함 덕분이다.) ⊕
- <u>Owing to</u> the heavy rain, the game was cancelled.
  (호우로 인해 경기가 취소되었다.) ⊖

due to~
~때문에, ~로 인해

- The team's success was largely <u>due to</u> his efforts.
  (팀의 성공은 대부분 그의 노력 때문이다.) ⊕
- <u>Due to</u> the heavy traffic, we were late.
  (교통 체증으로 인해 우리는 늦었다.) ⊖

by virtue of~
~의 힘으로, ~(의 효력)에 의하여, 덕분에

- **She succeeded by virtue of her strength.**
  (그녀의 성공은 그녀의 강인함 덕분이다.) ⊕

thanks to~
~덕분에, 덕택에

- **Thanks to you, I managed to solve the problem.**
  (네 덕분에 이 문제를 해결할 수 있었다.) ⊕

긍정적인 의미로만 사용하는 것

※기본

because of~
~ 때문에 (원인 · 이유)

- **I didn't go out because of rain.**
  (비가 와서 외출하지 않았다.)

- **I don't think any the less of him because of his faults.**
  (나는 그의 결점을 조금도 개의치 않는다.)

owe ~ to ...

☆ ~는 …의 덕택이다

- **I owe my success to you. = I owe you my success.**
  (나의 성공은 네 덕분이다.)

073 위해 (목적)

~할 목적으로, ~하기 위하여
나는 성공하기 위하여 열심히 일했다

부정사를 사용하여

I worked hard to succeed.
I worked hard so as to succeed.
I worked hard in order to succeed.

※ so as (그렇듯이), in order (순서 있게, 타당한)

동명사를 사용하여

I worked hard for the purpose of succeeding.
I worked hard with a view to succeeding.
I worked hard with the view of succeeding.
I worked hard with the intention of succeeding.

※ purpose (목적), view (전망, 견해), intention (의도, 목적)

접속사를 사용하여

I worked hard so that I might succeed.
　　　　　　　　　　　(could)
I worked hard in order that I might succeed.
　　　　　　　　　　　　　　(could)

~하지 않기 위하여 = ~하지 않으려고
나는 실패하지 않으려고 열심히 일했다

부정사를 사용하여

I worked hard <u>no to</u> fail.

I worked hard <u>so as not to</u> fail.

I worked hard <u>in order not to</u> fail.

접속사를 사용하여

I worked hard <u>lest</u> I <u>should</u> fail.

I worked hard <u>in case</u> I <u>should</u> fail.

I worked hard <u>for fear</u> I <u>should</u> fail.

※ should는 말하는 이의 강한 의지 · 결의(~하겠다)를 나타내는 조동사

※ in case는 '만일을 생각하여'

- **Take your umbrella with you, just in case.**
  (만일에 대비해 우산을 가져가라.)

074 ~에도 불구하고

※기본

~에 관계없이, ~에도 불구하고

with all~ =for all~
- With all his poverty, he is happy.
  (그는 가난하지만 행복하다.)
= For all his poverty, he is happy.

none the less because 절
- She loves him none the less because he has faults.
  (그녀는 그의 결점에도 불구하고 그를 사랑한다.)
= none the less for~
- She loves him none the less for his faults.

in spite of~ =despite~
- He is very well in spite of his age.
  (나이에도 불구하고 그는 아주 건강하다.)
= He is very well despite his age.

~이지만(양보)

as ~에도 불구하고, ~이지만
- Child as he was, he was courageous.
= Though he was a child, he was courageous.
  (그는 어렸지만 용감했다.)
※ 어순에 주의

긍정적으로 바꾸면

all the more for~
~때문에 그만큼 더
= all the better for~
- She loved him **all the more for** his faults.
= She loved him **all the better for** his faults.
  (그녀는 그의 결점 때문에 그만큼 더 그를 사랑한다.)

상관하지 않고 신경쓰지 않고

in face of~ ~에도 불구하고, ~을 개의치 않고
- Go your own way **in face of** the world.
= Go your own way **in spite of** the world.
  (세상 사람들을 개의치 말고 너의 길을 가라.)

regardless of~ ~을 개의치 않고, ~에도 불구하고
= irrespective of~ ~에 상관없이
- She will do anything **regardless of** the consequences.
= She will do anything **irrespective of** the consequences.
  (그녀는 결과와 관계없이 어떤 일이라도 할 것이다.
  → 그녀는 결과에 신경 쓰지 않고 어떤 일이라도 할 것이다.)

075 하물며

~은 말할 것도 없고, 하물며 ~은 더더욱

much less~ [부정문] 하물며(더구나) ~은 아니다
- She does not know English, **much less** French.
  (그녀는 영어를 모르고, 불어는 더더욱 모른다.)

let alone~
~은 말할 것도 없이, [부정문] 하물며(더구나) ~은 아니다
- It takes up too much time, **let alone** the expenses.
  (비용은 말할 것도 없고, 시간이 너무 많이 걸린다.)

to say nothing of~
~은 말할 것도 없이

→ **not to mention~** ※ 약간 격식을 차린 표현
- She does not know English, **to say nothing of** French.
- = She does no know English, **not to mention** French.
  (그녀는 불어는 말할 것도 없고 영어도 모른다.)

not to say ~이라고는 말할 수 없지만
- It is warm, **not to say** hot.
  (덥다고 할 수 없지만 따뜻하다.)

> 결국

after all 결국
- I thought he was going to fail the exam, but he passed **after all**.
  (나는 그가 시험에 떨어질 것이라고 생각했는데, 결국은 합격했다.)

in the long run 긴 안목으로 보면, 결국은
- Your effort will be rewarded **in the long run**.
  (너의 노력은 결국은 보상받게 될 것이다.)

(기타 관용구)

so-called 이른바, 소위, 세칭 *(이른바)*
- That's a <u>so-called</u> generation gap. (그것이 이른바 세대 차이이다.)

what we/they call =what is called
- He is <u>what is called</u> a man of culture. (그는 세칭 교양인이다.)

(말하자면)

so to speak
=as it were
- She is, <u>so to speak</u>, a walking dictionary.
=She is, <u>as it were</u>, a walking dictionary.
(그녀는 말하자면 걸어 다니는 사전이다.)

(즉, 바꿔 말하면)

that is (to say) 즉, 다시 말하면
=in other words
- He is a local government administrator, <u>that is to say</u> a civil servant.
(그는 지방 정부의 행정관, 즉 공무원이다.)

(요컨대, 중요한 것은)

The point is (that) 절 ~의 요점은
- <u>The point is (that)</u> the plan has some faults.
(요점은 그 계획에 다소 결함이 있다는 것이다.)

in a word
한 마디로 말하면

(요컨대, 간단히 말하면)

in short 요컨대, 간단히 말하면
=to be short =in brief
- <u>In short</u>, he is angry with her.
(간단히 말해 그는 그녀에게 화가 나 있다.)

in the end 결국은, 마침내
- <u>In the end</u>, he gave in to his enemy.
(결국 그는 적에게 굴복하였다.)

as it turned out 결과적으로
- <u>As it turned out</u>, she was never there.
(결과적으로 보면 그녀는 결코 거기에 없었다.)

163

076 얼굴과 관계 있는 숙어(1) 눈

eye

eye 그 자체

a smack in the eye/face 당황스러운 일(것)
→ get a smack in the eye 당황하다, 쩔쩔매다, 허둥대다
※ smack은 (채찍으로) 찰싹 치다, 찰싹 때리기

an eye for an eye 눈에는 눈, 이에는 이
- The death penalty for murder works on the principle of an eye for an eye.
(살인자의 사형에는 눈에는 눈, 이에는 이라는 원칙이 작용하고 있다.)

easy on the eye 보기 좋은, 아름다운
in the winking of an eye 눈 깜짝할 사이에, 순식간에
give ~ a black eye 눈을 멍들게 하다

the apple of one's eye 동공, 가장 사랑하는 것

의견

see eye to eye 의견이 일치하다
- I saw eye to eye with Mr. Koizumi about the plan.
(그 계획에 대해 고이즈미 씨와 의견이 일치하였다.)

eyebrow

raise/lift one's eyebrows 놀라서 눈을 크게 뜨다
- They <u>raised their eyebrows</u> when he arrived at the party without his wife.
(그가 부인을 동반하지 않고 파티에 도착하자 모두 놀라서 눈을 크게 떴다.)

> 시력, 보는 것

look ~ straight in the eye ~을 똑바로 쳐다보다

run an eye over~ ~을 대강 훑어보다

give an eye to~ ~에 주목하다

keep an eye on~ ~을 감시하다, 지켜보다
- <u>Keep an eye on</u> that child.
(저 아이를 지켜보아라.)

have an eye for~ ~을 보는 눈이 있다, 안목이 있다
- He <u>has a</u> good <u>eye for</u> antiques.
(그는 골동품을 보는 안목이 있다.)

have eyes in the back of one's head
~을 보는 눈이 있다, 안목이 있다
※ 머리 뒤에도 눈이 있다

turn a blind eye 외면하다
=shut/close one's eyes
- The government <u>shut its eyes</u> to poverty.
(정부는 빈곤 문제를 외면하고 있다.)

> 보여지다
> 알려지다

in the public eye 공공연히, 드러내 놓고
↔ **out of the public eye** 사람들의 눈을 피해, 은밀히

077 얼굴과 관계 있는 속어(2) 코와 입

코≒얼굴

before one's nose ~코앞에, 면전에
get a bloody nose 코피를 흘리다
snap/bite one's nose off 퉁명스럽게 대답하다
 ※ snap 찰싹 때리다, bite 대들다
thumb one's nose 우롱하다, 놀리다
have one's nose in the air (=with one's nose in the air)
 콧대를 세우고, 거만하게
 • She walked past us with her nose in the air.
 (그녀는 거만하게 우리를 지나쳤다.)
turn one's nose up at~ 멸시하다, 비웃다
 • She turned her nose up at my small donation.
 (그녀는 나의 기부금이 적다고 비웃었다.)
put/poke/stick one's nose into ... 참견, 간섭하다
 • Don't go poking your nose into other people's business.
 (다른 사람들의 일에 간섭하지 마라.)

 냄새 맡다

follow one's nose 똑바로 가다, 본능적으로 행동하다
have a (good) nose 후각이 좋은, 냄새를 잘 맡는
 • The journalist has a good nose for scandals.
 (기자들은 스캔들의 냄새를 잘 맡는다.)

☆**Get all that out of your mouth.**
 (자백해, 털어 놓아.)
☆**Watch your mouth.**
 (말 조심해.)

hold one's tongue 입을 다물다, 침묵하다
on one's tongue 입에서 맴도는
 ☆**mother tongue** 모국어

mouth 〔입 그 자체〕

have one's heart into one's mouth
섬뜩 놀라게 하다

make a mouth/face
~에게 입을 삐쭉거리다, 얼굴을 찡그리다

말하다

all mouth 허풍만 떠는, 순전히 말뿐인
by word of mouth 구두로, 말로
→ **from mouth to mouth** 입에서 입으로, 이 사람에서 저 사람으로
out of one's own mouth 본인의 입에서 나온
button (up) one's lip/mouth 입을 다물다
=**zip one's lip/mouth**
※ button 단추를 채우다, zip 지퍼를 올리다
shut one's mouth 보기 좋은, 아름다운

☆ **Shut your mouth!** (입 닥쳐!)

give mouth to~ ~을 입 밖에 내다, ~을 말하다
open one's mouth 입을 벌리다, 비밀을 누설하다
shoot off one's mouth 비밀을 누설하다, 지껄이다
have a big mouth 큰소리치다, 입이 가볍다

☆ **Me and my big mouth!**
(해서는 안 될 말을 해 버렸어./ 말이 너무 많이 했어.)

먹다

from hand to mouth 하루살이 살림으로
※ 열심히 벌어 저축하는 것이 아니라, 매끼를 걱정하며 사는 생활
● **After he was fired, his family had to live from hand to mouth.**
(그가 해고된 이후 그의 가족들은 하루하루 근근이 살아왔다.)

leave a bad taste in the mouth 뒷맛이 나쁘다, 나쁜 인상을 남기다
make one's mouth water 군침 흘리게 하다, 먹고(갖고) 싶어 견딜 수 없다
※ water에는 '군침이 돌다' 라는 의미가 있다
born with a silver spoon in one's mouth 부유한 가정에서 태어나다
※ 태어났을 때부터 은수저를 가지고 있다

078 얼굴과 관계 있는 숙어(3) 얼굴 주변

듣다

a word in one's ear 충고, 귓속말
☆ A word in your ear. (귀 좀 빌리자. 잠깐 할 말이 있어.)

bug in ear 귓속의 벌레, 망상
※ 귓가에서 벌레가 윙윙 대다

be all ears 상당히 주의깊게 듣다
→ keep one's ear open 귀를 기울이고 열심히 듣다

lend an ear to~ 귀를 빌려 주다. 귀담아 듣다.

turn a deaf ear 무시하다, 못 들은 척하다
• I turned a deaf ear to his story.
(나는 그의 이야기를 무시했다.)

얼굴의 옆쪽을 표시하다

coming out of one's ear 지천으로 많은, 남아도는
※ 얼굴 전체로는 부족해 바깥으로까지 넘치는 정도
• She has talent coming out of her ears.
(그녀는 재능이 많다.)

from ear to ear 입을 귀에 걸고, 입을 크게 벌리고 (웃다)

out on one's ear 갑자기 직장(학교, 조직)에서 쫓겨나서
• He was thrown out on his ear.
(그는 갑자기 해고되었다.)

머리카락

no/neither hide nor hair (실종된 사람·분실물 등의) 자취, 종적
※ hide는 (동물 등의 등)가죽
• No one has seen hide nor hair of her since.
(이후 아무도 그녀를 본 사람이 없었다.)

in one's hair 귀찮게 하는
• The noise gets in my hair.
(그 소음 때문에 짜증이 난다.)

make one's hair stand on end
※ 머리칼이 뿌리부터 곤두서다
(공포 등으로) 머리칼이 곤두서다
↔ let one's hair down 느긋하게 쉬다

tear one's hair 머리카락을 쥐어뜯다
※ tear[tɛər] 찢다, 쥐어뜯다
→ tear[tíər] 눈물

get gray hair 머리카락이 희어지다, 노년이 되다

have a hairbreadth escape 간발의 차이로 탈출하다

머리 그 자체

from head to foot 머리끝부터 발끝까지
head first 머리부터, 거꾸로 (= head over heels)
- He fell head first into a pool.
  (그는 머리부터 수영장으로 뛰어들었다.)

have a roof over one's head 거처할 집이 있다
keep one's head above water
　　머리를 물 밖으로 내놓고 있다, 재정적으로 그럭저럭 해나가다

☆ **raw head and bloody bones** (옛날이야기의) 무서운 것
☆ **Off with his head!** (처형하라!)

사고력·이해력

above one's head 어려워서 이해할 수 없는 (= over one's head)
- The professor's lecture was above the heads of the audience.
  (그 교수의 강의는 청중들에게는 너무 어려웠다.)

one's head off 몹시, 지나치게　※ 이해력이 다 날아가 버릴 정도로
　※ cry one's head off (머리가 떨어져나갈 정도로) 소리치다, eat one's head off (꾸역꾸역) 먹다, laugh one's head off (뒤집어지게 웃다)

a swelled head 잘난 체하는 사람, 건방진 사람　※ 생각만 팽배하다
- He's got a swelled head after winning the prize.
  (상을 받은 후로 그는 거만해졌다.)

keep a cool head 냉정을 유지하다

얼굴·표정

make a face 얼굴을 찌푸리다
make/wear a long face 우울한 표정을 짓다
　※ long face는 입의 양끝을 축 늘어뜨린 우울한 얼굴을 하고 있는 것
　↔ straight face 무표정한 얼굴, 정색
blue in the face (노여움 등으로) 안색이 파랗게 질려

얼굴과 마주하다

in the face of~ 무엇에 대들어, 직면하여, 무엇을 무시하고 행동하다
- She gave him a French kiss in the face of the world.
  (그녀는 사람들을 무시하고 그에게 키스했다.)

on the face of it 본 바로는, 분명히
face to face 대면하여, 마주보고
face up to~ ~에 정면으로 대들다, ~을 인정하고 대처하다
- You must face up to the reality. (너는 현실을 직시해야만 한다.)

☆ **Let's face it.** (현실을 직시해라.)

079 몸과 관계 있는 숙어

neck

머리 그 자체
neck and neck 나란히, (경기 등에서) 비등하게, 접전
- The leading runners are neck and neck.
(선두 주자들이 접전을 벌이고 있다.)

목숨
risk one's neck 목숨을 걸다
→ neck or nothing 필사적으로
- It is neck or nothing. (죽느냐 사느냐 하는 문제다.)
→ cost ~ his neck ~에 목숨이 걸리다
wring one's neck 목을 비틀다(화가 나다)
※ wring 쥐어짜다, 비틀다
- If I find the person who scratched my car, I'll wring his neck.
(내 차를 긁은 놈을 찾기만 하면, 목을 비틀어 버릴 것이다.)

hand
thumb one's way 차를 얻어 타다(히치하이크하다)
put a finger to one's lips 입술에 손가락을 대다(조용히 하라는 신호)
※ No.014 참조

arm
arm in arm 서로 팔짱을 끼고
→ hand in hand 손에 손을 잡고, 협력하여
with open arms 양팔을 벌리고, 충심으로
- He welcomed us with open arms.
(그는 양팔을 벌려 우리를 환영했다.)

foot/feet
→ 서다, 걷다

on foot 걸어서
on one's feet 서서, 일어서서, 독립하여
※ 지면에 발이 붙어 있는 이미지
- I had to be on my feet all day. (하루 종일 서 있어야만 했다.)
set foot in/on~ ~에 발을 들여놓다, 들어가다
- As soon as we set foot in the hotel, he made a call to his client.
(호텔에 들어가자마자 그는 고객에게 전화를 했다.)
rise/stand/jump to one's feet 벌떡 일어서다, 펄쩍 뛰다
stand on one's own feet 두 발로 서다, 자립하다
- Now that you're growing up you must learn to stand on your own two feet.
(이제 어른이 되었으니 너도 자립하는 법을 배워야만 한다.)

heart

at heart 마음속은, 내심으로는, 실제로는
- He's a racist at heart. (그는 실제로는 인종차별주의자이다.)

by heart 외워서, 암기하여
- She learned the story by heart. (그녀는 그 이야기를 외웠다.)

to one's heart's content 마음껏, 실컷, 충분히
※ content 만족
- I enjoyed skating to my heart's content.
  (나는 마음껏 스케이팅을 즐겼다.)

from the bottom of one's heart 마음 깊은 곳에서부터
- I appreciate your help from the bottom of my heart.
  (도와주셔서 진심으로 감사드립니다.)

→ **with all one's heart**
정성을 다해서, 진심으로 (=with one's whole heart)
- I hope with all my heart that you succeed.
  (진심으로 네가 성공하기를 바란다.)

→ **heart and soul** 전심전력
- She devotes herself heart and soul to her work.
  (그녀는 그녀의 일에 전력을 다했다.)

break one's heart 가슴을 아프게 하다, 상처를 입히다
- It broke my heart when she left.
  (그녀가 떠나자 나는 가슴이 아팠다.)

follow one's heart 마음 가는 대로 하다
- You should always follow your own heart.
  (항상 마음이 가는 대로 행동해야 한다.)

open one's heart ~에게 흉금을 터놓다, 동정하다
- Open your heart to me. (내게 마음을 털어놔라.)

back

on one's back 반듯이 누워, 앓아누워
↔ **on one's face** 엎드려서

behind one's back 없는 데서, 이면에서
- They say bad things about the manager behind his back.
  (그들은 그가 없는 데서 책임자에 대해 좋지 않은 말을 한다.)

turn one's back on~ ~에게 등을 돌리다, ~을 무시하다
- He turned his back on his family when he became famous.
  (그는 유명해지자 가족들에게서 등을 돌렸다.)

080 동물(펫이나 가축)

cat

be the cat's whiskers 최고다
- He thinks he's the cat's whiskers.
  (그는 자신이 최고라고 생각한다.)

bell the cat 고양이 목에 방울을 달다, 자진해서 어려운 일을 떠맡다
※ 쥐가 고양이에게 방울을 달다
→ 모두를 위해 위험을 무릅쓰고 대담한 행동을 하는 것

let the cat out of the bag 무심코 비밀을 누설하다
※ 봉지에 들어 있던 고양이를 돼지라고 속이고 판 우화에서 탄생
- I wanted her present to be secret, but my brother let the cat out of the bag.
  (나는 그녀의 선물을 비밀에 부치고 싶었지만 동생이 말을 해 버렸다.)

a cat on a hot bricks/tin roof 노심초사하며 어찌할 바를 몰라
※ 양철지붕 위의 고양이처럼 어쩔 줄 모르다
- He was like a cat on hot bricks before his exam.
  (그는 시험 전에 안절부절못하였다.)

☆ When the cat's away, the mice will play.
  (고양이가 없으니 생쥐가 논다.)
☆ Curiosity killed the cat.
  (호기심이 너무 많으면 다친다.)
☆ Care killed the cat.
  (근심은 몸에 해롭다.)

fight like cat(s) and dog(s)
  만나면 늘 서로 싸우거나 말다툼을 한다
rain cats and dogs 비가 억수같이 퍼붓다

dog-ear 책의 한 귀퉁이를 접은 모양, 또는 접다
a dog's life (비참한) 따분한 생활
like a dog with two tails 크게 기뻐하여
the tail waggling the dog 주객이 전도되다
※ 개가 꼬리를 흔드는 것이 아니라, 꼬리가 개를 흔든다.
not have a dog's chance 가망이 없다
- He doesn't have a dog's chance of passing the exam.
  (그는 시험에 통과할 가망이 거의 없다.)

goldfish

in a goldfish bowl
  대중에 노출되어
※ 사생활이 보호되지 않는 공인으로서의 상태

dog

☆ Every dog has his day. (개도 한때가 있다.)
※ 쥐구멍에도 볕들 날 있다
☆ Let sleeping dogs lie. (자는 개를 건드리지 마라)
※ 긁어 부스럼 만들지 마라

sheep

count sheep
 (잠이 안 올 때) 양을 세다, 억지로 잠을 청하다
wolf in sheep's clothing/skin
 양의 탈을 쓴 늑대
separate/tell the sheep from the goats 옥석을 구분하다, 선악이나 장단점을 분별하다
※ goat 산양
→ **separate the wheat from the chaff**
※ wheat 밀, chaff 왕겨
a stray sheep 정도에서 벗어난 사람
※ 흔히 말하는 '길 잃은 양'
a black sheep 좋지 않은 것 또는 사람
☆ There's a black sheep in every flock. (무리 속에는 꼭 좋지 않은 사람이 하나씩은 있다.)
※ 어떤 집에나 말썽꾼은 있는 법이다

bull

bull market
 (증권) 상승장, 강세장
↔ **bear market** 약세장
● Bull markets start at the bottom of a bear market.
 (약세장이 바닥을 치고 강세장이 시작된다.)
milk the bull
 가망 없는 일을 하다
※ 황소에게서 우유를 짜다
bullpen
 소의 우리, (야구) 불펜, 유치장

cow

☆ Holy cow!
 (감탄) 세상에! 저런! 아니!

chicken

chicken out 꽁무니를 빼다, 무서워서 손을 떼다
a chicken-and-egg situation
 닭이 먼저냐 달걀이 먼저냐 식의 상황

pig

pig out 게걸스럽게 먹다, 과식하다
pig together 불결한 곳에서 잡거하다
pigtail 땋아 늘인 머리, 변발
● Pig might fly if they had wings.
 (돼지도 날개만 있으면 날 수 있을 텐데. 좀처럼 일어날 수 없는 일을 이야기할 때 쓰는 표현)
☆ Pearls before swine.
 돼지 앞에 진주, 개발에 편자
※ swine 동물학 용어로서 돼지

horse

☆ Don't put the cart before the horse. (말 앞에 마차를 놓지 마라.)
※ 일을 거꾸로 하지 마라
☆ The gray mare is the better horse.
 (회색 암말이 수말보다 더 쓸모가 있다.)
 남편보다 뛰어난 아내를 두고 하는 말
※ mare는 암말
☆ You can take a horse to water, but you can't make him drink.
 (말을 물가로 끌고 갈 수는 있지만 억지로 물을 먹일 수는 없다.)
☆ It is useless to flog a dead horse.
 (죽은 말에 채찍질을 해 봐야 소용없는 짓이다.)
※ flog 격려하다

081 동물(야생동물)

a lion in the way/path 앞에 놓인 난관

the lion's share 큰 몫, 어떤 일이나 물건에서 가장 크고 좋은 부분
- As usual, **the lion's share** of the budget is for defense.
 (여느 때와 마찬가지로 예산안의 가장 큰 부분은 방위비이다.)
 ※ 이솝 우화 중에서, 동물들이 사냥감을 나눌 때 사자가 제일 큰 몫을 요구하자 다른 동물들은 무서워 자기 것도 다 갖다 바쳤다

the lions 명승, 명물, 유명한 것
※ 런던 관광을 간 사람들에게 제일 먼저 런던탑의 사자를 보여준 데서 유래

like a bear with a sore head
몹시 성미가 까다로운, 몹시 기분이 언짢은
(=ill-tempered)
※ 상처 입은 곰처럼 어쩔 줄 몰라하다

맹수

a bear 호된, 혹독한 것
- The last examination was **a bear**.
 (마지막 시험은 아주 어려웠다.)

keep the wolf from the door
겨우 굶주림을 면하다, 근근이 연명하다, 요기하다
- I earn enough to **keep the wolf from the door**.
 (나는 근근이 살아갈 만큼 번다.)

a lone wolf 고독한 늑대

cry wolf
허보를 전하다, 거짓 경보를 울리다
※ '늑대가 나타났다!' 라고 외친 양치기 소년의 이야기에서 유래

buffalo
위협하다, 난처하게 만들다

loan shark
고리대금업자
※ 상어는 사람을 잡아먹을 정도로 욕심 많은 동물이라는 이미지

eager beaver
일벌레, 노력가

busy as a beaver
(비버처럼) 아주 바쁘다

작은 동물

squirrel away
저장하다, 숨겨두다
※ squirrel 다람쥐

부정적인 이미지

old fox 교활한 사람
- That guy is a sly old fox.
(그 남자는 늙은 여우처럼 교활하다.)

rat on
배반하다, 버리다, 밀고하다
※ 쥐는 불이 난 집이나 침몰하는 배 등에서 제일 먼저 탈출한다는 속설이 있으며, 배신자·밀고자라는 이미지가 있다.

monkey around/about
까불거리다, 놀리다
※ 원숭이는 흉내 잘 내는, 장난꾸러기 꼬마 같은 이미지
- Stop monkeying about.
(그만 까불거려라.)

→ **make a monkey of~**
~를 조롱하다, 속이다

monkey business
수작, 속임수, 협잡, 불성실한 행위
- There's been some monkey business going on here.
(여기에서 뭔가 협잡이 있었다.)

white elephant 흰 코끼리, 돈이 드는 소유물 또는 무용지물
※ 인도 샴의 국왕이 미운 신하에게 흰 코끼리를 하사하여 그 사육비 때문에 골치를 앓게 했다는 데서 유래

see pink elephants 허깨비가 보이다
※ 핑크색 코끼리는 없다

082 새와 벌레

a worm in the apple
상처, 옥에 티, 못 쓰게 만드는 것, 접촉할 수 없는 것
- Now we come to the <u>worm in the apple</u>.
(이제 우리는 만질 수 없는 것이 되었다.)

the worm of conscience 양심의 가책
bookworm 책벌레, 독서가
have a worm in one's brain 변덕스럽다, 괴팍하다
- He's got a <u>worm in his brain</u>. (그는 성질이 괴팍하다.)

worm out of~ (곤란한 일)에서 빠져나오다, (약속을) 어기다
- I <u>wormed out of</u> overtime work.
(그는 초과 근무를 하지 않고 빠져나왔다.)
☆ Even a worm will turn. (벌레도 밟으면 꿈틀한다.)
※ 1촌의 벌레에게도 5푼의 영혼은 있다.

---

worm 벌레
※ 시스템에 침입하여 기능을 파괴하는 프로그램
bug (프로그래밍 등의) 버그, 오류, 결함

〔컴퓨터 관련〕

bug in ear 살짝 일러주는 말, 귀띔
be/get bitten by the bug ~에 상당히 흥미를 갖다
- He was never interested in soccer, but now he's <u>been bitten by the bug</u>.
(그는 축구에 전혀 관심이 없었는데, 지금은 상당히 흥미를 갖고 있다.)

have a bee in one's bonnet/head 한 가지 생각에 골몰하다
- Our teacher <u>has a bee in his bonnet</u> about punctuation.
(우리 선생님은 구두점에 상당히 신경을 쓰신다.)

busy as a bee 매우 바쁘다
see pink spiders 술 취하다, 허깨비가 보이다
have ants in one's pants 안절부절못하다, 좀이 쑤시다
break a butterfly on a wheel 필요 이상으로 분발하다
※ 차로 나비를 밟아 죽이는 것만큼이나 쓸데없다는 뜻

a bird's-eye view 내려다봄, 조감도
- From the airplane we had a bird's-eye view of Tokyo.
  (우리는 비행기에서 도쿄를 내려다보았다.)

an early bird 부지런한 사람, 일찍 일어남
☆ The early bird catches the worm.
  (일찍 일어나는 새가 벌레를 잡는다.)

birds of a feather 같은 종류의 사람들
☆ Birds of a feather flock together. (유유상종)

kill two birds with one stone 일석이조

A little bird told me (that) 절 ~을 어떤 사람으로부터 듣다
- A little bird told me Ken is getting married.
  (누가 그러는데 켄이 결혼한다더라.)

the birds and the bees (어린이에게 가르치는) 초보적인 성교육
※ 동물이 어떤 식으로 번식하는지 가르쳐 주는 데서 유래

☆ **The bird has flown.** (찾고 있는 상대가 달아나 버렸다.)

swan song 백조의 노래, 아름다운 노래(작품)
※ 오래된 전설에서 백조는 죽을 때 노래한다고 함

pelican crossing 보행자 제어 신호등
※ pedestrian light controlled crossing의 이니셜이 펠리컨(pelican)과 비슷하기 때문

jaywalk 무단횡단하다
※ jay 어치(조류)

repeat like a parrot 앵무새처럼 남의 말을 흉내 내다

pigeon-hearted 소심한
- It's not my pigeon. = It's not my business.
  (그것은 내일이 아니다. 내가 관여할 일이 아니다.)
※ 크레온 어인 pidgin(=business)와 pigeon의 음이 비슷하기 때문

a white crow 희귀한 것

eagle-eyed 눈이 날카로운, 시력이 뛰어난
- He is an eagle-eyed man. (그는 눈이 날카로운 사람이다.)

083 자연 지형

허공

a cloud in the sky
암운이 드리우다(불행, 재난이 도래하다)
→ a cloud on the horizon
out of a clear sky 불시에
→ a bolt from the blue (sky) 청천벽력의
pie in the sky 그림의 떡
praise ~ to the skies 부추기다, 선동하다
- I think I'm praised to the skies.
  (허공에 떠 있는 것 같은 기분이 들어.)

reach/shoot for the sky
손들어, 하늘을 향해 손을 뻗다

☆ **The sky is the limit.**
(하늘 높은 줄 모르다. 가능성이 무한하다.)

산

the mountain in labor
애만 쓰고 보람 없는 것
※ 이솝 우화의 the mountain labors and brings forth a mouse(산이 산고 끝에 생쥐를 낳았다.)에서 유래

☆ **Don't make a mountain out of a molehill.**
(작은 것을 가지고 크게 만들지 마라. 침소봉대하지 마라.)
※ molehill 두더지가 파놓은 흙 두둑, 사소한 일

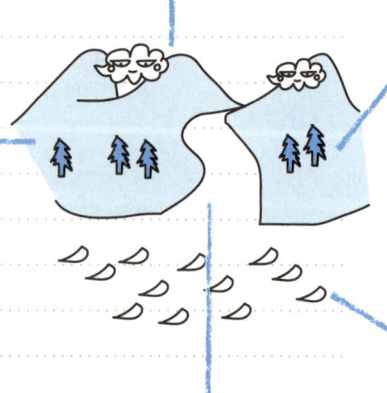

강

go head of the river 1위가 되다
※ head of the river 강의 수원(발원)
sell ~ down the river 배반하다, 팔아넘기다
※ 노예를 미시시피 강 하류의 농장에 팔아넘기던 것에서 유래
the mouth of a river 하구
cross the river (of death) 죽다
※ '삼도천을 건너다'와 비슷한 이미지

땅

by land 육로로

land up (in)~ ~에 가다, 상륙하다, 도착하다 (=end up)
※ 육지로 밀어올리는 이미지
- He **landed up in** hospital with several broken ribs.
  (그는 늑골이 몇 대 부러진 상태로 병원에 왔다.)
- We **landed up** spending the night in the airport waiting room.
  (우리는 밤을 지내기 위해 공항 대합실로 갔다.)

in the land of the living 이 세상에서, 지상에 (=on earth)

the promised land 약속의 땅
- The New World was **the promised land** for Puritans.
  (청교도들에게 신세계는 약속의 땅이었다.)

land of dreams 이상향

no man's land 무인지대, (양 군대 사이의) 완충지대 (=limbo), 위험한 곳

see the lay of the land 상황을 살피다, 형세를 지켜보다
- Under these circumstances, you'd better wait and **see the lay of the land**.
  (이런 상황에서는 기다리며 형세를 지켜보는 것이 좋다.)

바다

at sea 해상에, 항해 중에, 어찌할 바를 몰라, 막연하여 (=at a loss)

by sea 해로로, 항해 중에

not the only fish in the sea
→ **not the only pebble on the beach**
  바다에 물고기가 한 마리만 있는 것이 아니다.
  (해변에 자갈이 하나만 있는 것이 아니다. 즉 기회는 많다)   ※ pebble 자갈

between the devil and the deep sea
  진퇴양난의, 앞문에는 호랑이 뒷문에는 늑대 ※ 악마와 깊은 바다 사이에 끼다

unchanging as the sea 변하지 않는, 일정한
  ↔ **a sea change** 변화하는 ※ 바다의 작용에 의한 변화로부터

a drop in the ocean 전체에 비해서 아주 적은 양

☆ **In a calm sea, every man is a pilot.**
(평온한 바다에서는 누구나 선장이다.)
※ 문제가 있을 때야말로 진가가 드러난다는 말

- **Go and jump in the ocean/ sea/river.**
  (방해하지 마라. 나가라. 꺼져라.)

084 천체와 지구

a star of the first magnitude 일등성
wish on a star 별에 소원을 빌다
thank one's lucky stars 행운에 감사하다, 자기운에 감사하다
- You can thank your lucky stars nothing worse happened.
  (더 나쁜 일이 일어나지 않은 것에 대해 너의 운에 감사해야 한다.)

aim at the moon 큰 야망을 품다
ask/cry/wish for the moon 불가능한 것을 요구하다, 지나친 요구를 하다
reach for the moon 불가능한 것을 바라다
bark at the moon 쓸데없이 떠들어대다 ※ 달을 보고 짖다
beyond the moon 손이 닿지 않는, 터무니없는
over the moon 기뻐하여, 몹시 흥분하여
- The team were over the moon winning the game.
  (그 팀은 경기에서 이기고 뛸 듯이 기뻐했다.)

promise the moon/earth 터무니없는 약속을 하다
- Politicians promise the moon before an election, but things are different once they are in power.
  (정치인들은 선거 전에는 불가능한 공약을 내걸지만 일단 권력을 잡고 나면 달라진다.)

once in a blue moon 아주 드물게, 좀처럼 ~않는
※ blue moon 같은 달에 보름달이 두 번 있을 때 그 두 번째 보름달

the man on the moon 가공의 인물
- I know Michael no more than the man on the moon.
  (나는 마이클이 더 이상 가공의 인물이 아니라는 것을 안다.)

heaven and earth
하늘과 땅, 우주

sun

catch the sun 햇볕이 잘 든다, 햇볕에 타다
- My back feels sore. I've really **caught the sun today**.
  (등이 따갑다. 오늘 햇볕을 너무 쪼였다.)

hold a candle to the sun 헛된 짓을 하다
※ 태양을 향해 초를 치켜올리는 것에서 유래

in the sun 양지에, 사람들의 주목을 받으며
↔ **in the shade** 그늘에서, 눈에 띄지 않게

one's place in the sun
햇빛 비치는 장소, 유리한 지위
- Minority groups are fighting for **their places in the sun**.
  (소수 단체들은 유리한 지위를 차지하기 위해 싸우고 있다.)

under/beneath the sun
이 세상에서 (=in the world), 하늘 아래에
- There is nothing new **under the sun**.
  (세상에 새로운 것은 없다.)

with the sun 해돋이에, 일몰에, 태양의 움직임과 같은 방향으로
- My grandparents go to bed **with the sun**.
  (조부모님은 일찍 주무신다.)

☆ **Make hay while the sun shines.**
(햇볕이 있을 때 건초를 말려라.) 기회를 놓치지 말라는 의미

heaven

manna from heaven (성서) 예상 밖의 행운, 뜻밖의 도움이나 위로
※ manna 옛 이스라엘 사람들이 아라비아의 황야에서 신으로부터 받은 음식. 신이 내려준 하늘의 은혜

Heaven/God forbid (that) 절
그런 일이 없기를, 어림도 없는 소리, 천만에
- **Heaven forbid she's fallen overboard.**
(부디 그녀가 배 밖으로 떨어지지 않기를.)

Heaven/God help~ 하늘이 돕다
- **Heaven help you!**
(신의 가호가 당신에게!)

Heaven/God knows~
① 하늘만 알다, 아무도 모르다
- **Heaven only knows where he's gone.**
(그가 어디로 갔는지 아무도 모른다.)

② (강조) 맹세코 ~다
- **You ought to succeed; heaven knows you must try very hard.**
(너는 성공해야 한다. 따라서 아주 열심히 노력해야 한다.)

hell

※ 속어에서 강조할 때 쓰인다

a/one hell of a~ 굉장한, 대단한, 매우, 대단히

- **There was one hell of a fight in the street last night.**
(지난밤 거리에서 대단한 싸움이 있었다.)

※ a helluva라고 발음할 때도 있다

like hell 결사적으로, 맹렬하게, 절대로(전혀) ~않다

- **He drives like hell.**
(그는 맹렬한 속도로 운전한다.)

to hell with~ 어떻게 되든 상관없다, 될 대로 되어라

- **To hell with the lot of you, I'll do what I want.**
(너희들이 뭐라고 하든 난 내가 원하는 대로 할 거야.)

All hell breaks loose 큰 혼란에 빠지다

↔ All hell is let loose ※ 지옥을 해방시킨 듯한 대혼란

earth

all over the earth 지구상에, 전 세계에

commit ~ to the earth 매장하다

- **We committed his body to the earth.**
(우리는 그의 시신을 매장하였다.)

on earth

① 도대체, 전혀, 정말로

☆ **It's no use on earth.** (그것은 전혀 소용이 없다.)

☆ **What on earth are you doing?** (도대체 뭘 하고 있는 거니?)

② 지상에(살아서), 이 세상에서

- **My uncle and I disliked each other while he was on earth.**
(그가 살아 있는 동안 삼촌과 나는 서로 싫어했다.)

- **You look like nothing on earth.**
(너 참 형편없어 보인다. 도저히 봐 줄 수가 없다.) 스스럼없는 표현

※ 지구상의 그 무엇과도 닮지 않았다

Spaceship Earth 우주선 지구호(지구를 자원이 유한한 우주선에 비유한 말)

085 일기 예보

weather forecast (=weather report) 일기 예보
- They gave a wrong **forecast** yesterday.
  (어제의 일기 예보는 틀렸다.)

fair to rainy 맑은 후 비
fair to shower 맑은 후 소나기
sun shower 맑은 날에 오는 비, 여우비

rainfall 강우량, 강우
- There was a **rainfall** of 200mm within 30 minutes.
  (30분간 200mm의 비가 쏟아졌다.)

weatherman
기상예보관

meteorological observatory
기상대
※ 천문대 astronomical observatory

clear 청명한
↑
fair 맑은
↓
cloudy 흐린

fine 맑은 (기분 좋게 맑은 날)
sunny 화창한 (햇빛이 좋은 날)

★ **A red sky at night is the shepherd's delight.**
(저녁에 하늘이 붉으면 내일 날씨는 좋다) ※ 내일은 맑게 갬
★ **A red sky in the morning is the shepherd's warning.**
(아침에 하늘이 붉으면 비나 눈이 올 것에 대비하라.) ※ 내일은 비

downpour 폭우, 호우
=heavy rain, pouring rain
- **The heavens opened.**
(하늘에 구멍 나다. 비가 쏟아지다)
※ 하늘이 뚫려 전부 쏟아져 내리는 듯한 비, 양동이로 퍼붓는 듯한 비
↔ light rain 적은 비
  a shower 소나기

rainy season 우기
- **The rainy season is finally over.** (마침내 우기가 끝났다.)
↔ dry season 건기 ※ 1년 중에서도 비가 특히 적은 시기

dry spell 건기, 불황기 → drought 가뭄, 한발
※ 발음은 [draut]
- **The drought damage has been spreading all over the African Continent.**
(가뭄 피해가 아프리카 전역으로 확산되었다.)

typhoon 태풍
- **The typhoon No.6 is a big rainstorm.**
(6호 태풍은 대형 폭풍우이다.)

warning 경보
- **A heavy rain warning is out.**
(호우 경보가 발령되었다.)
- **A flood warning is out for Tokyo.**
(도쿄에 홍수 경보가 내려졌다.)

Evacuation Order 대피령

086 날씨

see the bright/sunny side
사물을 긍정적으로 보다, 낙관하다

come rain, come shine (=rain or shine)
비가 오나 눈이 오나, 날씨에 관계없이
- Every morning, rain or shine, he goes out with his dog for a walk.
  (비가 오나 눈이 오나 그는 매일 아침 개와 산책을 나간다.)

give a rain check 약속을 연기하다
↔ **take a rain check** ~에 대해 다음을 기약하다
- Thank you for your invitation, but I'll have to take a rain check on it.
  (초대해 주셔서 감사합니다. 하지만 다음을 기약해야겠습니다.)

rain down 흘러내리다, 비에 쓸려 내려오다
- roose rocks rained down the hillside.
  (낙석들이 언덕을 굴러 내려왔다.)

☆ It never rains but it pours.
(비가 왔다 하면 퍼붓는다.)
※ 불행한 일은 겹쳐온다.

a bolt out of the blue (sky) 마른하늘에 날벼락
(=a bolt from the blue =out of the blue)
- The news of his death was a bolt from the blue.
  (그의 사망 소식은 청천벽력과도 같았다.)

Shoot one's (last) bolt
(마지막) 화살을 쏘다, 최선을 다하다
- I have shot my bolt.
  (나는 최선을 다했다.)
※ A fool's bolt is soon shot.
  (어리석은 자는 금방 제 밑천을 드러낸다.)

have one's head in the clouds 비현실적이다, 공상에 잠겨 있다
under a cloud 의혹(비난)을 받고, 풀죽어
- She left the company **under a cloud**.
(그녀는 의혹을 받고 있는 중에 회사를 그만두었다.)

> ☆ **Every cloud has a silver lining.** (구름에는 은빛 테두리가 있다.)
> ※ 궂은 일에도 좋은 면은 있는 법이다
> ☆ **If there were no clouds, we should not enjoy the sun.**
> (구름이 없다면 태양을 즐길 수 없다.)
> ※ 고난이 있어야 기쁨도 있다

bright and breezy 밝고 쾌활한
shoot the breeze 수다 떨다, 잡담하다 [미]
- We sat around in the bar, **shooting the breeze**.
(우리는 술집에 둘러앉아 잡담을 하였다.)

in the wind 은밀히 행해져서, 일어나려 하여
- They sensed that there was something **in the wind**.
(그들은 무슨 일인가가 일어나려 한다는 것을 감지했다.)

a straw in the wind 대세(여론의 동향)를 나타내는 것
take/get wind 정보를 얻다, 낌새를 채다
- Our rivals must not be allowed to **get wind of** our plans.
(경쟁자들이 우리 계획에 대해 낌새를 채지 못하게 해야 한다.)

be gone with the wind 없어지다, 소모되다
※ Gone with the Wind 〈바람과 함께 사라지다〉(영화)
beat the wind/air 헛수고하다
before the wind 순풍을 받아, 순조롭게
↔ **against the wind** 바람을 거슬러서, 대세를 거슬러서

> ☆ **It's an ill wind that blows nobody any good.**
> (누구에게도 이롭지 않은 바람은 좋은 바람이 아니다.)

087 백과 흑

white magic 백마술
※ 착한 신이나 천사의 힘을 빌리는 선의의 마술
white lie 선의의 거짓말

black magic 흑마술
※ 악마의 힘을 빌리는 주술 등
black lie 악의에 찬 거짓말

백 vs 흑

go black 의식을 잃다
- She went black after that accident.
(그 사고 이후 그녀는 의식을 잃었다.)

black & white
흑백 → monochrome
- We used to use black-and-white TV.
(옛날에는 흑백 텔레비전을 사용했다.)

blackout 의식불명, 정전
↔ **whiteout** ① 수정액
② 화이트아웃(극지에서 사방이 온통 백색이 되어 방향 감각이 없어지는 상태)

blacksmith 대장장이, 편자(제철)공 ↔ **whitesmith** 양철공, 은도금공

※ smith 금속 장인, goldsmith 금 세공사, silversmith 은 세공사

The Great White Way 불야성
※ 뉴욕의 Times Square 부근의 구식 극장가

기타

black comedy 블랙 코미디
※ black humor 빈정대는 유머가 담긴 희극

black sheep 말썽꾸러기
white elephant 돈이 많이 드는 소유물 또는 무용지물

black jack 해적의 깃발
=black flag
black economy 지하 경제
※ 정부의 규제가 미치지 않는 경제 부문
black market 암시장
black list 요주의 인물 명부, 용의자 리스트
- She put him on the black list.
  (그녀는 그를 요주의자 명단에 올렸다.)

white-collar 사무직의, 두뇌 노동자의
white-collar crime 지능 범죄
※ 살인이나 강도가 아닌 뇌물수수나 횡령 등 기업 내의 범죄를 가리킨다
blue-collar 육체 노동(자)의

경제 관련

the White House 백악관
white book [미] (정부의) 백서

정치 관련

(little) black book 여자 친구의 주소록

black power [미] 흑인 지위 향상 운동
anti-white 백인 반대의
black English 흑인 영어
black capitalism 흑인 자본주의
※ 미 정부의 흑인의 기업 경영 장려 정책

white supremacy 백인우월주의
KKK(= Ku Klux Klan)
큐클럭스클랜(미국의 백인우월주의 비밀 결사)
white English 백인 영어 [미]
※ 흑인 영어에 대비하여 미국 백인이 사용하는 영어를 가리킨다

088 여러 가지 색

green card 카드
영주권
※ 미국에서 외국인에게 주는 영주 허가서
yellow card 반칙 경고 카드
※ 축구의 주심이 꺼내 드는 경고의 카드
red card 퇴장 명령 카드
※ 축구의 주심이 꺼내 드는 퇴장의 카드

녹색
green light 청신호
※ 우리가 '파란색'이라고 하는 것은 영어에서는 green에 해당하므로 주의. yellow light는 노란 신호, red light는 적신호
greenback 달러 지폐, 돈
※ 미국 정부가 발행하는, 초록색으로 된 법정 지폐

안색
green-eyed monster 질투, 시기
green with envy 몹시 부러워하는, 시샘하는

신선함, 젊음
green and fresh 풋내기의
green memory 생생한 기억

초목의 초록, 환경
green thumb 원예의 재능
- He has a green thumb. (그는 식물을 키우는 데 재능이 있다.)

greenhouse effect 온실 효과
The Green Party 녹색당 [영] ※ 환경보호를 목적으로 하는 당
The Green Peace 그린피스 ※ 국제 환경보호단체
green politics 녹색 정치(환경보호 정치)

have a red face
쑥스러워하다, 겸연쩍어하다

red-carpet treatment
특별 대우

red tape 비능률, 관료주의
※ 옛날 잉글랜드에서 공문서를 붉은 끈으로 묶은 데서 유래

in the red 적자로, 빚지고
- Our firm is heavily in the red.
  (우리 회사는 큰 적자를 내고 있다.)
↔ **out of the red** 적자에서 벗어나
→ **in the black** 흑자의

The Red Cross 적십자

red-handed 현행범
- The police man caught the pick pocket red-handed on the train.
  (경찰은 기차에서 소매치기 현행범을 잡았다.)
※ with red hands는 살인을 하다는 의미

red neck
(미국 남부의) 무식한 백인 농장 노동자, 남부인
※ 햇빛에 그을려 목이 빨갛게 되기 때문

yellow alert 경계경보, 황색경보

yellow ribbon 노란 리본
※ 멀리 떠난 사람이 돌아오기를 기원하여 나무에 묶어 두는 끈

yellow journalism
황색(선정적) 저널리즘, 선정주의
※ 저속하고 부정확한 선정적인 보도를 가리킴

yellow streak 겁이 많은 성격, 비겁
- He's got a yellow streak down his back.
  (그는 아주 겁이 많다.)

in the pink 혈색이 좋은

pink elephants 환각, 옛 상처

get a pink slip 해고되다
※ pink slip 해고 통지서

`pink`

`blue`

blue in the face
(격정·분노) 얼굴이 파랗게 질려

true-blue 신념이 강한 사람

blue chip 우량주

blue blood
귀족 혈통, 명문 출신
- He has blue blood in his veins.
  (그는 명문가 출신이다.)

blue film 도색(포르노) 영화
※ 화면 전체에 푸른 빛이 돌았던 데서 유래

blue jokes 음담패설

`other colors`

colors 국기, 군대

show one's true colors
본색을 드러내다

with flying colors 성공적으로

golden mean 중용, 중도

silver anniversary
(결혼·즉위 등의) 25주년 기념일

golden wedding 금혼식

089 년/월

SUN	MON	TUE	WED	THU	FRI	SAT
8	9	10	11	12	13	14
		Yester-day	Today	Tomor-row		

the day before yesterday
그저께

(the) day after tomorrow
모레

day

one day (미래 또는 과거의) 어느, 어떤, 언젠가
- One day I'll get my revenge (언젠가는 복수할 것이다.)

some day 언젠가, 훗날
- Some day I will be famous. (언젠가 유명해질 거야.)

these days 최근에, 근래에 (=of late)
→ **one of these days** 근간에, 언젠가는
- One of these days he will realize what a fool he's been.
  (언젠가 그는 자신이 어리석었다는 것을 깨닫게 될 것이다.)

the other day 일전에, 며칠 전에

by the day
일급으로, 하루 단위로
- He is hired by the day.
  (그는 일용직으로 고용되었다.)

day by day 날마다의, 매일의
- Day by day she learned more about her job.
  (그녀는 날마다 일을 더 배웠다.)

from day to day 그날그날, 시시각각
- Things change from day to day.
  (사물은 시시각각 변한다.)

every other day 이틀마다, 하루 걸러
(=every two days)
- Mother calls me every other day.
  (어머니는 나에게 이틀에 한 번씩 전화하신다.)

day after day 매일, 날마다, 끊임없
(=day in day out)
- Day after day she waited for h‿ son to telephone her.
  (그녀는 날마다 아들이 전화하기를 다렸다.)

→ **day and night** 밤낮으로, 늘

to the day 꼭, 정확히
- We met here five years ago to the day.
  (우리는 5년 전 정확히 이곳에서 만났다.)

at the present day 오늘날
in days to come 장래
in those days 그 당시에

week

for weeks no end 오랫동안 (=for a long time)
→ week after week 매주, 몇 주간 (=week in week out)
- Week after week the drought continued.
  (가뭄은 몇 주간 계속되었다.)

in/during the week 주중에, 평일은 (=on weekdays)
by the week 주 단위로
- He is paid by the week. (그는 주급을 받고 있다.)

week by week 매주마다
- Week by week he grew a little stronger.
  (매주 그는 조금씩 더 강해졌다.)

---

the week before last 지난주
the week after next 다음 주

a week ago today 지난주의 오늘
a week from now 다음 주의 오늘

☆ **What day of the week is it?** (오늘이 무슨 요일인가요?)

---

year

all (the) year round/around 1년 내내
- He swims in the sea all year round. (그는 1년 내내 바다에서 수영한다.)

of late years 근년에, 최근 몇 해 동안 (=of/in recent years)
of the year 연간 최우수의, 특별히 뛰어난
- She is the TV personality of the year.
  (그녀는 올해 최고의 TV 탤런트이다.)

put years on~ 나이 들게 하다, 늙게 하다
- Illness put years on him. (병이 그를 노쇠하게 했다.)
↔ take years off~ 나이보다 젊어지게 하다
- Giving up smoking has taken years off her.
  (금연이 그녀를 젊어지게 했다.)

(비유)

have seen/known better days 전성기가 있었다
- The coast has seen better days. (그 연안 지방도 한때 전성기가 있었다.)

end one's days 생을 마감하다, 말년을 보내다
- He ended his days in poverty. (그는 빈곤 속에서 말년을 보냈다.)

---

before day 날이 밝기 전에
in broad day 대낮에, 백주에 공공연하게
during the day 하루 종일, 하루 동안, 낮 동안

090 name을 사용하여

a false name
가명 (=fictitious name =a phony name)
- He used a false name to talk to me.
  (그는 나와 이야기하는 데 가명을 사용했다.)

an assumed name 가명
an anonymity 익명

a code name 암호명
a technical name 전문 분야에 붙이는 이름

name

brand name 상표명
- a brand name college 유명한 대학

a big name 명사, 유명인 (=a great name)
- the great names in science 과학계의 저명한 인사

a good name 명성, 호평 (=a fair name)
☆ A good name is sooner lost than won.
  (명성은 얻는 것보다 잃기가 더 쉽다.)
↔ a bad name 악평
☆ Give a dog a bad name and hang him
  (개에게 오명을 씌우고 목을 매단다.)
※ 한번 누명을 쓰면 벗기 어렵다.

make/win a name 유명해지다, 이름을 얻다
- He made his name as a movie star.
  (그는 영화배우로서 유명해졌다.)

full name

John Fitzgerald Kennedy

given name = first name 이름

middle name 중간 이름

family name = surname = last name 성

Christian name 세례명
※ 기독교 신자가 적은 나라에서는 그리 좋아하지 않는다

a common name 통칭
a pet name 애칭
a nickname 별명, 약칭

put one's name to~ 서명하다, 이름을 적다
- He put his name to the contract. (그는 계약서에 서명하였다.)
↔ take one's name off~ 탈퇴하다, 이름을 삭제하다
- He took his name off the club. (그는 그 클럽에서 탈퇴하였다.)

by name 지명하여
- He called me by name. (그는 나를 호명하였다.)
- He goes by the name of Bill. (그는 빌이라는 이름으로 통하고 있다.)

in the name of goodness 신의 이름으로, 천지신명에 맹세코

☆ What name shall I say? (어떤 이름으로 소개할까요?)
※ 사람을 인계할 때 등에 사용한다
☆ How do you spell your name? (이름의 철자가 어떻게 되나요?)

091 time을 사용하여

keep up with ~에 뒤떨어지지 않다, 보조를 맞추다 (=keep abreast of)
- **Keep up with the times.**
  (시대에 뒤떨어지지 않도록 하다.)

catch up with 쫓아가다

in advance of~ ~에 앞서서 (=ahead of)
↔ **behind the times** 시대에 뒤져

up to date 최신(식)의, 최근의, 현대적인

keep time 시계가 정확하다
- **This watch keeps good time.**
  (이 시계는 정확하다.)
- ☆ **Do you have the time?**
  (지금 몇 시입니까?)

time

in time 곧 (=soon), 때맞추어
be in time for~ ~에 늦지 않게
- **I was scarcely in time for the class.**
  (나는 가까스로 수업 시간에 늦지 않았다.)
↔ **miss** 차를 놓치다
- **He missed the bus by a minute.**
  (나는 1분 차이로 버스를 놓쳤다.)

on time 정각에

☆ **Time's up!**
시간이 다 됐다!
※ 퀴즈 프로그램 등에서 카운트 다운을 할 때 잘 쓰는 말

all the time 그동안, 줄곧, 언제나
at that time 그때에는, 그 당시에는
for the time being 당분간, 한동안
once upon a time 옛날 옛적에
※ 옛날이야기에 꼭 등장하는 바로 그 구절

spend one's time 시간을 보내다
- **How do you spend your free time?**
  (여가 시간을 어떻게 보내니?)

> free time 여유 시간, 자유 시간
> = spare time

kill time 소일하다, 하는 일 없이 시간을 보내다
- **How did you kill your time while I was away?**
  (내가 떠나 있는 동안 시간을 어떻게 보냈어?)

take time 시간이 걸리다, 천천히 하다
☆ **Take your time.**
  (천천히 해. 서두를 것 없어.)
※ 상대가 서둘러 뭔가를 하려고 할 때, 서두르지 않아도 된다는 의미로 사용

prime time (라디오·텔레비전의) 황금시간대
※ 오후 7~11시

family hour 가족 시청 시간(대)
※ 오후 7~9시

fringe time prime time의 전후
※ 오후 5~7시 (evening time)
  밤 11시~ 새벽 1시 (night time)

by the time ~했을 때에는, ~할 때쯤이면
- **By the time you come back, I'll be ready.**
  (네가 올 때쯤이면 나는 준비가 되어 있을 것이다.)

092 mind를 사용하여

make up one's mind 결심하다, 결정하다
- Have you made up your mind where to go for your honeymoon?
(신혼여행을 어디로 갈지 결정했니?)

have a mind of one's own 자기 의견을 갖고 있다
- Young as he is, he has a mind of his own.
(그는 비록 나이는 어리지만 어엿한 자기 의견을 가지고 있다.)

have it in mind to 원형동사 ~을 마음먹고 있다, 생각하고 있다
- I have it in mind to ask her opinion when I see her.
(그녀를 만나면 의견을 물어보려고 생각하고 있다.)

have a (good) mind to 원형동사
~을 몹시 하고 싶어 하다, 꼭 ~하고 싶은 마음이다
- I'm so angry I have a good mind to resign.
(너무나 화가 나서 사직하고 싶다.)

have half a mind to 원형동사
~할까 말까 생각하다
- He has half a mind to ask for his money back.
(그가 돈을 돌려받았는지 물어 볼까 생각 중이다.)

be in two minds about~
마음이 흔들리다, 결정을 못 내리다
- I was in two minds about leaving London.
(난 런던을 떠나야 할지 마음을 정하지 못했다.)

set/give/turn one's mind to~
전념하다, 마음먹다
- You could be a good musician if you set your mind to it.
(전념한다면 훌륭한 음악가가 될 수 있을 것이다.)

mind
※ heart(마음)에 대비하여 '사고, 정신'을 가리킨다

bear/keep ~ in mind (마음에) 품다, 명심하다
- We have no vacancies now, but we'll certainly bear your application in mind.
(지금은 빈자리가 없지만 당신이 지원한 것을 기억해 두겠습니다.)

cross/spring to one's mind
(문득) 머리에 떠오르다, 생각나다
- Nothing immediately springs to my mind.
(지금 당장은 생각나는 것이 없다.)

on one's mind
마음에 걸려, 신경이 쓰여
- What's on your mind?
(무슨 문제가 있니?)

lose one's mind 미치다, 이성을 잃다
- He has completely lost his mind.
(그는 완전히 이성을 잃었다.)

close one's mind to~
마음의 문을 닫다, 귀를 기울이지 않다, ~를 생각하지 않다
- He's closed his mind to the idea of moving to the States.
(그는 미국으로 이주한다는 것에 대해 전혀 생각하지 않았다.)

change one's mind
마음을 바꾸다
- What has changed her mind?
(무엇이 그녀의 마음을 바꾸어 놓았니?)

☆ **Mind how you go.**
(몸 조심해라.)
※ 헤어질 때의 인사

☆ **Mind your back(s)!**
(길을 비키시오.)

☆ **Mind your own business.**
(쓸데없는 참견 말아라. 네 일이나 해라.)

☆ **Do you mind if I smoke?**
(담배를 피워도 될까요?)

093 trouble을 사용하여

trouble
흔히 말하는 '트러블' 외에 '수고' 라는 의미도 있다

be in trouble 곤경에 빠지다, 말썽이 나다
- He's **in trouble** with the police over drugs.
  (그는 마약 문제로 경찰에 검거되어 있다.)

have trouble with~ ~이 고장나다
- We're **having trouble with** our new car.
  (우리 새 차가 고장이 났다.)

ask for trouble 사서 고생하다, 화를 자초하다
- Driving after drinking alcohol is **asking for trouble**.
  (음주 운전은 화를 부른다.)

give trouble 애 먹이다, 말썽 부리다
- The video's been **giving a lot of trouble**.
  (그 비디오는 말썽을 많이 부린다.)

take the trouble over~/to 원형동사
애를 먹다, 고생하다

- **We took a lot of trouble to find the right person for the job.**
  (우리는 그 일자리에 알맞은 사람을 찾느라 큰 애를 먹었다.)

go to the trouble 수고하다, 고생하다

- **Thank you for going to so much trouble to find what I was looking for.**
  (제가 찾고 있던 것을 알아보느라 수고해 주셔서 감사합니다.)

run into trouble 문제에 빠지다, 문제에 직면하다

- **The idea soon ran into trouble.**
  (그 아이디어는 문제에 직면했다.)

get into trouble 말썽이 나다

- **He got into trouble with the police.**
  (그는 경찰에 검거되었다.)

get ~ into trouble ~를 곤경에 빠지게 하다

- **Don't mention my name or you'll get me into trouble.**
  (내 이름 들먹이지 마. 그랬다간 내가 곤란해져.)

094 way를 사용하여

give way to~ ~에 굽히다. 지다, 양보하다
- **We must not give way to their demands.**
  (우리가 그들의 요구에 굴복해서는 안 된다.)

go one's way 생각대로 하다
- **Whatever you suggest, she will always go her own way.**
  (네가 어떤 제안을 하든 그녀는 항상 자기 생각대로 할 것이다.)

=have one's way 생각대로 하다

make one's way
나아가다, 가다
- **They made their way through the crowd.**
  (그들은 군중을 뚫고 나아갔다.)

way
※ '길'이 원뜻. '경로' '방법'이라는 의미도 있다

under way 진행 중인 (=in progress)
- **The project is now under way.**
  (그 계획은 진행 중이다.)

feel one's way 신중히 나아가다
- **I won't ask her to marry me directly; I will feel my way first.**
  (그녀에게 곧바로 결혼해 달라고 요청하지 않을 것이다. 우선 신중할 것이다.)

lose one's way
길을 잃다 (=get lost)
- **We found that we had lost our way.**
  (우리는 길을 잃었다는 것을 알았다.)

find one's way
길을 찾아가다, 도달하다, 애써 나아가다
- **I hope you can find your way home.**
  (네가 집을 제대로 찾아가기를 바란다.)

clear the way for~ ~으로의 길을 열다, ~를 용의하게 하다
- They talked for hours to **clear the way for** a wage agreement.
  (그들은 임금 합의의 길을 열기 위해 몇 시간 동안 이야기했다.)

all the way 내내, 줄곧, 멀리서, 모처럼
- My grandparents came **all the way** from the States to see me.
  (조부모님은 나를 만나기 위해 멀리 미국에서 오셨다.)

(비유)

either way 결국은, 어차피
- We could meet today or tomorrow. I don't mind **either way**.
  (우린 오늘 만날 수도 있고 내일 만날 수도 있어. 어느 쪽이든 난 상관없어.)

by the way 그건 그렇고, 그런데
- **By the way**, do you know my brother is getting married?
  (그런데 우리 형이 결혼하는 거 알아?)

in a way ~의 점에서, 어떤 의미에서
- **In a way**, this book is easier; it is much shorter.
  (어떤 의미에서는 이 책이 더 쉬워. 훨씬 더 짧아.)

on the way 도중에
- Winter is **on the way**.
  (겨울이 다가오고 있다.)

in the way 방해가 되어
- A fallen tree was **in the way** of the bus.
  (쓰러진 나무가 버스의 길을 막고 있었다.)

by way of~ ~을 경유하여 (=via~)
- This ship travels to Greece **by way of** the Suez Canal.
  (이 배는 수에즈 운하를 경유하여 그리스로 여행한다.)

095 word를 사용하여

give the word 명령하다
- She gave him the word to start immediately.
  (그녀는 즉시 시작하라고 그에게 명령했다.)

have words with 사람 over~
말다툼하다, 논쟁하다
- She had words with him over the problem.
  (그녀는 그 문제를 가지고 그와 말다툼을 했다.)

leave word for~
전갈을 남기다
- I left word for him to come home.
  (그에게 집으로 오라는 전갈을 남겼다.)

take ~ at one's word ~이 말하는 대로 믿다
- She took me at my word. (그녀는 나의 말을 믿었다.)

take one's word for it ~의 말을 믿다
- Take my word for it. She's really funny!
  (내 말 믿어도 돼. 그녀는 정말 재미있는 사람이야.)

have no words ~할 말이 없다
- I have no words to express my gratitude.
  (감사를 표현할 말이 없다.)

too ~ for words 말로 표현하기에는 너무 ~하다
- The whole situation was too stupid for words.
  (전체적인 상황이 말로 표현하기에는 너무 어처구니가 없어.)

word
'단어'가 원뜻. '이야기한 말'이라는 것부터 '약속' '명령'의 의미도 있다

---

big words 자랑, 허풍
bitter words 독설, 심한 말
fair words 감언, 달콤한 말
a word in/out of season 적절한/적절하지 못한 말

give one's word 약속하다, 언질을 주다
- He **gave** her **his word** he would marry her.(그는 그녀와 결혼하겠다고 약속했다.)

good word 솔깃한 이야기, 좋은 소식
→ give ~ a good word 칭찬하다
→ put in a good word for~ 추천하다
→ not have a good word for~ ~에 부정적이다

☆ **What's the good word?** (좋은 소식 있어?)

from the word go 처음부터
- She knew **from the word go** that it was going to be difficult.
(어려워질 것이라는 사실을 그녀는 처음부터 알고 있었다.)

word for word 문자 그대로, 한 마디 한 마디
- His story matches yours almost **word for word**.
(그의 이야기는 너의 이야기와 한 마디 한 마디가 거의 일치한다.)

without a word 아무 말도 없이, 한마디 말도 없이
- **Without a word**, he turned on his heel and left the room.
(아무 말도 없이 그는 발을 돌려 방을 나갔다.)

by word of mouth 말로, 구두로
- The news spread **by word of mouth**.
(그 소식은 입에서 입으로 퍼져 나갔다.)

a word in one's ear 귀띔, 충고, 귓속말
- **A word in your ear.**
(잠깐 할 말이 있어.)

☆ **A word is enough to the wise. = A word to the wise.**
(현명한 사람에겐 한 마디면 족하다.)

☆ **Words cut more than swords.** (말이 칼보다 날카롭다. → 촌철살인)

096 place를 사용하여

장소

all over the place 그 근처 사방에, 온통 어질러져
- Her hair was <u>all over the place</u>.
(사방에 온통 그녀의 머리카락이 어질러져 있었다.)

go places 성공하다, 출세하다
- George and Paul are two young men who are really <u>going places</u>.
(조지와 폴은 정말 성공하고 있는 두 젊은이이다.)

give place to~ ~에게 자리를 양보하다, ~와 자리를 교대하다
- Houses and factories <u>gave place to</u> open fields as the train gathered speed.
(기차가 속력을 내면서 집과 공장들이 물러가고 넓은 들판이 보였다.)

take place 일어나다, 개최되다
- When does the ceremony <u>take place</u>?
(그 의식은 언제 거행됩니까?)

place
※ '장소'가 원뜻.
'입장'이라는 의미로도
자주 사용한다

입장

change/swap places with~ ~와 자리·입장을 바꾸다
- I'm perfectly happy. I wouldn't <u>change places with</u> anyone.
(나는 아주 행복해. 누구와도 내 자리를 바꾸지 않겠어.)

어울리는 장소

fall into place 제자리에 들어맞다, 앞뒤가 들어맞다
- It all began to fall into place when detectives found her will.
(형사들이 그녀의 유언장을 발견하자 모든 일이 앞뒤가 들어맞기 시작했다.)

put ~ in one's place 분수를 알게 하다, ~의 입장이 되다
- He tried to kiss her but she quickly put him in his place.
(그가 그녀에게 키스를 하려고 했지만 그녀는 재빨리 그가 분수를 알게 만들었다.)

out of place 틀린 장소에, 부적절한
- Her criticisms were quite out of place.
(그녀의 비판은 아주 부적절했다.)
↔ in place 제자리에

be no place for~
~이 나설 곳이 아니다, ~의 여지가 없다
- It is no place for you. (네가 나설 곳이 아니다.)

in one's place ~의 입장에서
- If I were in your place, I'd sell the lot.
(내가 너라면 그 땅을 팔겠다.)
→ in place of~ ~의 대신으로
- The chairman was ill so his deputy spoke in his place.
(의장이 아파서 대리인이 그를 대신하여 연설했다.)

take one's place
~을 대신하다
(=take the place of~)
- She couldn't attend the meeting so her assistant took her place.
(그녀는 그 회의에 참석할 수 없어서 그녀의 비서가 그녀를 대신했다.)

097 oneself를 사용하여

※기본

be oneself 자제하다, 자연스럽게 행동하다
- **Just try being yourself ; I promise people will like you more.**
(그냥 자연스럽게 행동해. 단언컨대 사람들이 너를 더 좋아할 거야.)

전치사와

by oneself
① 혼자서, 홀로 (=alone)
- **Tom liked to go walking by himself.**
(탐은 혼자 산책하기를 좋아했다.)
② 혼자 힘으로, 스스로
- **John built a kennel by himself.** (존은 혼자 힘으로 오두막을 지었다.)

to oneself 자기에게만, 독점하여
- **Keep the idea to yourself.** (비밀을 지켜라. 그 생각은 너만 알고 있어라.)

in oneself 원래, 그 자체는 (=in itself)
- **Drinking is not bad in itself ; drinking too much is problematic.**
(음주 자체는 나쁘지 않다. 너무 많이 마시는 것이 문제다.)

beside oneself 제정신을 잃고
- **She was beside herself with joy.** (그녀는 기뻐서 제정신이 아니었다.)

in spite of oneself 자기도 모르게, 무의식적으로
- **In spite of herself, she found the new job fascinating.**
(자신도 모르는 사이에 그녀는 흥미로운 새 일을 찾았다.)

have oneself a time 유쾌하게 지내다

- We had ourselves a time playing tennis this morning.
  (우리는 오늘 아침 테니스를 치며 유쾌하게 보냈다.)

동사와

help oneself 필요한 일을 자기 스스로 하다, 마음대로 먹다

- Please help yourself to the cake.
  (케이크 좀 드십시오.)

flatter oneself 우쭐해지다, 자만하다

- He flatters himself that he will win.
  (그는 자신이 이길 것이라고 자만하고 있다.)

find oneself~ 자기의 처지·적성을 깨닫다

- They found themselves with little to fall back on.
  (그들은 의지할 곳이 없다는 것을 깨달았다.)

forget oneself 자기의 이익을 돌보지 않다, 자제심을 잃다, 분수를 잊다

- He forgot himself and dived into the fire to save the baby.
  (그는 자신을 돌보지 않고 아기를 구하기 위해 불 속으로 뛰어들었다.)
- You forgot yourself when you speak so rudely.
  (그렇게 무례하게 말하다니 네 분수를 모르는구나.)

get oneself together 제정신을 차리다, 이성을 찾다

- Get yourself together and go find a job.
  (정신 차리고 나가서 일을 찾아 봐.)

make oneself understood 자기 생각을 남에게 이해시키다

- I couldn't make myself understood to them in English.
  (나는 영어로 그들과 의사소통할 수 없었다.)

098 약어(생활)

관용구

ASAP = As Soon As Possible 가능한 한 빨리
※ 회화에서는 [eisap]이라고 발음

MYOB = Mind Your Own Business
참견 마라, 네 일이나 잘 해라

CU = See You (e-mail 상의 약어) 또 보자
※ C 발음에서 유래

CUL = See You Later
(e-mail 상의 약어) 다음에 또 만나자

FYI = For Your Information
(e-mail 상의 약어) 참고가 되시도록

문장어

ref. = reference 참조
cf. = (라틴어) confer 참조하라, 비교하라 (= compare)
e.g. = (라틴어) exempli gratia
예를 들면 (= for example)
i.e. = (라틴어) id est 즉, 바꿔 말하면 (= that is)
etc. = (라틴어) et cetera 기타 등등, ~등
vs. = (라틴어) versus ~대(對), ~에 대한

생활 형태

DINKS = Double Income No Kids
딩크족. 의도적으로 자녀를 갖지 않는 맞벌이 부부

YAP = Young Aspiring Professional
야피족. 40세 정도의 출세 지향적인 고소득의 전문직

YUP = Young Urban Professional
여피족. 고등교육을 받은 도시 지향적 고소득 전문직 젊은이들

WASP = White Anglo-Saxon Protestant
앵글로색슨계 미국 신교도, 미국의 상류층 백인

생활·여행

B and B (B&B) = **B**ed and **b**reakfast
조식 제공 숙박(민박)

ID = **Id**entification 신분 증명

CD = **C**ash **D**ispenser
현금인출기

ATM = **A**utomatic **T**eller **M**achine
현금자동입출금기

Zip Code = **Z**one **I**mprovement **P**lan Code
우편번호

POB = **P**ost-**O**ffice **B**ox 우편사서함

c/o = **c**are **o**f (편지 겉봉에) ~로부터, ~귀하

ps = **P**ost**s**cript 추신

병

ICU = **I**ntensive **C**are **U**nit 집중 치료실

AIDS = **A**cquired **I**mmune **D**eficiency **S**yndrome
후천성면역결핍증
※ Immune 면역성의, ~에 영향을 받지 않는

※ 바이러스가 아닌 [váiərəs]라고 발음

HIV = **H**uman **I**mmunodeficiency **V**irus
인체면역결핍바이러스

SARS = **S**evere **A**cute **R**espiratory **S**yndrome
중증급성호흡기증후군
※ respiratory 호흡의, 호흡과 관계 있는

099 약어(컴퓨터 · 인터넷 관련)

SE =<u>S</u>ystem <u>E</u>ngineer 시스템 엔지니어
PC =<u>P</u>ersonal <u>C</u>omputer 개인용 컴퓨터

미디어 · 저장

MO disk =<u>M</u>agneto <u>O</u>ptical disk 광자기 디스크

CD =<u>C</u>ompact <u>D</u>isc 콤팩트 디스크(광학 디지털 오디오 디스크)
※ 디스크는 disk, disc 어느 것을 써도 된다

CD-ROM =<u>C</u>ompact <u>D</u>isc <u>R</u>ead-<u>o</u>nly <u>M</u>emory
읽기 전용 콤팩트 디스크

DVD =<u>D</u>igital <u>V</u>ersatile <u>D</u>isc [Videodisc]
디지털 다기능 디스크
※ versatile 다기능의

RAM =<u>R</u>andom <u>A</u>ccess <u>M</u>emory
랜덤 액세스=쓰기 가능한 기억 장치(쓰기 불가능한 ROM에 대해)=등속 호출 기억 장치(기억 장소나 순서에 관계없이 동일한 시간으로 데이터에 액세스할 수 있다)
↔ **ROM** =<u>R</u>ead-<u>o</u>nly <u>M</u>emory 읽기 전용 기억 장치

인터넷

WWW =<u>W</u>orld <u>W</u>ide <u>W</u>eb 월드 와이드 웹

FAQ =<u>F</u>requently <u>A</u>sked <u>Q</u>uestions (자주 묻는 질문)
※ 많은 사람이 자주 물어보는 질문과 그에 대한 답을 정리해 놓은 문서

BBS =<u>B</u>ulletin <u>B</u>oard <u>S</u>ystem
전자 게시판

CC =<u>C</u>arbon <u>C</u>opy 참조
※ (e-mail에서) 본래의 수신인 이외에 다른 수신일을 지정하여 발송하는 메일

BCC =<u>B</u>lind <u>C</u>arbon <u>C</u>opy 숨은 참조
※ (e-mail에서) Carbon Copy와 같지만 본래의 수신인은 자신 이외에 누가 사본을 수신하는지 알 수 없다

시스템

VLSI = Very Large Scale Integration 초고밀도 집적 회로(1㎠ 정도의 실리콘칩 위에 수백만에서 수천만 개의 트랜지스터를 탑재한 집적 회로)

LSI = Large Scale Integration 대규모 집적 회로

IC = Integrated Circuit 집적 회로

CPU = Central Processing Unit 중앙 처리 장치

JPEG = Joint Photographic Experts Group
ISO에 의해 설치된 전문가 조직의 명칭. 정지 화면상 데이터 압축 방식의 하나

KB = Kilo Byte 정보량의 단위
※ 1KB=1024byte

BIT = Binary Digit 비트(2진법)
※ 정보량의 단위(8bit=1byte)

LAN = Local Area Network 지역 정보 통신망, 근거리 통신망

TCP/IP =

Transmission Control Protocol/Internet Protocol 전송 제어/인터넷 프로토콜
※ TCP와 IP 두 개의 통신 프로토콜 조합. 컴퓨터나 통신 회로의 종류에 관계없이 네트워크를 통해 데이터를 주고 받기 위한 장치

VAN = Value-Added Network 부가가치 통신망

A/D Conversion = Analog to Digital Conversion
아날로그의 디지털 변환

GPS = Global Positioning System
위성 위치 확인 시스템(인공위성 등에서 발사한 전파에 의해 자신의 위치를 확인하는 장치)

VR = Virtual Reality 가상현실

100 약어(정치·경제)

국제기관

ILO = **I**nternational **L**abor **O**rganization 국제노동기구
IMF = **I**nternational **M**onetary **F**und 국제통화기금
EU = **E**uropean **Un**ion 유럽연합
OPEC = **O**rganization of **P**etroleum **E**xporting **C**ountries
석유수출국기구
OECD = **O**rganization for **E**conomic **C**ooperation and **D**evelopment 경제협력개발기구

미국의 국가기관 등

NASA = **N**ational **A**eronautics and **S**pace **A**dministration
미국항공우주국
FBI = **F**ederal **B**ureau of **I**nvestigation 미국연방수사국
CIA = **C**entral **I**ntelligence **A**gency
미국중앙정보국(첩보 활동을 하는 국가안전보장의회의 한 섹션)
FRB = **F**ederal **R**eserve **B**ank 연방준비은행
SEC = **S**ecurities **E**xchange **C**ommission
미국증권거래위원회
SDI = **S**trategic **D**efense **I**nitiative 전략방위구상
(레이건 전 대통령이 제안한 국방 계획, 통칭 Star Wars)
SIS = **S**trategic **I**nformation **S**ystem 전략정보시스템

(국제) 거래

NTB = **N**on-**T**ariff **B**arriers 비관세장벽
FOB = **F**ree **O**n **B**oard 본선 인도
C&F = **C**ost and **F**reight 운임 포함 인도
B/E = **B**ill of **Ex**change 환어음

경제 · 기업 관련

LTD. =Limited 유한회사

Corp., corp. =Corporation 주식회사

INC, Inc =Incorporated 유한회사

M&A =Merger and Acquisition 기업인수 · 합병

CEO =Chief Executive Officer 최고 경영자

OEM =Original Equipment Manufacturing 주문자 상표 부착 생산

ROA =Return On (Total) Assets 총자산(총자본) 이익률(기업의 총자산=총부채[차입금 · 사채 발행액+주주 자본금]에 대한 수익률)

ROE =Return On Equity 자기자본 이익률
(주주 자본금에 대한 수익률)

ROI =Return On Investment 투자 수익률

WC =Working Capital 운영 자본

OJT =ON-the-Job Training 직장 내 교육

POS =Point Of Sales 판매 시점 정보 관리

PR =Public Relations 홍보 활동

QC =Quality Control 품질 관리

PL =Product Liability 생산물책임(제)

ZD운동 =Zero Defects 운동 제품 생산의 전 공정에서 완전무결을 기하자는 운동

CPA =Certified Public Accountant 공인회계사
MBA =Master of Business Administration
경영학 석사[경영학대학원(Business school)이 수여하는 석사의 호칭]

GDP =Gross Domestic Product 국내총생산
GNP =Gross National Product 국민총생산

간판으로 쉽게 배우는 숙어

**NO TURNS
FOR TRUCKS
EXCEPT LOCAL DELIVERIES**

트럭 회전 금지
지역 내 배달은 제외

여행 중에 렌터카를 이용하기는 하지만 트럭을 운전해야 하는 경우는 거의 없으므로 직접적인 관계는 없겠지만 자주 보게 되는 표시이므로 알아 두어야 한다. 여기서 turn은 '꺾는다'는 의미이다. 이 표시가 있는 장소에서 트럭은 방향 전환을 해서는 안 된다는 것이다.

turn이라는 단어에는 그밖에도 여러 의미가 있는데, 다음은 자주 사용되는 것들이다.

스위치를 켜다 turn on ↔ turn off 스위치를 끄다
소리를 줄이다 turn down ↔ turn up 소리를 크게 하다
제출하다 turn in / 차례대로 in turn

또 대화중에 자주 사용되는 표현도 있다.
- **Whatever turns you on!** (전혀 재미있지 않아!)

truck은 우리가 흔히 사용하는 '트럭'이다. 영국에서는 '트럭'이라는 의미로 말할 때 lorry를 사용한다. 우리가 말하는 '탱크로리'는 tank lorry이다. 물론 미국에서는 tank truck이라고 한다. 이와 함께 기억해야 할 단어로 track '경기장'을 꼽을 수 있다. field and track은 '육상경기'를 뜻한다.

except는 '제외하다'는 의미이다. 마찬가지로 제외를 뜻하는 단어로 but이 있다. 그런데 except는 but보다 '제외'의 의미가 강할 때 사용한다. 사용 방법에도

차이가 나는데 but만 none, all, nobody, anywhere, everything 같은 단어나 who, where, what 같은 의문사 뒤에 사용한다. 예문을 보자.
- **I like all vegetables except spinach.**
  (나는 시금치 이외의 야채는 모두 좋아한다.)
- **There is nobody here but me.** (나 이외에 여기에는 아무도 없다.)

여기에 더하여 헷갈리기 쉬운 단어로 besides가 있다. besides는 긍정문에서는 '~외에'라는 의미가 된다. 주의하지 않으면 안 될 것은 부정문과 의문문이다. 이 경우에는 '~를 제외하고'라는 의미가 된다.
- **Libraries offer various other services besides lending books.**
  (도서관은 책을 빌려 주는 것 외에도 여러 가지 편의를 제공한다.)
- **No one knows it besides me.** (나 이외에는 아무도 그것을 모른다.)

local은 '지방의'라는 의미이다. 우리는 흔히 '지방'을 '시골'이라고 생각하지만 사실은 그렇지 않다. local은 어디까지나 '특정 지방'이라는 의미이므로 도시 역시 '지방'이다. '도시' urban에 반대되는 의미로 '시골'은 rural이다.

지방색 → local color		지방 행정 → local government	
현지 시간 → local time		지방 신문 → local paper	
시내 전화 → local call			

delivery는 '배달하다'는 의미이다. 그리 낯익은 것은 아닐지도 모르지만 '출산을 하다'라는 의미도 있다. 예문을 보자.
- **Domino's Pizza offers free delivery for any pizza over $10.**
  (도미노 피자는 10달러 이상이면 무료로 배달을 해 준다.)
- **Mrs. Smith was rushed into the delivery room at 7:40 p.m.**
  (스미스 부인은 오후 7시 40분에 분만실로 급히 옮겨졌다.)

YOUR GUEST ROOM KEY IS REQUIRED FOR ACCESS	입실하기 위해서는 당신의 객실 열쇠가 필요합니다

~ 은밀한 경고 ~

이 문구는 호텔의 객실 근처에서 흔히 볼 수 있다. 평범한 문장이지만 여기에는 다른 의미가 숨겨져 있다. 자신이 숙박하고 있는 방에 들어가려면 당연히 열쇠가 필요하다. 그러므로 이 문장은 그 당연한 사실을 알리고 있는 것이 아니다. 이것은 그 방의 숙박자가 아닌 인물에 대한 경고 역할을 수행하고 있는 것이다. 호텔은 여행의 피로를 풀 수 있는 공간인 한편 모르는 사람들이 숙박하는 위험한 곳이기도 하다. 외부의 수상한 사람에 대한 주의도 필요하다.

이제 단어의 의미를 보자. 우선 GUEST ROOM은 직역하면 여관이나 호텔에서의 숙박용 방, 즉 '객실'을 의미한다. 배의 객실은 passenger cabin '승객용 방'이라고 한다.

다음으로 require라는 단어에 주목해 보자. 옥스퍼드 대학 출판국에서 발행한 「Concise Oxford Dictionary」 2001년판에 따르면 require는,

① **need or depend on** (필요로 하다 또는 의존하다)
그리고 다소 강한 의미이기는 하지만,
② **instruct or expect someone to do something**
(누군가에게 뭔가를 지시 또는 기대하다)라는 의미를 나타낸다.
즉 require는 필요하다 또는 요구하다라는 의미가 강한 단어라는 사실을 알 수 있다.

예문을 들어 보자.
① **The situation requires that I should be there.**
(상황이 내가 그곳에 있을 것을 요구하고 있다.)

② **I have done all that is required by law.**
(나는 법이 요구하는 모든 것을 다했다.)

필요로 하고 있다는 의미의 유의어로 need가 있지만 이것은 require something because it is essential or very important rather than just desirable. (어떤 것을 단순히 바란다기보다 불가결하거나 상당히 중요하기 때문에 필요하다.)라는 뜻으로 보다 긴박감을 수반하는 의미가 포함되어 있다는 것을 알 수 있다. 예를 들면 다음과 같다.

- **Do you need any help?** (도움이 필요하니?)

반대로 긴박감을 부정한다면,
- **I didn't need to go to bank.** (은행에 갈 필요가 없었다.)

이번에는 줄 마지막에 있는 ACCESS를 보자. 발음은 [ǽkses]이다. 이 access는 the means or opportunity to approach or enter a place(어느 장소에 접근하다, 또는 들어가기 위한 수단이나 기회)라는 의미이다. 즉 여기에서의 의미는 방에 들어가기 위한 방법이라는 뜻이다. access는 동사로도 쓰이는데 이때에는 to open a computer file in order to get information from or put information into it. (정보를 얻기 위해, 또는 정보를 어느 장소로 옮기기 위해 컴퓨터 파일을 열다.) 라는 의미도 포함되며, 다음과 같이 사용할 수 있다.

- **She accessed three different files to find the correct information.** (그녀는 정확한 정보를 찾기 위해 세 개의 다른 파일을 열었다.)

또 명사의 의미와 동일하게도 사용한다.
- **The loft can be accessed by ladder.**
(그 다락은 사다리를 타고 들어갈 수 있다.)

마지막으로 문법에 대한 설명이 필요하다. 제시된 문장에 'is required'가 있다. 이것은 문법적으로는 수동태이다. 왜 수동태가 되었을까. '호텔 측=우리들'

을 주어로 한 경우를 생각해 보자. 그러면 다음과 같은 문장이 된다.
- **We require your guest room key for access.**
  (우리는 입실할 때 당신의 객실 열쇠를 요구한다.)

하지만 정말로 전달하고 싶은 것은 방의 열쇠가 필요하다는 것이므로, 주어에 Your guest room key가 사용되어 동사가 수동태로 변화한 것이다. 이렇게 하면 호텔 측의 의도가 보다 명확하게 드러난다.

> Apparently there are more important things in life than fashion. Yeah, right.

분명히 인생에는 유행보다 더 중요한 것이 있다 그렇다, 맞다

직역하면 '분명히 인생에는 유행보다 더 중요한 것이 있다. 그렇다, 맞다.'가 된다.

여기에서 apparently는 '분명히'라는 의미로 사용되고 있지만 apparently에는 '외견상으로 바로 알 수 있을 만큼 분명함'이라는 뉘앙스가 포함되어 있다. 또한 사실 그렇지 않을지도 모르지만 겉보기에는 그런 것 같다는 뉘앙스를 갖고 있기도 하다. 예를 들면 Apparently he is a good swimmer, though I have never seen him swim. '실제로 수영하고 있는 것을 본 적은 없지만 그는 수영을 잘 하는 것 같다.'처럼 사용된다. apparel이라는 명사에는 '치장하다, 옷'이라는 의미가 있기 때문에 이 문장에서 '분명히'라는 뜻으로 clearly나 obviously가 아닌 apparently라는 부사를 사용한 것으로 보아 fashion과 관련해 약간 비꼬는 듯한 뉘앙스를 포함하고 있다는 것을 알 수 있다.

기타 '분명히'의 의미를 가진 부사를 비교해 보자.

① **clearly** ·· '확실히' '분명하게' '명료하게' 와 같은 의미이다. 의심이나 혼란의 여지가 없다는 것을 뜻한다.

Clearly we need to think again.
(분명히 우리들은 다시 한 번 생각해 볼 필요가 있다.)
Speak more clearly. [좀 더 확실하게 (명료하게) 이야기해라.]

② **obviously** ·· '분명히' '눈에 띄게' 라는 의미이다.
자명하다는 뉘앙스로 ①처럼 apparently보다 강한 의미이다. 약간 딱딱한 말이다.

③ **evidently** ·· evidence '증거' 라는 명사는 e(명백하게) vidence(눈에 띄는 것)가 어원이다. apparently보다 시각적으로 확실성이 강하고, obviously보다 약한 의미이다.

④ **undoubtedly** ·· '분명히' '의문의 여지가 없는'. doubt가 '의심하다' 이므로 'un' 이라는 부정이 붙어 '의심의 여지가 없을 정도로 분명히' 라는 의미가 된다.

⑤ **definitely** ·· '확실히' '분명히' 또한 '확실하게' '맞아' 처럼 맞장구치는 말로도 자주 사용된다. 부정문에서는 '절대로' '결코' 라는 강한 부정을 뜻한다. **Definitely not!** (절대 그렇지 않다.) definition이라는 명사는 '정의, 한정' 이라는 의미이다.

important라는 형용사는 '중요한, 소중한' 이라는 의미로 자주 사용되는데 '가치가 있다' '중대한 영향이 있다' 라는 뉘앙스가 있다. important decisions '중대한 결정' 이라는 뜻이다.

- **It's important for him to get the job.**
  (그가 직업을 얻는 것은 중요한 일이다.)

'중대한(위기를 잉태하고 있다)' 이라는 의미에는 serious, grave라는 형용사를 사용한다. '중요한=귀중한, 값비싼' 이라는 의미로는 valuable, precious라는 형용사를 사용한다. valuable은 금전적으로, 또 유효성이라는 측면에서의 '소중한, 귀중한' 이라는 의미이다. precious는 보석, 귀금속이나 시간, 사람 등에 사용한다.

things는 '사물'과 '것' 어느 쪽으로든 해석이 된다.

- **Where did you get that thing?**
  [너는 어디에서 그것(그 물건)을 얻었니?]

- **This is the next thing to do.**
  (이것은 다음에 해야 할 일이다.)

'사물'을 표현하는 단어는 그 밖에도 object, matter, article 등이 있다. 또한 '것'을 표현하는 단어에는 matter, affair, something 등이 있다.

> ① **matter** ·· 원뜻은 '목재'. 그것으로부터 뜻이 '(건축) 재료' → '물체'라는 추상적인 의미로 확대되었다. '사물'을 의미할 때에는 thing에 비해 '물질, 요소'라고 한정적으로 사용된다. coloring matter은 '색소'이다. mind '정신'에 대비한 물질이 matter이다. '것'을 의미할 때는 thing에 비해 부족하다는 뉘앙스가 있다.
> **Matters are different in Europe.** (유럽에서는 사정이 다르다.)
> **take matters easy** (세상일을 쉽게 생각하는)
> ② **object** ·· '주의를 환기시키는 것'이 원뜻이며, 달리 '대상' '목표'라는 의미가 있다.
> ③ **article** ·· '물품' '(그룹 안의) 하나의 물건'을 표시하는 말이다.
> **missing article** (분실물)
> ④ **affair** ·· 원래는 '사무, 사정, 사건' 등의 의미이다. thing보다 속어에 가깝다.
> ⑤ **something** ·· '뭔가 ~인 것(일)'이라는 의미로 잘 사용된다.
> **I want something to eat.** (뭔가 먹을 것이 필요하다.)
> **something like this.** (뭔가 이것 비슷한 것)
> 또 무관사로 '거물' '멋진 것'이라는 의미로도 사용한다.
> **He is something.** (그는 거물이다.)
> **There is something in what she says.** (그녀의 말에는 일리가 있다.)

life는 여기에서는 '인생'이라는 의미이지만 '생명' '생물' '일생·수명' '생활' '활기' 등 여러 의미가 있다. 또 live는 '살다' '거주하다' '생활하다'라는 의미의 동사로, '살아 있는' '삶의'라는 형용사로도 사용한다. Alive는 '살아 있는' '활발한'이라는 의미의 형용사이지만 명사의 앞에는 놓이지 않고 서술적으로 사용한다.

> ① **Upon my life, it is true.** (목숨을 걸고, 그것은 사실이다.)
> ② **What do you live on? I live on my salary.**
>   (어떻게 생활하고 있니? 나는 월급으로 생활하고 있다.)
> ③ **a live program** (생방송 프로그램)
> ③ **The memory is still alive.** (기억이 아직 생생하다.)

fashion은 우리도 흔히 '패션'이라고 부르듯이 주로 의복의 유행을 가리킨다. the latest fashion in men's clothes '남성복의 최신 유행'

Style, mode, vogue가 동의어이다. 또한 way나 manner와 같은 뜻으로 '방법' '방식'이란 의미로도 사용한다.

> Extra Fancy-Juicy
> Bartlett or
> Anjou Pears
> **79¢** LB

> **과즙이 풍부한**
> 바틀릿 배 또는 앙주 배
> 1파운드 79센트

이것은 서양 배 pears의 광고다. 슈퍼의 과일 코너나 시장에 가면 이런 선전 문구와 가격 표시를 흔히 볼 수 있다. Bartlett과 Anjou는 서양 배의 종류이다. Bartlett은 보통 서양 배이고 Anjou는 그리 길지 않은 둥근 모양이다. 배는 종류가 많아 이밖에도 forelle, korean, comice, red, hosui, bosc 등이 있다. Bartlett과 Anjou는 비교적 싸게 살 수 있는 종류이다. Red는 새빨간 서양 배로 유럽에서는 쉽게 볼 수 있다. hosui(풍수)는 일본 배이고, korean은 한국의 둥근 배와 비슷하다. 나머지는 모두 서양 배 모양이다.

extra라는 형용사는 선전 문구에서 흔히 볼 수 있다. 원래는 '필요 이상의'라는 의미이지만 '특상의' '최상의'라는 의미로도 사용된다. 그래서 Extra quality는 '최상품'이란 뜻이다. 또한 여기에서 사용되는 fancy라는 단어는 명사로 '공상' '변덕' '기호'라는 의미다. 그밖에 형용사로 '장식적인' '사치스러운' '최상의'라는 의미로도 사용된다. 그래서 extra fancy는 '최상의' '사치스러운'과 같은 의미의 말이 중첩되어 사용된, 즉 의미가 강조된 말이다. 영어에서 흔히 사용되는 표현이다. fancy를 식물의 형용사로 사용하는 것은 주로 미국이며 영국에서는 그다지 사용하지 않는다.

> **a passing fancy** 일시적인 변덕
> **catch his fancy** 그의 마음에 들다
> **a fancy necktie** 멋진 넥타이
> **a fancy grade of tuna** 최고급 참치

juicy는 juice에서 파생한 형용사다. '즙, 수분이 많다'라는 의미이다. 구어에서 '흥미를 불러일으키다'라는 의미로 사용되는 경우도 있다. 그리고 과일뿐만 아니라 육즙 등에도 사용한다. juice는 과일, 야채, 고기 등의 즙 종류를 총칭하므로 우리가 사용하는 '주스'가 반드시 영어의 juice에 해당되는 것은 아니다. 과즙의 경우 영어의 juice는 기본적으로 100% 과즙만을 가리키고, 100%가 안 되는 것은 drink라고 한다. 탄산은 carbonated water라고 하며 구어에서는 soda, pop이 일반적으로 쓰이는 말이다.

79 ¢ LB.는 '1파운드 79센트'라는 의미이다. ¢는 달러보다 낮은 통화 단위 센트cent의 약어다. LB는 라틴어의 libra '천칭'이라는 뜻이지만 pound '파운드'라고 읽는다. pound는 무게의 단위다. LB는 현재 기호로 사용되고 있다. 영국의 통화 단위도 pound이지만 기호로는 £로 쓴다.

유럽에서 흔히 볼 수 있는 과일 fruits을 살펴보도록 하자.

> 사과 apple, 바나나 bananas, 복숭아 peach, 자두 plum, 살구 apricot, 무화과 fig, 포도 grapes, 체리 cherries, 오렌지 orange, 그레이프프루츠 grapefruit, 파인애플 pineapple, 망고 mango
> 껍질은 skin, 과육은 flesh, 씨는 seed이고, 사과나 서양 배의 꼭지는 stem이다. 복숭아

종류처럼 큰 것은 stone 또는 pit라고 하기도 한다. 그리고 바나나나 포도처럼 송이로 되어 있는 것은 보통 복수형을 사용한다.
a bunch of grapes/bananas (포도/바나나 한 송이)

「금연」
프레즈노 시 조례
제9조 1605항

역이나 극장, 레스토랑 등 여러 장소에서 흔히 눈에 띄는 표지판이다. 우리나라에서도 'NO SMOKING'이라는 표시는 흔히 볼 수 있다. 예전에 비해 금연 장소가 급격하게 늘어 담배 연기 때문에 괴로워하는 일이 줄긴 했지만 애연가들에게는 약간 힘든 일일지도 모르겠다.

그럼 단어를 하나씩 확인해 보도록 하자.

우선 smoking은 '흡연'이라는 명사로 smoking section은 '흡연석', 반대로 non-smoking section은 '금연석'이다. smoker는 '흡연가'이고, '담배를 피우다'라는 동사는 smoke이다. 담배를 피워도 되는지 묻는 표현은 "Do you mind if I smoke?"이며 이에 대한 대답은 "No, please go ahead."이다. 'mind'로 물어보고 있으므로 'No'라고 대답한다는 것에 주의해야 한다. 담배를 피우지 않았으면 할 때에는 "I'd rather you didn't." (피우지 않으면 좋겠다.)라고 대답한다.

담배를 피우기 전에는 이처럼 꼭 물어보고 나서 피워야 한다.

smoke에는 명사로 '연기'라는 의미도 있다. 공장의 연기나 자동차의 배기가스가 원인이 되어 발생하는 smog '스모그'는 smoke와 fog '안개'의 합성어이다.

Fresno City '프레즈노 시'는 캘리포니아 주 중남부의 도시로 샌프란시스코

남동부에 위치하고 있다. 여기에서는 city와 관련하여 지역을 지칭하는 단어를 규모가 작은 순서대로 살펴보도록 하자.

우선 village '마을'은 hamlet '작은 마을'보다 크고, town보다 작은 경우를 말하지만 town과 비슷한 경우도 있는데, 이 경우에는 '읍'을 의미한다.

town은 '읍'으로 village보다 크고 city보다 작은 경우를 가리킨다. 또한 시골에 대비하여 '도회', 무관사로 '수도'라는 의미도 있고, 영국에서는 흔히 London을 의미한다.

city는 '도시' '시'이며, 미국에서는 주의 인가를 받은 town보다 큰 읍을 가리킨다. 영국에서는 cathedral '대성당'이 있는 도시, 또는 왕의 허가장을 가진 도시를 말한다.

province는 한 나라의 행정 구역으로서의 '주'이다. 수도나 대도시에 대비된 '지방'이라는 의미가 있으며, 형용사형 provincial '지방의'는 provincial newspaper '지방신문', provincial taxes '지방세'처럼 사용된다. 유의어 local은 '①그 토지의 ②각 역 정차의'라는 뜻이 있지만 provincial과 달리 '시골'이라는 뜻은 포함되어 있지 않다. 우리나라에서 local은 '시골의'라는 의미를 가지지만 원래 영어 단어에는 그 뜻이 없다는 점에 주의해야 한다. 따라서 local train은 시골을 달리는 전차 같은 것이 아니라 각 역에 정차하는 보통 전차를 말한다.

the United State '미합중국'에서의 state는 명사로서 '①국가 ②(미국의) 주 ③상태'라는 세 가지 의미가 있다. welfare state는 '복지국가', Department of State는 '(미국의) 국무성'을 말한다. '국가'를 표시하는 단어로는 그밖에 country, nation이 있는데 이 세 단어는 그 의미에 차이가 있다. country는 '국가'를 뜻하는 일반적인 말로 특히 국토를 의미한다. Nation은 국민에 중점을 둔 말이다. 그리고 state는 법률적, 정치적 통일체로서의 국가라는 의미를 나타낸다. 또한 state에는 형용사로서 '①국가의 ②주의'라는 의미가 있고, state university '주립대학'처럼 사용된다. 그리고 동사로서 '서술하다'라는 의미도 가지고 있다.

district는 '지역, (행정상의) 구역'이고, school district는 '학구', voting (electoral) district는 선거구를 말한다.

다음은 municipal이다. 이것은 자주 들어보지 못한 단어일 수도 있는데 우리가 뉴스에서 자주 듣는 '지방자치의, 시(읍, 면, 리)의'라는 의미의 형용사이다. municipal government '시정부', '지방정부', municipal office '시청'과 같이 사용된다. 형용사는 municipality '지방자치단체'이다.

마지막으로 code는 '①관례, 규약 ②신호(체계), 암호 ③법전'과 같은 의미의 명사이다. 여기에서는 ①의 의미로 사용되었다. code of conduct는 '행동 규범', school code는 '교칙'이다.

②의 의미로는 code telegram '암호 전보', break a code는 '암호를 해독하다'가 된다.

③의 의미로는 법률과 관련해 civil code '민법전', Code of Civil Procedure '민사소송법'과 같은 뜻으로 사용되고 있다는 것을 알아두도록 한다.

주의!
난간을 잡으시오

이곳에는 경사가 급한 계단 같은 것이 있는 모양이다. 난간을 꼭 잡도록 주의를 주고 있다.

Caution! '주의!'는 이처럼 사람들에게 주의를 주기 위한 표지판에 자주 사용된다. 명사는 '①주의 ②경고', 동사는 '(사람)에게 경고하다'는 의미이다. ①은 with caution '주의하여', by way of caution '만약을 위해', use caution '주의하다'라는 숙어 형태로 기억해 두는 게 좋다. 아래 예문을 보자.
- **We proceeded with caution.** (우리는 조심스럽게 추진했다.)
- **I repeat it by way of caution.** (만약을 위해 반복해 말했다.)
- **Use caution in crossing a busy street.**
  (교통량이 많은 길을 횡단할 때는 주의하십시오.)

②의 경고는 warning보다 약한 말이다.
- **He was cautioned against speeding.**
  (그는 속도를 너무 내지 않도록 주의했다.)

이것은 to부정사를 사용하여 아래와 같이 쓸 수도 있다.
- **He was cautioned not to drive too fast.**

caution의 형용사형은 cautious '주의 깊은'이다.
use는 자주 사용하는 단어이다. '①쓰다, 사용하다 ②(능력, 신체 등)을 사용하다 ③소비하다'라는 뜻이다.
① **Can I use your bathroom?** (화장실을 써도 괜찮습니까?)
② **Use your head.** (머리를 써라.)

①은 borrow의 의미와는 다르다는 데 주의해야 한다. 전화나 화장실 등 들고 운반할 수 없는 설비에 use를 사용한다.
숙어인 use up '다 쓰다'도 중요하다.
- **He used up all the money.** (그는 그 돈을 몽땅 다 써 버렸다.)

use는 명사로도 사용된다. 동사의 발음은 '유즈' 즉 [z]이지만 명사는 '유스' 즉 [s]로 발음한다는 것을 명심해야 한다. '①사용 ②용도 ③효과'라는 뜻이다.
①의 뜻으로는 articles of everyday use '일용품' 과 숙어 make use of A 'A를 이용하다'를 잘 기억해 두도록 한다. ③의 뜻으로는 It is no use doing [to do]=There is no use (in) doing '~해도 소용없다'라는 구문이 중요하다. use를

사용한 숙어나 구문은 수없이 많지만 그 중에서도 위의 두 개는 특히 중요하다. 예문을 보자.
- **Make good use of your spare time.** (여가를 충분히 이용하십시오.)
- **It is no use waiting for him.** (그는 기다려도 소용없다.)

use의 형용사형은 useful '유용한, 쓸모 있는', 반대말은 useless '쓸모없는, 쓸데없는'이다. 꼭 기억하기 바란다.

Handrail은 '(계단 등의) 난간'이다. 에스컬레이터나 계단 같은 곳에서 Please hold handrail.(난간을 꼭 잡아 주십시오.)라는 표시를 자주 볼 수 있다.

양복 전문
- 드라이크리닝
- 물세탁
- 야회복
- 니트웨어
- 가죽 제품과 스웨이드
- 동복 · 하복 보관

이것은 세탁소의 간판이다. '세탁소'는 laundry, '세탁소에 맡기다'는 sent/take to the laundry라고 한다.
- **I sent my shirts to the laundry.** (나는 셔츠를 세탁소에 맡겼다.)

Expert는 '숙련되다' '전문적인' '노련한'이라는 뜻이다. 형용사, 명사, 동사 모두 이 형태로 사용한다. '~의 전문가, 베테랑'이라는 의미로 사용할 때는 보통 expert in(at, on)처럼 전치사와 함께 사용한다.
- **an expert in teaching small children.** (유아 교육의 전문가)

tailoring은 원래 '양복 제작업'이라는 의미이다. tailor는 '양복 제작 가게 · 주문복 가게' 또는 '제작하다'라는 의미의 동사이다. 여기에서는 '양복을 다루는 전문가'라는 의미이다.

Drycleaning '드라이크리닝'은 우리가 사용하는 의미와 같다. Wetcleaning은 물을 사용한 크리닝이다. 영어의 cleaning에는 '세탁, 크리닝'의 의미 외에 '청소'라는 의미가 있다. 또한 '세탁물'의 의미로도 사용하지만 이 경우에는 laundry 쪽이 더 적절하다.
- **a bundle of laundry** (한 아름의 세탁물)
- **My mother does the laundry everyday.**
(나의 어머니는 매일 세탁을 한다.)

Eveningwear는 '야회복'이다. 남녀 구분 없이 예복을 가리킨다. 신사용 야회복은 특별히 evening coat, 여성용은 evening gown이라고 말한다. tuxedo '턱시도'는 야회용 약식 예복이다. 또한 morning dress는 점심 무렵의 정장, mourning dress는 '상복'을 가리킨다. 그리고 평상복의 경우는 everyday clothes/casual wear라고 한다.

knitwear는 스웨터 등 니트류의 옷을 말한다. 우리도 '니트'라는 말을 사용한다. '스웨터' sweater는 주로 '양모' wool로 만들어지는 것이다. 우리는 '울'을 길게 발음하지만 영어에서는 [wul]이라고 길지 않게 발음하므로 주의한다. 울은 세탁할 때에도 주의가 필요하다. 의복의 꼬리표tag에 Machine wash delicate cycle '세탁기에서는 약류로 빨아 주십시오', Do not soak or bleach '담가두거나 표백하지 마시오', Dry flat '펴서 말릴 것', Cool iron '저온으로 다릴 것' 등의 표시가 있을 것이다. 또 화학 섬유chemical fiber(acrylic '아크릴'이나 nylon '나일론') 등은 Keep away from fire '화기 주의'라고 표시되어 있다.

Knitwear와 마찬가지로 섬세한 것이 leather나 suede이다. 우리도 '레자' '스웨이드' 같은 말을 자주 사용한다. leather는 '가죽 제품', suede는 '새끼 산양의 속가죽'이다. leather는 이미 무두질된 '피혁'이며, 살아 있는 동물의 '껍질'은 hide라고 한다. 또 '모피'는 fur이다. 특히 '모피 목도리'는 boa라고 한다.

storage는 '저장, 보관'이라는 의미이다. storage summer & winter는 하복이

나 동복 가운데 입지 않는 것을 보관하여 주는 서비스이다. 니트 등은 주의해서 보관하지 않으면 wormhole '좀 구멍' 이 생긴다.

그밖에 크리닝 서비스에는 removal of stains '얼룩 제거', water-proofing '방수 가공' 등이 있다.

요금

이것은 요금 표시이다.

max는 maximum '최대한, 최고점' 의 약어로 반대말은 minimum '최소한' 이다.
maximum은,
- **The noise is at its maximum.** (소음이 극에 달했다.)
- **You may spend a maximum of a 1000 dollars.**
  (최고 1000달러까지 사용해도 좋다.)

처럼 사용된다. 또한 형용사로서 **the maximum temperature for today** (오늘의 최고 기온) 같은 사용법도 있다.

close는 잘 알려져 있는 '닫다, 끝내다' 하는 뜻 이외에도 형용사, 부사로 '접근하다' '접근하여' 라는 뜻이 있다는 것을 기억해 두도록 한다. 이 경우 '크로스' 로 [s] 발음이 된다. 그리고 close는 여기서 사용되고 있는 것처럼 '끝' 이라는 명사로도 사용된다. 아래에서 각각의 뜻이 사용된 예문을 확인해 보자.
- **The door closed itself.** (문은 저절로 닫혔다.)
- **His house is close to the station.** (그의 집은 역에 가깝다.)
- **Please don't get too close to the sculpture.**
  (조각 옆에 너무 다가가지 마시오.)
- **The meeting came to a close.**
  [회의는 종반부에 가까워졌다(끝나간다).]

> monthly에는 형용사 '월 한 번의', 부사 '월에 한 번', 명사 '월간 잡지'라는 세 가지 용법이 있다. 여기에서는 monthly rates '월정액', 형용사로 사용되고 있다. 부사로는,
> - **I pay my rent monthly.** (매월 임대료를 지불하고 있다.)
> 처럼 사용된다. 이와 비슷한 단어로는 daily '매일의' weekly '매주의' 등이 있다.

oversize vans '특대 밴'의 경우는 2.54/Day '1일당 2달러 54센트'의 추가 요금을 지불해야만 하는 모양이다. Oversize는 문자 그대로 '사이즈를 뛰어넘은'이라는 말로 형용사 '특대의, 규격 이상의', 또한 명사로 '특대품'이라는 의미이다. van '밴'은 짐이나 우편배달에 사용하는 상자형 화물자동차이다. 보통 트럭보다도 소형인 경우를 가리킨다.

| tickets and exit | 매표소 및 출구 |

이것은 매표소와 출구를 안내해 주는 표시이다. 미국의 표식은 역이나 공항, 도로 표시도 정말 단순하다. 그래서 표식을 알 수 없어서 길을 헤매는 일은 그다지 없을 것이다.

그럼 계속해서 보자.

> ticket은 '표' '입장권' '교통 위반 카드' '정당의 공인 후보자 명부'라는 뜻이다.
> a round-trip ticket → 왕복표
> a speeding ticket → 속도 위반 카드
> a parking ticket → 주차 위반 카드
> the Democratic ticket → 민주당 공천 후보

exit는 '(공공건물·고속도로 등의) 출구' '퇴장' '퇴출'을 뜻한다. ex-는 '바깥'을 의미하는 접두사이다. 그래서 우리는 예를 들어 exodus '외출' '출국'이라는 단어도 '바깥'과 관련지을 수 있게 된다.

- **There are two exits at the back of the plane.**
  (비행기 뒷부분에 출구가 두 군데 있다.)
- **The President made a quick exit after his speech.**
  (대통령은 연설 후 곧 바로 나갔다.)
- **Take exit 23 into the downtown.**
  (다운타운은 23번 출구로 나가십시오.)

> $ 6.00 for a Latte?
> Sounds right.
> Now you're a New Yorker.
> [CITY HABITAT New York / Residential Properties]

카페라떼 한 잔에 6달러?
맞다
이제 당신은 뉴요커다

얼핏 커피숍 광고 같지만 아랫부분에 residential properties '주택 부동산'이라고 쓰여 있다. 직역하자면 '카페라떼 한 잔에 6달러? 당연한 가격이다. 이제 당신은 뉴요커다.'라는 약간은 비꼬는 듯한 광고문이다. 카페라떼 한 잔이 6달러라는 것은 그만큼 뉴욕의 물가가 비싸다는 것을 뜻한다. 또한 동시에 주거 비용

이 비싸다는 것도 시사하고 있다. 그것을 납득할 수 있는 당신은 역시 뉴요커라는, 물가가 비싸다는 부정적인 면을 카피로 사용한 독특한 표현의 광고이다.

달러는 영어로 dollar라고 쓰지만 대부분 $로 표기한다. Latte는 '카페라떼'의 약어이며 카페오레, 즉 '밀크가 들어간 커피'를 말한다.

또 Sounds right.는 원래 It(That) sounds right.인데 비인칭 it이 생략된 것이다. sounds~라는 것은 자주 사용하는 표현으로 '~인 것 같다' '~처럼 생각하다' 라는 의미인데 seem과 비슷하게 사용된다. 뭔가에 대한 권유를 받고 '좋아.' '재미있을 것 같네.'라는 대답을 할 때 Sounds great!나 Sounds interesting! 이라고 말하기도 한다. 또 sound like~로 '~듯하다' '~같다'처럼 상황을 서술하는 표현으로 사용하는 일도 있다. 여기에서는 Sounds right.라고 했으므로 '당연하다.' '맞다고 생각한다.'라는 찬성의 의사 표시이다. right라는 형용사는 '맞다' '당연한' '적당한'이라는 의미이다. '도덕, 사회 통념상 맞다' 또는 '판단, 의견에 있어서 올바르다', '답이나 설명, 시간, 요금 등이 적당하다'는 의미 등으로 폭넓게 사용되는 일반적인 표현인데, '정확'이라는 의미로는 right보다 correct 쪽이 더 적절하다.

① right ·· It is quite right for her to scold him.
(그녀가 그를 나무라는 것은 지극히 당연하다.)
→ right를 강조할 때에는 very나 enough가 아닌 quite나 absolutely, just, so 등을 사용한다.
- Now, you hate it, right? (그럼 너는 그것이 싫다는 거지, 그렇지?)
부가 의문형으로 상대에게 다짐하는 표현에 자주 사용된다.
↔ wrong (잘못됐다)
② correct ·· '바르다' '적당한'이라는 의미로 That's correct. '그렇다.'라는 말은 That's right.보다 형식적인 말투이다.
- She speaks correct(X right) English. (그녀는 바른 영어로 말한다.)
↔ incorrect
③ just ·· '공정한' '가장' '법에 맞는'이 원뜻이다.
just appraisal (적절한 평가)

- **You must be just to your promise.**
  (당신은 약속을 정확하게 지켜야만 한다.)
  ↔ unjust
④ **proper** ·· '적절한' '정식의'. right보다 강한 의미이다.
  a proper way to live (올바른 생활 방식)
- **We need the man proper for the job.** (그 일에 적당한 인물이 필요하다.)
  ↔ improper
⑤ **reasonable** ·· '합리적인' '적당한' '도리에 맞는'.
  reason의 파생어로 이유 있는 = 가장이라는 의미가 된다.
  reasonable price (적당한 가격)
- **That's a reasonable suggestion.** (그것은 적절한 제안이다.)
  ↔ unreasonable
⑥ **accurate** ·· '틀림없는' '정확한'. correct보다 정밀함이나 정확함이 강조된 표현이다. **accurate answer** (정확한 대답)
  ↔ inaccurate
⑦ **legal** ·· 법적으로 '정당한' '올바른' 이라는 의미이다.
  ↔ illegal

now라는 단어는 '지금'이라는 시간을 표시하는 표현뿐 아니라 감탄사로서도 자주 사용한다. Now, listen to me! (자, 들어봐.) 또 시간을 표시할 경우도 '지금 현재'뿐만 아니라 '지금 당장' '바로 지금' 등의 의미가 있다.

- **He will be home now tomorrow.**
  (그는 내일 이맘때쯤이면 집에 있을 것이다.)
- **I'm coming now.** (지금 당장 가겠다.)
- **He(X has left) left just now.** (그는 지금 바로 출발했다.)
  Come now (재촉하며) 자자, (놀라) 저런, 이런
  before now (지금까지)
- **Bye for now.** (그럼 안녕)
  for now는 '지금으로서는'의 의미로 구어적으로 사용된다.

residential은 '주택의'라는 의미의 형용사이다. residence는 '주택'이라는 의미이지만 house나 home보다 격식을 차린 말이다. 또 '거주, 재주'라는 의미도 있다. resident는 '거주자'를 의미한다. foreign resident는 '체류 외국인'이다. 또 resident doctor는 '세 들어 사는 의사'라는 뜻이다. residential에는 좋은 뉘앙스가 있고 residential area에는 '주택지구·주택가' 중에서도 살기에 적당한 지역이라는 긍정적인 이미지가 있다.

property는 집합적(properties)으로 '재산·소유물'이라는 의미이다. 또 '부동산' '대지'의 정식 명칭이기도 하다.

This is my property. (이것은 내 것이다.) 또 동의어로 estate, realty라는 단어도 있고, 부동산업자를 일반적으로 realty dealer라고 한다.

- **He deals in real estate.** (그는 부동산업을 하고 있다.)

뉴욕의 집값 시세는 확정적이지 않고 늘 오르락내리락한다. 물건은 한정되어 있고, 같은 조건이라도 집주인에 따라 가격 차이가 꽤 난다. 하지만 값이 싼 물건은 그럴 만한 이유가 있는 경우가 대부분이다. 확실한 물건은 맨해튼의 studio(일인용 원룸 맨션)인데, 1,000달러에서 1,500달러가 시세이다. 런던에서는 임대료가 주불이다.

```
THRU STREET
NO TURNS
UNTIL PARK AVE
```

우선 도로
파크 에비뉴까지
턴 금지

thru는 through의 단축형으로 '관통'을 의미하는 전치사이다. throughout도 마찬가지이다. '~를 통해' '~를 지나'라는 의미이다. turn은 '돌다' '회전하다' '방향을 바꾸다' '회전' '차례'를 의미하는 말이다. 영어에서는 by turn, in turn '차례대로'라는 숙어가 자주 사용된다.

until은 till과 같이 '~까지'라는 의미이다. 접속사와 전치사로 쓰인다.

① We should get to the station until 7o'clock.
(우리는 역에 7시까지 도착해야 한다.)
② We should get to the station until the train comes.
(우리는 열차가 오기 전까지 역에 도착해야 한다.)
①의 until은 전치사, ②의 until은 접속사이다.

park는 '주차하다'와 '공원'의 두 가지 의미를 가지고 있다. parking area, parking zone은 '주차장'이다. park는 어원적으로는 '토지를 둘러싸다'라는 뉘앙스이다. 그래서 주차와 공원의 의미로 파생한 것이다.

ave는 avenue의 생략형이다. '길'을 의미한다. 주소에 관한 영어는 중요하므로 알아두어야 한다.

① **street** 번지가 붙어 있는 대로. ~길, ~거리
② **boulevard** 대로. 프랑스어가 기원이며, 가로 명에 사용된다
③ **drive** 차도
④ **lane** street와 교차하는 길. 골목, 샛길
⑤ **walk** 지명과 함께 길 이름을 표시하는 경우가 있다
⑥ **thoroughfare** 주요 도로
⑦ **road** 도로, 차가 다니는 도로

하역 부두
입장 전용(도로)

우선 load는 '하적' '하물을 쌓다'라는 의미이다. road '도로'와 발음, 그리고 스펠링이 비슷하다.

- **You should take a load off Tom's mind.**
  (너는 톰의 마음의 짐을 덜어 주어야만 한다.)
- **I don't like to get on a loaded bus.**
  (나는 만원 버스에 타고 싶지 않다.)

dock는 '부두'라는 의미이다. '동물의 털 등을 깎다' '공제하다' '피고석' 등의 의미도 있다.

- **A big ship is in dock.** (한 척의 커다란 배가 부두로 들어오고 있다.)
- **My nephew is in the dock.** (내 조카가 피고석에 있다.)

be in dock는 '배 등이 부두에 있다', be in the dock는 '피고석에 있다'라는 의미이다. 정관사 the의 유무에 따라 의미가 달라진다.
entrance는 enter '들어가다'의 명사형이므로 '입장' '입구'를 의미한다.
entrance examination은 '입시'를 말한다.
lane은 '작은 길' '사선' '볼링이나 경기의 레인'을 의미한다.
작은 길을 의미하는 단어로는 path나 track 등이 있다. 위 표지판은 '부두에 하물을 운반하는 입장 전용 도로'라는 의미이다.

on sale

세일 중

쇼핑몰이나 거리에 늘어서 있는 가게의 유리 혹은 문에 SALE 표시가 있으면 그 가게의 상품 가격이 내려갔다는 것을 알 수 있다. 계절이 바뀔 때마다 재고를 정리하기 위해 세일을 하는 것이다.

Sale에 관한 표현을 살펴보도록 하자.
for sale → 파는 물건의, (특히 개인이) 팔기 위해 나온 경우
- His house is for sale. (그의 집은 팔려고 내놓은 상태이다.)

Not for sale 비매품

on sale → (가게 등에서) 파는 물건으로 내놓은, 특가로, 값싸게
- These products are on sale at any supermarket.
  (이 상품들은 어떤 슈퍼마켓에서나 팔고 있다.)
- These shoes were on sale, so I decided to buy them.
  (이 구두는 세일 중이어서 사기로 결정했다.)

sales check → 매상전표, 영수증
sales clerk → (매장의) 점원
sales engineer → 판매 담당 기술자, 세일즈 엔지니어
sales talk → (상품을) 잘 설득하여 파는 것, 말 잘 하는(설득력 있는) 의논
sales promotion → 판매 촉진 활동
sales tax → 거래세, 매상세(미국에서는 주마다 세율이 다르다)

고객 전용 화장실

restroom은 '화장실'이다. 화장실을 뜻하는 단어는 toilet이라는 직접적인 표현 이외에 몇 개 정도의 간접적인 표현이 더 있다.

lavatory '공공 화장실'

bathroom은 직역하면 '욕실'이지만 유럽에서는 유닛 배스(unit bath. 세면기, 욕조, 변기 등을 일체화한 곳-옮긴이)도 많기 때문에 화장실의 의미로도 사용된다.

powder room '화장하는 방'

● Where can I powder my nose?

이와 같이 여성이 화장실을 물을 때 사용한다.

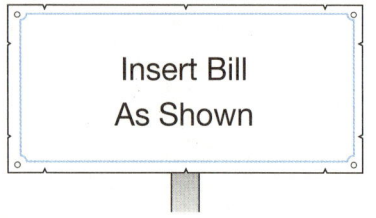

그림처럼 지폐를 넣으시오

insert는 '넣다'라는 의미이다. 코인을 넣을 때도 insert가 사용된다. bill은 '지폐'이다.

그 외에도 note, paper, money라는 말이 있다. bill에는 '청구서'의 의미도 있다. 계산하고 싶을 때 Bill, please.라고 한다. 그렇지만 이것은 영국식이며, 미국에서는 Check, please.라고 한다.

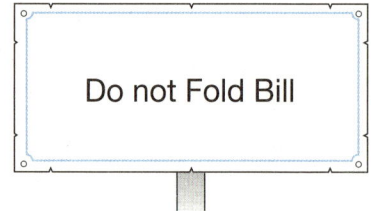

지폐를 구기지 마시오

fold는 '접다'는 뜻이다. 무언가를 둘로 부러뜨릴 때는 break를 사용한다. '무릎을 구부리다' 같은 때처럼 '구부리다'는 표현으로는 bend를 쓴다. 'Bend it like Beckham'이라는, 베컴 선수처럼 공이 휘어지는 킥을 하고 싶어 하는 축구 소녀 영화가 있었다.

불이 켜져 있을 때 사용 중지

out of service는 '사용 중지',

out of order는 '고장 중'을 의미한다. on은 '켜져 있는' 상태를 말하고, off는 '꺼져 있는' 상태이다. '텔레비전이 켜져 있다'도 TV is on.으로 표시할 수 있다. '켜져 있다'는 상태가 아닌, '켜다'라는 동작은 Turn on the light. (불을 켜라)로 turn을 사용한다. 그리고 담뱃불이라고 말할 때의 '불'은 fire가 아니라 light로 Do you have a light? (불 있니?)라고 말한다.

IN FIRE EMERGENCY DO NOT USE ELEVATOR

화재 시 엘리베이터 사용 금지

emergency는 '긴급사태, 비상사태'라는 의미이다.

in case of emergency의 형태로 '비상시에는'이라는 뜻이 된다. 구어에서는 '만에 하나를 대비하여'라고 할 때 Just in cased라고 하기도 한다.

긴급사태 시에는 '위험'이 수반되므로 위험을 표시하는 단어를 함께 알아 둔다.

danger → 훨씬 일반적인 위험
peril → 생명에 지장을 줄 만한 위험
risk → 예측하면서 자연히 갖게 되는 위험
hazard → 우연성이 강한 불가피한 위험

elevator는 '엘리베이터'이지만 이것은 미국식이고, 영국에서는 lift '리프트'라는 표현을 사용한다.

경찰, 소방차, 구급차를 부를 때는 ●●●번에 전화해 주십시오

ambulance는 '구급차'이다. 구급차로 운반되는 환자는 구급병원 'emergency hospital'로 가게 된다. 그리고 그 유명한 텔레비전 드라마 〈ER(=emergency room)〉 응급실로 운반되는 것이다.

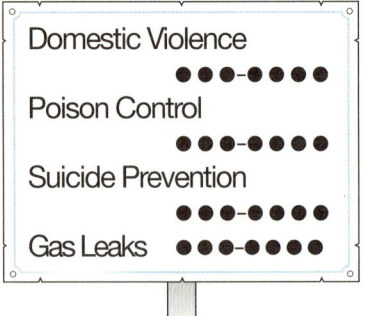

domestic violence는 '가정 내 폭력'으로 번역되며, 우리나라에서도 그 피해가 심각해지고 있다.

domestic에는 '①가정의 ②국내의'의 뜻이 있다. domestic production은 '국내 생산'이다.

poison control은 '알코올 조절(관리)'을 말한다. poison은 명사로, '독'을 뜻하지만 독이 된다는 의미에서 '술'이라는 의미로도 사용된다.

suicide prevention은 '자살 방지'이다. suicide가 '자살', commit suicide가 '자살하다'이다. 하지만 kill oneself라는 표현이 좀 더 흔하게 사용된다.

gas leak는 '가스 누출'이다. leak는 '물이 샘, 가스 누출' 외에 비밀이 새어 나가는 경우에도 사용된다.

● **You are the leak.**
(네가 비밀을 누설했다.)

뉴욕시 중요 전화번호

child abuse는 '아동 학대'이다.

abuse는 동사로서 '①남용하다 ②학대하다', 명사로 '①남용 ②험담 ③학대'의 뜻이 있다.

drug abuse는 '약물 남용'이란 뜻이며 특히 미국에서는 사회 문제 가운데 하나이다.

Crime Victims Hotline는 '범죄 피해자를 위한 핫라인'이다.

hotline은 '정부 수뇌 간의 긴급 직통 전화'이지만 이 경우엔 심리 카운슬링이나 소비자들의 문의에 사용되었다.

비둘기에게 모이를 주지 마시오

feed는 '먹을 것이나 모이를 주다'라는 뜻이다. 주로 동물이나 어린 아기에게 무언가를 먹일 경우에 사용된다. 금지 표현에는 일반적으로 Do not이 쓰이고, 회화에서는 Don't로 사용되는데 Do not은 약간 딱딱한 표현이다. 보다 엄격하게 금지한다면 forbid나 prohibit을 쓴다.

- **Smoking is strictly prohibited in the office.**
  (사내에서는 흡연을 엄금합니다.)

Clean up after your dog. maximum fine $100

개의 뒤처리를 깨끗이 하시오
벌금 최고 100달러

우리나라에서도 흔히 볼 수 있는 간판인데, fine $100이라고 벌금액이 확실히 제시되어 있다.

clean up은 '깨끗하게 청소하다'라는 뜻이다. maximum은 '최대의' '최대한'이라는 의미이다.

at the maximum은 '많아도', to the maximum은 '최대한으로'가 된다. 반대말은 minimum '최소의'이다.

fine은 흔히 알고 있는 '멋지다'라는 의미의 형용사가 아니라, '벌금'이라는 뜻의 명사이다. '~에 대해 벌금을 내다'는 pay after for~이다.

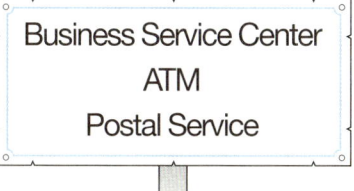

모두 친숙한 단어들이다. 그러나 이 단어들이 사용되는 숙어에는 중요한 것이 많다.

business는 '①임무, 본분 ②간섭해야 할 일 ③장사 ④직업 ⑤가게, 기업'을 의미한다.

- **Mind your own business.**
  (네 일에나 신경 써라.)
- **It's none of your business.**
  (그것은 너와는 관계없다.)

on business '사업상'도 중요하다.

우리나라에서도 ATM은 automatic teller machine의 약어로서 '현금자동입출금기'를 말한다.

postal service는 '우편 업무'이다. postal card는 '관제엽서', postal system은 '우편 제도'이다.

수하물 수취소

비행기에서 내려 출발할 때 맡겼던 짐을 찾을 때 볼 수 있는 것이 이 표시이다. baggage는 '여행 가방' '수하물'이라는 뜻이다. 영국에서는 보통 luggage가 사용된다. parcel은 운반, 우송용으로 종이에 싼 소포를 말한다.

claim은 '요구' '청구' (요구할) 권리, 자격' 등의 의미가 있다. 우리나라에서 불만의 의미로 쓰이는 '클레임'과는 다르다. 이 경우에는 complain 또 '클레임을 걸다'는 make a complaint를 사용한다.

UNAUTHORIZED PERSONS PROHIBITED BEYOND THIS FENCE

허가받지 않은 사람은 울타리를 넘을 수 없음

unauthorized는 authorized의 부정형이다. authorized가 '허가하다'이므로 이것은 '허가받지 않다'라는 의미가 된다. person은 '사람'이라는 의미로 복수형 persons를 쓰고 있는데 이것은 형식을 차린 표현이다. 보통은 people을 사용한다.

prohibit은 '금지하다'라는 의미의 동사이다. 같은 의미로 ban이라는 단어가 있으며, 신문의 광고 등에서 흔히 사용된다.

beyond는 '~을 넘어' '~을 향해'라는 의미의 전치사이다. 보통은 이처럼 위치를 나타내는 의미보다 아래와 같이 사용하는 일이 많다.

- **The Japanese country is beautiful beyond description.**
  (일본의 전원은 말로 이루 표현할 수 없을 정도로 아름답다.)

```
┌─────────────────────┐
│  PRIVATE PROPERTY   │
│  FOR RESIDENT'S     │
│     USE ONLY        │
└─────────────────────┘
```

사유 재산, 거주자 외 사용금지

private는 '①사적인 ②비밀의 ③사립의'라는 의미이다. 반대말은 public '①공중의 ②공개의 ③공립의'이다. private school은 '사립학교', public school은 '공립학교'이다. property는 '①재산 ②소유물'이다. private property의 형태로 변해 '사유지'를 뜻한다. a man of property는 '자산가', resident는 '①거주자 ②(호텔 등의) 투숙객'이다.

- **Restaurant opens to residents only.**
  (레스토랑은 숙박객만 이용할 수 있습니다.)

summer resident는 '피서객'.

```
┌─────────────────────┐
│ VIOLATORS WILL BE   │
│    PROSECUTED       │
└─────────────────────┘
```

위반자는 기소됨

violator는 '위반자' '방해자'를 뜻한다. 동사 violate에서 파생한 단어이다. 특히 violate는 regulation '정해진 규칙'을 위반하는 것을 가리킨다. 개인적인 약속인 promise를 위반하는 경우는 보통 break가 사용된다. prosecute는 '범죄로 기소되다'라는 의미이다.

- **He was prosecuted for stealing.**
  (그는 절도죄로 기소되었다.)

prosecutor는 '기소하는 사람', 즉 '검찰관'이라는 의미의 명사이다.

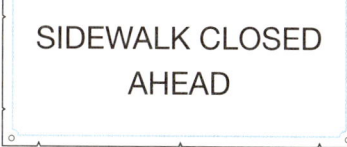

전방 보도 폐쇄됨

sidewalk는 '보행자 도로'이다. 영국에서는 pavement가 같은 의미로 사용되고 있다. 차도는 roadway이며, 영국식으로는 carriage way이다.

close는 여러 의미를 나타내지만 일반적으로 '장소를 폐쇄하다' '침입을 금지하다'와 같이 사용한다.

ahead는 '전방에, 앞으로'라는 의

미로 덧붙인 부사이다.

① **Go ahead, I will follow you.**
(앞으로 나가라. 따라가겠다.)

② **Danger Ahead!**
(전방에 위험물 있음!)

보행자는 반대편 보도를 이용하여 주십시오

pedestrian은 '보행자'라는 뜻이다. pedestrian crosswalk는 '횡단보도'이다. 영국식 표현은 pedestrian crossing이다.

opposite는 '반대의, 건너편 길의, 정반대의'라는 의미이다. 아주 비슷한 말인 contrary는 대립 또는 적의까지 암시하는 데 비해 reverse는 인접해 있는 방향, 순서가 거꾸로 되었다는 것을 의미한다.

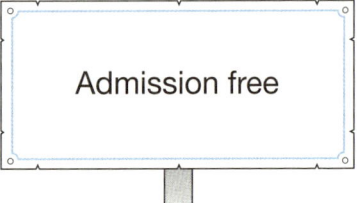

입장 무료

'12세 미만은 성인 동반에 한해 무료'라고 하는 표현은,

● **Children under 12 free if accompanied by an adult.**

accompany는 '동행하다, 동반하다'이며 be accompanied by~의 형태는 '~와 동반하다'이다.

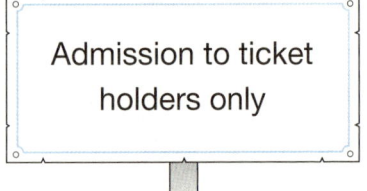

입장권 소지자만 입장할 수 있음

Admission by ticket도 같은 의미이다. admission은 '입장, 입회, 입학'이다. holder는 '보유하다, 쥐다'라는 뜻의 동사에서 나온 단어이다.

```
For more information,
visit our website,
www.abc.com
```

자세한 것은 우리 홈페이지를 보십시오

for는 '~을 위해'이며, more는 much의 비교급으로 '좀 더 많은'의 뜻이다. 직역하면 '우리 홈페이지를 방문해 주십시오.'이다.

임대료 주당 200달러부터~

rent는 '지대, 임대료, 사용료'이다. p/w는 per week의 약어로 '한 주당'이라는 의미이다.

급구

구직 중인 사람들에게 반가운 광고이다. 이런 광고의 경우는 급구인 데다가 no experience required '경험 불문'인 경우도 많기 때문이다.

urgent는 '박두한, 긴급의'를 뜻하는 형용사, urgently는 그 부사이다.

need는 '필요하다'이며, needed는 '필요로 하고 있는' 상태이다.

volunteer needed라고 하면 '자원 봉사자 모집'이 된다.

```
Do not alight while
the bus is in motion.
```

버스가 이동 중에는 일어서지 마시오

alight는 '서다'의 딱딱한 표현이다. while은 '~하는 동안'을 의미하는 접속사이다. 전치사 during도 '~동안'을 뜻하지만 뒤에 명사밖에 올 수 없다.

in motion '움직이고 있다'도 딱딱한 표현으로 while the bus is running '버스가 주행 중' 정도로 생각하면 된다.

전방 공사 중

construction은 '건조, 건축, 건설'이라는 뜻이다. 이것은 '건설 중'이라는 의미이기도 하지만 알기 쉽도록 '공사 중'이라고 표현했다. under construction도 같은 의미이다.

역방향

'잘못 들어온 길', 즉 '반대 방향으로 달리고 있다'는 것을 가리키는 표시이다.

정차 금지

any time이므로 어떤 시간대에도 주차할 수 없다.

가격이 예고 없이 변경되는 경우가 있습니다

price는 '가격', be subject to~는 '~하기 쉽다, ~되는 경우가 있다'라는 숙어이다.

without은 '~없이', prior는 '앞의, 사전의'라는 의미의 형용사이다.

notice는 여기에서는 '통지, 알림, 예고'이다.

책 구입 시 10달러 당 한 번씩 사은 카드에 도장을 찍어 드립니다

loyalty는 '충의, 충실, 성실'이라는

뜻이고, loyal customer는 '단골' '우수 고객'을 뜻한다.

receive는 '받다', stamp는 명사로 '날인, 스탬프'이다. spent는 spend의 과거분사형으로 '지출하다, 쓰다'이다. on을 수반하여 '~에 지출하다'가 된다.

8번의 도장을 찍으면, 다음 번 구입 시에 5달러를 할인해 드립니다

이것은 고객의 소비를 유도하기 위한 '스탬프 카드'이다.

take $5 off는 '5달러를 할인하다'라는 뜻이며, purchase는 '구입'이라는 명사이다.

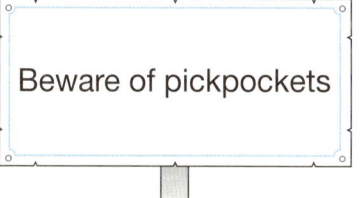

소매치기 주의!

전철 등에서 흔히 볼 수 있다.

beware는 '방심하지 않다, 주의하다'라는 뜻의 동사로 of와 함께 쓰인다. pickpocket은 '소매치기'이다. pick '훔치다, 속이다'와 pocket '호주머니'의 합성어이다.

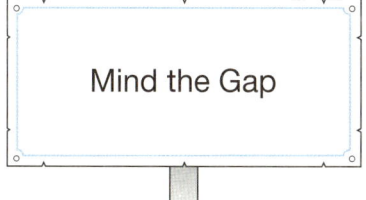

발밑을 주의하시오

런던 지하철에서 자주 방송된다. 홈과 전철 사이가 넓기 때문에 주의를 환기시키려는 것이다.

여기에서 mind는 '주의하다, 조심하다'라는 동사이다.

오늘 공연은 취소되었습니다

```
┌─────────────────────────┐
│  EARLY BIRD SPECIAL     │
│    12.65 PLUS TAX       │
└─────────────────────────┘
```

early bird는 '일찍 일어나는 사람'을 가리킨다.

- **The early bird gets the worm.**
  (일찍 일어나는 새가 모이를 얻는다.)

즉 실제로 일찍 일어나면 이득을 볼 수 있다는 것을 알리는 간판이다. 여기서는 아침 일찍 입장하는 경우 싼 요금으로 주차할 수 있다는 뜻이다.

덧붙여, 속담에 있는 worm은 새가 좋아하는 '벌레'이다.

special은 우리나라에서도 똑같은 의미로 쓰이는 단어인데 몇 개 정도 기억해 두면 좋을 용법이 있다.

- **Nothing special.** (별거 아니야.)

뭔가 물어왔을 때의 응답이다.

Today's special.이라고 말하면 '오늘의 추천 메뉴'라는 뜻이다.

```
┌─────────────────────────┐
│    ENTER 1AM-10AM       │
│     UP TO 12HRS         │
└─────────────────────────┘
```

오전 1시부터 오전 10시 사이에 입장할 경우 12시간까지

up to는 여기에서는 '~까지'를 의미한다. 구어에서도 흔히 사용되는 용법으로 It's up to you. (너에게 달려 있다.)가 있다. 이것은 상대에게 결정을 맡길 때 쓰는 표현이다. up to date '최신식의' '뒤떨어지지 않게'의 의미도 있다.

- **Keep up to date with the latest fashions.**
  (최신 패션에 뒤떨어지지 않도록 해라.)

```
┌─────────────────────────┐
│   NOT RESPONSIBLE       │
│   FOR THEFT OR          │
│  DAMAGE TO VEHICLES.    │
└─────────────────────────┘
```

차량의 도난이나 손상에 대해 책임을 지지 않음

be responsible for~는 '~의 책임이 있다'라는 의미이다. 이 문장에는 We be가 생략되어 있다.

theft는 '도난, 절도'라는 뜻이다.

damage는 '손해'와 같이 명사로도 쓰이고, '손해를 입히다'라고 동사로도 쓰인다.

vehicle은 '교통수단'을 가리키는

단어로 [víːikəl]이라고 발음한다.

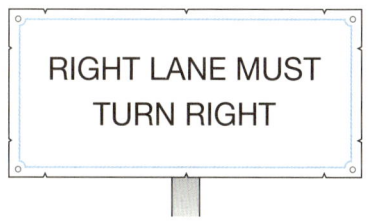

우측 차선, 우회전만 됨

lane은 여기에서는 '차선'을 의미한다. traffic lane이라고도 한다. 교통 표지에서 흔히 볼 수 있다.

- **Fewer Lane Ahead**
  '전방 차선 감소'
- **Passing Lane Ahead**
  '전방 추월 차선 있음'

must는 '~해야만 한다'는 의미의 조동사이다. turn right는 '오른쪽으로 꺾다'이다. 여기에서는 동사로 사용되고 있는데, 명사 turn은 '회전' '갈림길' '변화' '차례'라는 의미가 있다.

- **It's my turn.** (내 차례다.)

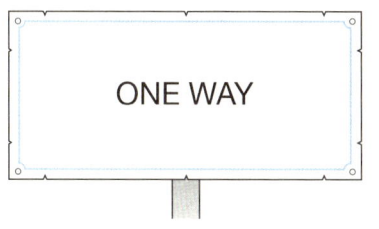

일방통행

one-way street은 일방통행 길을 가리킨다. one-way window라고 하면 한쪽에서만 투시할 수 있는 창을 말한다.

진입 금지

enter의 명사형은 entry '들어감, 입장'이다. No entry는 '출입 금지'라는 의미이다.

entrance는 '입구' '입학'이라는 의미로, entrance exam은 '입시'이다.

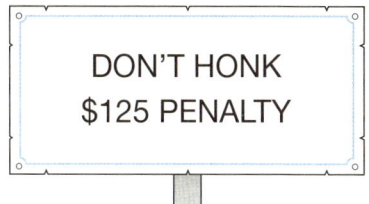

경적 금지 벌금 125달러

이것은 함부로 클랙슨 울리는 것을 금지하는 표지이다.

honk는 '경적을 울리다'라는 동사

로, '자동차의 경적을 울리다'는 honk the horn이다. penalty는 '형벌, 벌금'이라는 뜻이다.

- The penalty for this offense is a life sentence.
(이 죄에 대한 벌은 종신형이다.)

```
NO PARKING SATURDAY
WARNING
YOU WILL BE TOWED!
```

토요일 주차 금지
경고! 자동차 견인!

park는 '주차하다'라는 동사이다. '주차장'은 parking lot이다. 영국에서는 car park라고 한다. 주차장이 어디 있는지 모를 때는,

- Where can I park the car?
(어디에 주차할 수 있습니까?)

라고 물어보면 된다.

warning은 '경고'이다. warning의 동사형은 warn '경고하다'이다. 상대에게 주의를 촉구할 때는,

- I'm warning you. (조심해라.)

라는 식으로 사용한다.

tow는 '(자동차나 배를) 줄로 당기다' '견인하다'는 의미의 동사이다. tow truck은 wrecker '레커차'이다.

```
DON'T BLOCK
THE BOX
```

교차로에서 정차하지 마시오

block은 길이 뭔가에 막혀 다닐 수 없는 상황을 가리킨다. traffic block이라고 하면 '교통마비, 정체'를 말한다.

box는 여기에서는 '교차로'를 가리킨다.

```
Go Slow
```

서행

Drive Slow, Slow down도 사용된다. Slow down to limit는 '매우 서행'이 된다.

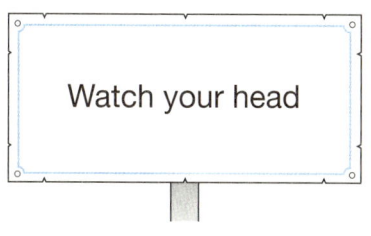

머리 조심

영국에서는 Mind your head.라고 한다.

watch는 친숙한 단어로 위의 문장은 직역하면 '자신의 머리를 보라', 즉 '머리 위를 조심하라'는 의미로 '머리 조심'이 된다.

mind는 여러 의미가 있지만 여기에서는 '주의하다' '조심하다'라는 의미로 사용되고 있다.

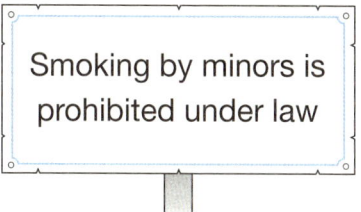

미성년의 흡연은 법률로 금지되어 있습니다

minor는 형용사로는 '①이류의 ②부차적인' 등의 의미가 있다. 명사로는 '①미성년자 ②부전공'이라는 의미이다. 반대말은 major이다.

prohibit는 동사로 '금지하다'라는 뜻이다.

law는 여러 의미가 있지만 '법, 법률'이 일반적이다. under law는 '법률적으로'라는 의미이며, by law도 같은 의미로 사용된다.

쓰레기를 버리지 마시오

dump는 '(쓰레기를) 내버리다, 투기하다'라는 의미이다.

dump truck은 '덤프트럭'이다.

담배는 죽음을 초래한다

상당히 강한 경고다. 영국에는 공원의 반 정도가 이 표시로 덮여 있다.

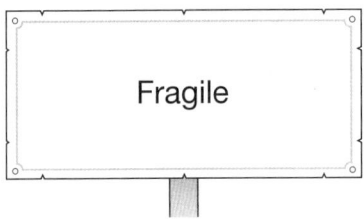

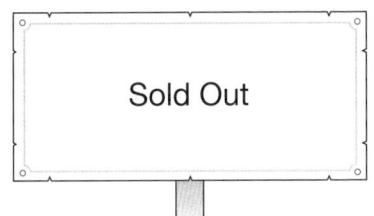

파손 주의

fragile은 [frǽdʒail]이라고 발음한다. '깨지기 쉬운, 무른, 연약한'이라는 의미의 형용사이다.

매진

sold는 sell '팔다'의 과거, 과거분사형이다. 콘서트의 티켓 등이 다 팔렸을 때도 사용한다.

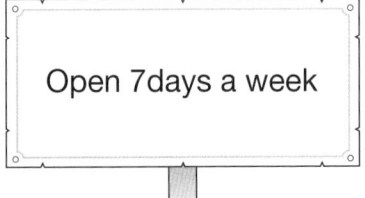

오늘 영업 끝났습니다

Closed이라는 푯말이 가게에 걸려 있으면 '오늘 폐점'이라는 의미이다. Closed until further notice는 '당분간 휴업한다.'라는 의미이다.

further는 '장래의, 앞으로의'라는 의미이며, notice가 '게시, 알림' 등을 의미하고 있다.

연중무휴

일주일 중 7일 동안 열려 있다는 소리는 쉬지 않는다, 즉 무휴라는 뜻이다. 이밖에도 24 hours everyday, 365 days a year이라고 하기도 한다.

비매품

for sale은 '특가로, 특매로' 라는 의미이다. 같은 의미로 on sale도 있다. 여기에 not이라는 부정어가 붙어 '비매품' 이 된다.

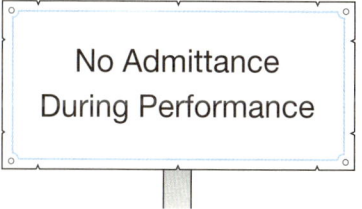

공연 중 입장 금지

admittance는 '입장' 이라는 의미의 명사이고, during은 '~의 동안에' 라는 의미의 전치사이다.

performance는 '실행, 동작, 행위, 공연, 능력' 등 여러 의미를 가지고 있지만 여기서는 '공연' 이라는 뜻으로 사용되었다.

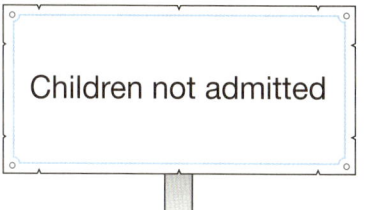

어린이의 입장을 금지합니다

admit은 '(입장을)허가하다' '인정하다' 라는 의미의 동사다. allow라는 단어도 비슷한 의미를 가지고 있다.

- **Dogs are not allowed in this park.**
(이 공원에 개를 데리고 들어와서는 안 됩니다.)

여기에서 allow는 '허가하다' 라는 의미이다.

덧붙여 allow는 [əláu]로 읽는다. '애로우' 라고 발음하면 arrow '화살' 이라는 의미가 되어 버리니 주의해야 한다.

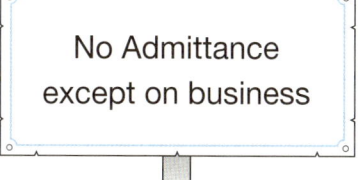

관계자 외 출입 금지

except는 '~를 제외하고, ~외에는' 이라는 의미의 전치사이다. 명사는 exception이고, 의미는 '제외' '예외' 이다. on business는 '사업상' '일로' '용건으로'라는 의미다.

- **He went to New York on business.**
(그는 출장으로 뉴욕에 갔다.)

경험 불문

experience는 명사로 '①경험 ②체험'을 말한다. require는 동사로 '①요구하다 ②필요로 하다'라는 의미이다. 여기에서는 required가 되어 과거분사형으로 사용되었다.

초보자 환영

entry-level은 '입문 단계의, 초보적인'이라는 의미이다. Welcome은 '환영하다, 어서 오십시오'라는 의미이다.

사용 중

화장실이나 욕실 등에서 볼 수 있는 표시이다. occupy는 동사로 '점령하다' '점유하다' '차지하다'라는 의미이다.

예약석

레스토랑 등에서 이 푯말이 있는 자리에는 앉아서는 안 된다.

reserve는 '(자리 등을) 예약해 두다'라는 의미이다. 명사형은 reservation '예약'이다.

아울러, make a reservation은 '예약을 하다'이다.

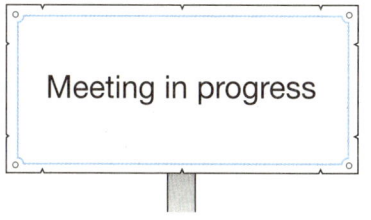

회의 중

meeting은 '회의'이다. 이밖에도 conference, convention, session 등이 있다. progress는 '진행, 전진, 진보, 발달' 등의 의미가 있다.

페인트칠 주의

fresh는 '새로운' '갓 만들어진' '생생한' '갓 낳은' 등을 의미하는 형용사이다. paint는 '도료' '페인트'이다. 영국에서는 Wet Paint라고 한다. wet는 '습하다' '젖다'라는 의미의 형용사이다.

여름 바겐세일 50% 인하

sale은 '판매' '파는 행위' '싼 값'을 의미한다. bargain '바겐'도 같은 뜻이지만 bargain은 '판매 계약' '거래' '특가품'이라는 의미로 사용한다. save에는 '구하다' '저금하다' '절약하다' '남겨두다' 등 많은 의미가 있다.

up to~는 여러 의미가 있지만 여기에서는 '~까지'라는 뜻이다.

Save up to 50%는 '50%까지 절약하자', 즉 '50% off'라는 뜻이다.

수프 키오스크
우리 가게만의 독자적인 브랜드를 자신 있게 제공합니다

Kiosk(키오스크)는 원래는 터키어

로 '정자(亭子)'를 뜻하지만 영어에서는 '매점' 등을 가리킨다. 이것은 수프 전문 키오스크의 간판이다. proudly는 '자랑스럽게' '자신 있게'라는 의미의 부사이다.

serve는 원래 '(사람, 신, 나라)에 봉사하다'라는 의미인데, '(식사를) 내오다' '쓸모가 있다' 등의 의미가 있다. serve 하는 사람은 servant '고용인, 하인'이 된다. brand는 '상표, 품종'을 의미한다.

BUFFET LUNCH ALL YOU CAN EAT

뷔페 런치 무제한

BUFFET LUNCH는 셀프 서비스 점심을 말한다. All you can eat은 직역하면 '당신이 먹을 수 있는 모든 것'이라는 알기 어려운 문장인데 요컨대 제한 없이 마음껏 먹으라는 '무제한 식사'를 말하는 것이다.

PICTURE I.D. REQUIRED FOR ALL CREDIT, DEBIT, & CHECK TRANSACTIONS

신용카드, 직불카드, 수표 사용 시 사진이 부착된 신분증명서 필요함

picture는 '그림' '사진' '영화' 등을 의미하는데, 여기서는 '사진'을 말한다. I.D.는 identification card의 약어이다. credit는 '신용카드'를 말한다. debit은 '직불카드'로 바로 물건 값을 지불할 수 있는 은행의 현금 카드이다.

check는 동사로는 '점검하다' '맡기다', 명사로는 '점검' '감정' '수표'라는 의미가 있다. 여기서는 '수표'다. transaction은 '처리, 거래'라는 의미의 명사다.

KEEP AN EYE OUT FOR CRIME

범죄로부터 눈을 떼지 마시오

범죄를 신고한 사람에게 보상금

(reward)을 지불한다는 취지의 문구이다.

keep an eye out~은 '긴장하고 있다, 주의하고 있다'는 의미의 숙어이다. crime은 '범죄'라는 의미이다. crime에는 murder '살인'이나 theft '절도'가 있다.

범죄라고 하면 '유죄' guilty와 '무죄' not guilty가 생각날 것이다. 미국 법정에서는 무죄를 언도할 때 innocent가 아닌 not guilty를 사용한다.

고객 보관용입니다

영수증 밑을 보면 위와 같은 문장이 있다.

retain은 '보관하다, 보유하다'라는 의미의 동사이다. record의 악센트는 제1음절에 있다. '기록, 증거, 성적, 이력, 전과'라는 의미가 있다. 동사의 경우에는 제2음절을 강하게 발음한다. 의미는 '기록하다'이다.

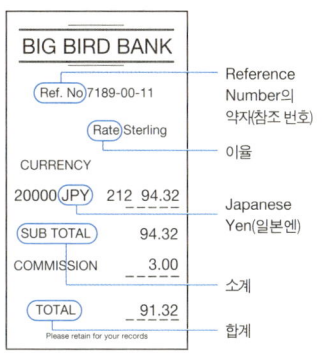

sub total은 '소계'이다.

commission은 명사로 '위임, 임무, 대리, 수수료, 위원회' 등의 뜻이다. 여기에서는 '수수료'이다. total은 '합계'이며, in total이라고 하면 '모두 합쳐, 전부'라는 의미가 된다.

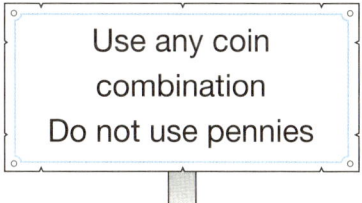

어떤 동전도 OK. 단, 1센트 동전은 사용하지 마시오

자동판매기(vending machine) 등에서 볼 수 있는 표시이다.

coin은 '동전'이다. 지폐는 bill, note라고 한다. combination은 '결

합, 아주 어울림'이다. 미국에서 1센트는 penny이다. 10센트는 dime, 25센트는 quarter, 50센트는 1달러의 반이므로 half-dollar가 된다.

전자레인지에서 조리하지 마시오

파스타 등을 사서 포장지 뒷면을 보면 이렇게 적혀 있다.

microwave oven은 '전자레인지'다. electronic oven이라고도 한다. oven은 '아궁이, 화로, 오븐'을 의미한다. 우리나라에서는 range '전자레인지'라는 말을 쓰고 있다.

suitable은 '적당한, 어울리는'이라는 의미의 형용사이다.

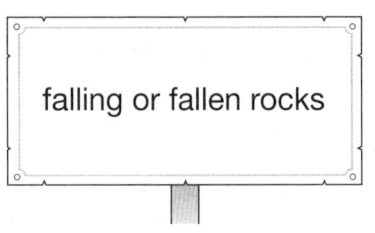

낙석 주의

fall은 '떨어지다, 낙하하다, 구르다, 내리다' 등의 뜻을 가진 동사이다. falling은 '떨어지고 있다'이며, fallen은 '떨어졌다'라는 과거분사형이다.

면회 사절

환자가 중병이어서 면회를 할 수 없는 경우 병실 문에 걸려 있다. visitor가 '방문자, 손님, 문병객'이라는 의미이며, 동사 visit에서 파생한 말이다.

원하는 항목에 표를 하시오

mark는 '도장을 찍다'라는 의미의 동사이다. desire는 동사로 '바라다, 갖고 싶다'는 뜻이며, 명사로는 '욕망'을 뜻한다. item은 '항목' '조항'

'종목' 이라는 의미의 명사이다.

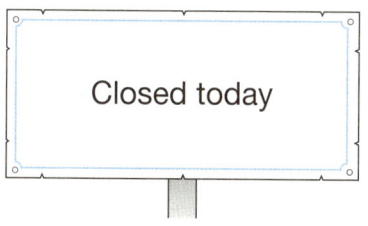

금일 진료 없음

영국에서는 No surgery today이다. surgery는 명사로 '외과, 진료, 수술' 이다.

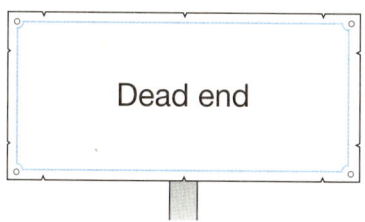

막다른 곳

도로 등의 막다른 곳을 의미한다. 상황이 막다른 곳에 이르렀다는 의미도 있다. 이때의 '막다른 곳' 은 deadlock이라고 말하는 것이 일반적이다. dead는 '죽다' 라는 형용사이고, end는 '끝, 종말' 이라는 의미의 명사이다.

출구

미국에서는 exit라고 한다. 고속도로 등의 출구는 exit이고, 입구는 access이다.

way in은 '(극장 등의) 입구' 라는 의미다.

환전소

런던의 거리를 걷다 보면 자주 보이는 간판이다. bureau는 명사로 '국, 사무소' 등의 뜻이다. de는 of와 거의 흡사한 뜻으로 '~의' 혹은 '~에 대해' 라는 의미이다. [di 디]라고 발음한다.

change는 명사로는 '변화' '교환' '거래소' '환전할 돈, 거스름돈' 등을 뜻한다.

CURRENCY EXCHANGE도 마찬가지로 '환전소'이다. currency가 '통화', exchange가 '교환하다'이다.

반액, 할인 및 특가 티켓!

half는 '반, 1/2'이다.

discount는 동사로 '할인하다', 명사로 '할인, 값을 깎음'이라는 의미이다. budget은 명사로 '예산, 저금'이라는 의미와 형용사로 '싼, 사면 이득이 되는'이라는 의미가 있다.

budget floor는 '염가 특설 매장'이다.

오사카 행은 당 역에서 갈아타시오

모든 승객은 갈아타시기 바랍니다

전철을 타고 종점에 오면 나오는 방송이다. change는 여기서는 동사로 '갈아타다'라는 의미로 사용되고 있다. change trains는 '전철을 갈아타다'이다. train이 복수형인 것은 타고 있던 전철과 앞으로 타게 될 전철 두 종류가 있기 때문이다.

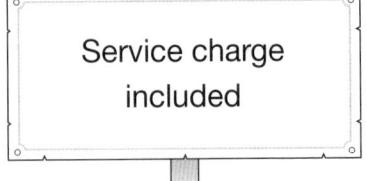

서비스 요금 포함

charge는 명사로 '청구 금액, 대가, 요금'이며, 동사로 '청구하다, 부담하다'는 뜻이다. charge는 서비스, 노동 일반에 대한 요금이며, 의사나 변호사 등 전문직 서비스에 대한 대가에는 fee가 쓰인다. include는 '포함하다, 계산에 들어 있다'는 의미의 동사이다.

우측에 서 주십시오

이것은 에스컬레이터에서, 급한 사람들을 위해 오른쪽으로 비켜 서 달라는 의미이다.

자유롭게 드십시오

스탠딩 파티 등에서 이런 말을 자주 듣게 된다. 식당에서 help-yourself라고 하면 '셀프 서비스'라는 의미이다.

구인

종업원을 모집하는 곳에 붙어 있는 표시이다. wanted만 있다면 '사람 찾음, 지명 수배'라는 의미가 된다. want의 과거분사형이다.

자유롭게 가져가십시오

대체로 Free '무료'라는 말도 붙는다. 가게에 놓여 있는 팸플릿(brochure) 옆에 적혀 있다. take는 이 경우 단순히 '가져가다'라는 의미의 동사이다.

재고 있음

stock은 '저축, 재고, 스톡, 주식'이다. in stock은 '재고가 있다'라는 숙어이다. 반대로 '재고 없음', 즉 '품절'은 out of stock이다.

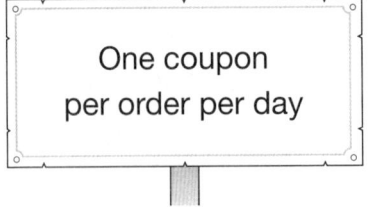

1일 1주문당 1쿠폰

coupon은 흔히 사용하는 말로 '우대권, 경품권'이다. per는 '~당'이라는 의미로 per week라면 '일주일당'이 된다.

출발 편

차로 공항을 가다 보면 반드시 나오는 것이 이 표지판이다.

arrive는 동사로 '도착하다'는 의미이다. flight는 명사로 '나는 행위, 비행, 정기 편, 비행기'라는 의미이다. flight attendant는 '비행기 승무원'이다. depart는 동사로 '출발하다, 가다'라는 의미이다. departure는 명사로 '출발, 여행을 떠남, (방침 등의) 새로운 발전'이다.

departure lounge는 공항의 '출발 로비'를 가리킨다.

도착 편

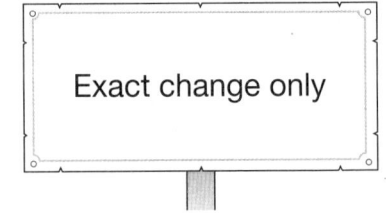

거스름돈 없음

exact는 '정확한, 적확한'이라는 뜻의 형용사이다. accurate '적확한'도 같은 의미의 형용사이다.

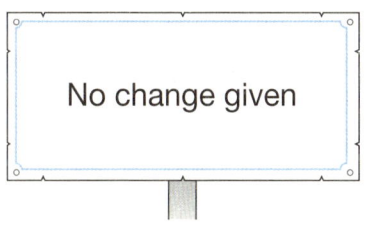

잔돈 없음

이것도 Exact change only와 같은 뜻이다. Exact cash only라고 표현하기도 한다.

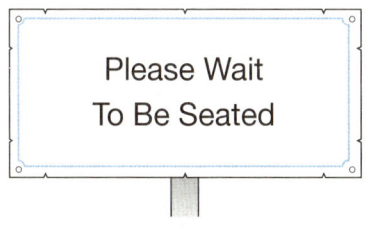

자리를 마련할 때까지 기다려 주십시오

직역하면 '착석하기 위해서 기다려 주십시오.'라는 말이다. 즉 자리에 앉지 말고 담당자가 올 때까지 기다려 달라는 뜻이다. 이에 반해 Please be Seated Yourself라는 안내문이 있으면 '자유롭게 앉아 주십시오'라는 뜻이다.

행방불명(실종)

miss는 '떼어내다, 차를 놓치다, 간과하다, 결석하다, 허전하게 생각하다' 등 여러 의미가 있다. missing은 '행방불명'이라는 의미이다.

살인용의자 지명 수배

wanted는 want의 과거분사형으로 광고 등에서는 '~을 구하다, 모집'이라는 형태로 쓰이지만 여기에서는 '지명 수배 중'이라는 의미이다.

wanted list라고 하면 '지명 수배자 목록'이다.

승차하기 전에 반드시 티켓을 구입하시오

must는 '~해야만 한다'라는 의미의 조동사이다. purchase는 '사다, 구입하다'이며, buy보다 약간 딱딱한 표현이다.

board는 동사로 '타다, 탑승하다', 명사로는 '판, 보드, 위원회' 등의 의미가 있다. board of directors는 '이사회'이다.

빈방 없음 / 빈방 있음

vacancy는 '공허, 빈곳, 빈방, 결원'이라는 뜻이다. 호텔 등에 이 사인이 있다면, fully booked '예약이 완료' 된 상태를 의미한다. 반대로 vacancies는 '빈방 있음'이다.

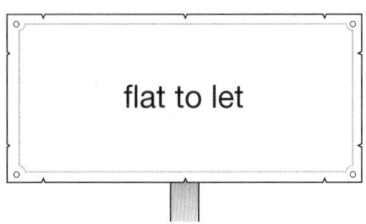

방 있음

flat은 '아파트'와 비슷한 의미로, 한 집의 몇 개 되는 방을 몇 명 정도가 공동으로 사용하는 주거 형태를 말한다. let은 '빌리다'이다.

속도를 줄이시오

reduce는 '위축되다, 떨어뜨리다, 빠지다'라는 의미이다. speed는 친숙한 말로, '속력, 속도'이다. Slow down도 '속도를 줄여라'는 의미이다.

> Please ask at the box office for details

자세한 것은 매표소에 문의하십시오

box office은 '티켓 판매소, 매상, 수익'을 말한다. box-office hit는 영화에서 관객 동원 수가 많은 것을 말한다. detail은 '세부, 상세'라는 의미의 명사이다.

> Not in conjunction with any other offer

다른 할인 서비스와 함께 사용할 수 없습니다

conjunction은 '결합, 합동'이라는 뜻이고, in conjunction with~는 '~와 함께'라는 의미의 숙어이다. offer는 '제출하다, 제공하다, 팔다, 바치다, 준비하다' 등의 뜻이다. 여기에서는 명사로 '제출, 매출'이라는 의미이므로 '할인 서비스'를 말하는 것이다.

> take-out & delivery Pizza

피자 포장 및 배달

take out 또는 take away는 '가지고 돌아가다'라는 뜻이다. 미국에서는 to go라고도 한다. Take out of Eat in?은 '포장인가요, 아니면 가게에서 먹을 건가요?' 하고 묻는 것이다. delivery는 '배달하다'이다. free delivery라는 표시가 있으면 '무료 배달'이다.

> ticket /
> By post or in person from the Gallery

티켓
우편 또는 갤러리에서 직접 구입하십시오

팸플릿 안에 흔히 적혀 있다. post는 '우편을 보내다'이며, 영국에서 쓰인다. 미국에서는 mail이다. in person은 '직접, 순수의'라는 의미인데, by phone '전화로'가 아니라 '직접 만나자'라는 말이다.

face-to-face '얼굴을 마주 보고'에 가까운 이미지이다.

gallery는 '미술관, 갤러리'이다.

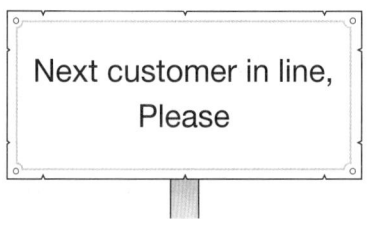

다음 손님 오십시오

customer는 '고객, 거래처'의 의미이다. 여기에서 line은 '열, 차례'이며, in line은 '한 줄로'라는 의미의 숙어이다.

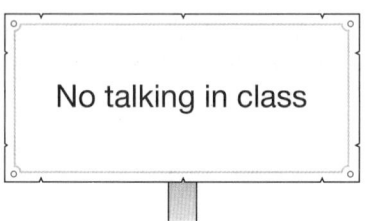

수업 중 잡담 금지

in class는 '수업 중'이라는 뜻이다.

수리 중

under는 자주 사용하는 단어이지만 여기에서는 '~ 중'이라는 의미이다. repair는 '수리하다, 정정하다'라는 동사이다.

손님 일인당 한 점 제한

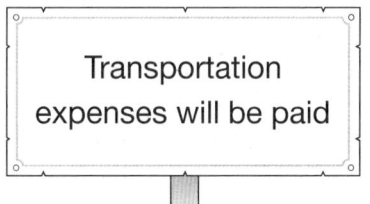

교통비 지급

구인 모집 광고를 볼 때 간과하게 되는 중요한 것이 교통비이다.

transportation은 '수송, 교통기관, 운임, 교통비'이다. expense는 '지출, 출장비, 비용'이다.

버스는 5분 간격으로 운행됩니다

bus stop '버스 정류장'에 time table '시각표'가 없는 경우 작게 이 문구가 적혀 있다.

run은 '달리다, 입후보하다, 경영하다, ~을 무릅쓰다' 등의 뜻으로 여기에서는 '달리다'라는 의미의 동사로 쓰였다.

every는 '~마다'이고, every week는 '매주', every other day는 '하루마다'를 의미한다.

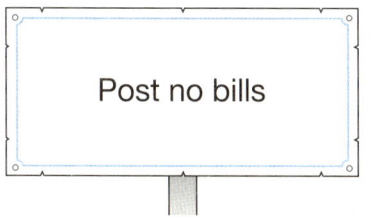

포스터 부착 금지

post는 '붙이다, 포스트하다, 게시하다'이다. stick '붙이다, 부착시키다'도 쓴다. bill은 여기에서는 '전단지, 포스터, 광고'의 의미이다.

만지지 마시오!

hand '손'을 off '떼다'라는 것은 '만지지 말라'는 뜻이다.

바닥이 젖어 있음

wet은 '축축하다, 젖다'라는 뜻의 형용사이다.

비오는 날 같은 때 주의를 환기시키기 위해 부착하는 표시이다.

조심하시오!
attention은 '주의, 유의'라는 의미의 명사이다.

전진!
군대에서 호령으로 사용된다.

발사!
Fire라고 외치면 '불이야!'라는 의미도 된다.

사격 중지!
cease는 '멈추다, 끝내다'라는 의미의 동사이며, cease-fire는 '전투 중지'이다.

오늘만 유효
valid는 '근거가 확실한, 확고한, 유효한'이라는 의미의 형용사이다.

valid '유효한'의 반대말은 void '무효의'이다.

10달러 할인권

off는 '가격을 할인하다' 라는 의미이다. voucher는 '할인권' 이다.

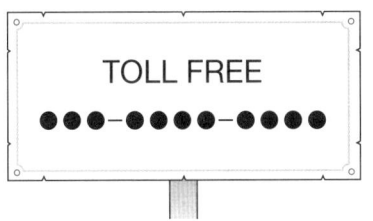

무료 전화 ●●●-●●●●-●●●●

toll은 '사용료, 요금' 이다. toll이 free(무료)이므로, '무료 통화' 이다. toll gate는 '요금소' 이다.

옆 창구를 이용해 주십시오

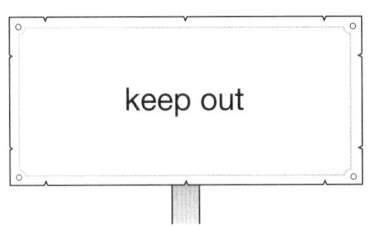

출입 금지

이 앞에 Danger! '위험!' 이 붙는 경우도 있다.

서명 - 서명이 없는 카드는 사용할 수 없습니다

신용카드 등의 뒷면에서 이 표시를 볼 수 있다. authorize는 '공인하다, 정당하다고 인정하다' 라는 동사이다. signature는 '서명' 이고, sign은 '서명하다' 라는 동사이다.

valid는 '유효한' 이라는 뜻의 형용사. unless는 '만약 ~하지 않는다면' 이라는 의미이다. 그래서 여기에서는 '서명이 없으면 무효' 라는 의미가 된다.

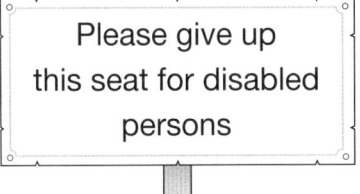

장애인에게 좌석을 양보합시다

give up은 '포기하다'라는 숙어이다. give up smoking은 '금연하다'이다.

여기에서는 '자리를 포기하다', 즉 '누군가에게 양보하다'라는 뜻으로 생각할 수 있다.

disabled persons는 '장애인'을 말한다.

If found, please hand it into any of our branches.

습득 시 가까운 지점으로 연락바랍니다

카드를 분실했을 때 주운 사람이 착한 사람이라면 이 말대로 할 것이다.

hand는 '전하다, 건네다'라는 의미이다. 'any of our branches'는 직역하면 '어느 지점에도'이지만, 굳이 멀리 있는 지점에 가져다 주지는 않으므로 '가까운 지점'이라는 의미가 된다.

Boarding Pass

탑승권

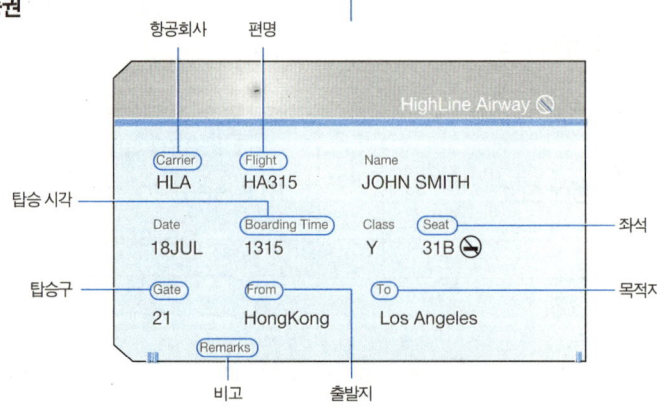

표지판으로 쉽게 배우는 숙어

교통 표지판

DO NOT PASS
추월 금지
pass : 통과하다, 추월하다

REDUCED SPEED 35
감속
시속 35마일 이하
reduce : 감소하다

WRONG WAY
막다른 길
진입 금지 지역을
역행했을 때 볼 수 있다

SPEED LIMIT 75
제한 속도
75마일
limit : 제한하다

YIELD
양보 또는 앞차 우선
yield : 산출하다, 양보하다

EMERGENCY PARKING ONLY
비상 주차만 허용
emergency : 긴급의

마름모꼴 차선은
버스 또는 2인 이상
탑승한 차만 사용 가능
월~금 오전 6시 ~ 9시까지
car pool : 합승

일시정지
stop ~ing : ~하는 것을
멈추다, stop to~ : ~하기
위해 멈추다

MINIMUM SPEED 45

최저 속도
시속 45마일
minimum : 최소한

SPEED ZONE AHEAD

전방에
속도 제한 구역 있음
speed zone : 속도 제한
구역, ahead : 전방

사거리 정지 표지판
way : 길, 통로

REDUCED SPEED AHEAD

전방에 감속 규제 있음
reduced speed : 감속
→ at full (top) speed :
  전속력으로 추월하다

RIGHT LANE MUST TURN RIGHT

최우측 차선 차량은
반드시 우회전할 것
lane : 차선 (traffic
  lane), 골목

STOP ALL WAY

모든 방향 정지
all : 모든
after all : 결국

우회전 금지
turn : 꺾다

회전 금지
turn signal : 방향 지시등

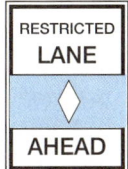

전방에
이용 제한 차선 있음
restricted : 제한하다

SLOWER TRAFFIC KEEP RIGHT

저속 주행 차는
우측 차선으로 통행하시오
traffic jam : 교통 정체

화살표 방향으로만
진행하시오
only : ~만
→ only just : 겨우,
그런대로

ROAD CLOSED
10 MILES AHEAD
LOCAL TRAFFIC ONLY

10마일 전방 막다른 길
현지 차량만 출입 가능
local : 지방의, 현지의,
국지의

TRUCKS USE RIGHT LANE

트럭은 우측 차선을
이용하시오
right away : 바로

직진 · 우회전
straight : 똑바로

PASS WITH CARE

추월 시 주의
care : 주의, 도와줌
→ Handle with care.
취급 주의

우측 차선 이용
keep fit : 건강을 지키다

진입 금지
enter : 들어오다
→ enter into : (사업 등을) 시작하다

양방향 분리 고속도로
divide : 분할하다
→ 10 is dividing by 2.
10은 2로 나누어진다.

오전 8시부터 오후 8시 까지 1시간 주차 가능
parking lot : 주차장

U턴 금지
U-turn : U턴, 방향 전환

항시 주차 금지
anytime : 늘

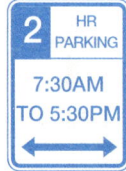

오전 7:30부터 오후 5:30 까지 2시간 주차 가능
park : 주차하다
HR : hour의 약어

일방통행
all the way : 훨씬 멀다

오후 9:30부터 오전 5:30 주차 금지

평행주차만 허용
parallel : 평행의, 유사한

견인 지역
tow away : 끌고 가다
tow truck : 견인 트럭

보도 주차 금지
pavement : 보도

갓길 외 주차 금지
look over one's
shoulder : 어깨 너머로 보다

보행자 통행 금지
pedestrians : 보행자
prohibit : 금지하다

**주정차 금지
재소자 작업 구간**
inmate : 죄수

**전방에 어린이
횡단 시 정차**
crosswalks : 횡단보도

**일요일, 경축일 이외
주차 금지**
except : 이외에는

차선에서 정차 금지
track : 흔적, 선로
→ keep track of : ~와
접촉을 유지하다

교통 흐름에 따르시오
ride : 타다
traffic sign : 교통표지

히치하이킹 금지
hitchhiker : 히치하이크하는
사람

버튼을 누르고 녹색불로
바뀔 때까지 기다리시오
green light : 청신호

적신호 시
여기서 멈춤
the red : 적자

자전거는 보행자에게
양보하시오
peds : pedestrians의 약어

장애인용 주차 구역
handicap : 장애, 불리한
조건

(황색 신호 시)
교차로에 진입하지 마시오
block : 통로를 막다
→ building blocks : 집짓기
놀이, 또는 장난감

자전거는 갓길을 이용하시오
use : 사용하다
→ make use of : ~을
이용하다

녹색 화살표 점등 시에만
좌회전
※ 신호의 '파란색'은 영어로는
green이다.

녹색 화살표 신호 차선을
이용하시오
arrow : 화살표

RIGHT TURN ON RED AFTER STOP

일단 정치 후
적신호 시 우회전
stop and start :
쉬었다가 진행

ROAD CLOSED

막다른 길
close : 닫다
The shop is closed.
가게가 닫혀 있다

ALL TRUCKS COMMERCIAL VEHICLES ONLY

트럭과 영업용 차량만 허용
commercial vehicle :
영업용 차량

NO TURE ON RED

적신호 시 회전 금지
turn : 돌다
→ turn away : 방향을
바꿔 가다

WEIGHT LIMIT 16 TONS

중량 제한 16톤
tons of : 많은

TRUCK ROUTE
트럭 전용 도로
route : 길, 방법

LEFT TURN YIELD ON GREEN

녹색 신호 시
좌회전 차량에 양보
The grass is greener.
남의 잔디가 더 푸르다
(남의 떡이 더 커 보인다)

경고 표지판

엔진 브레이크를
사용하시오
low gear : 저속 기어

중앙 분리대 종료
divide : 분할하다

차선이 좌측으로 합쳐짐
merge : 합류하다

과속 방지턱
bump : 타격, 덜컹거리며
지나다

양측 방향 통행(↑↓)
traffic : 교통, 통행

막다른 길
dead end : 막다른 곳,
막다른 골목

웅덩이 있음
dip : 약간 잠기다,
내려가다, 감소하다

갓길 비포장
shoulder : 어깨, 노견

고속도로 진입로
권장 속도 시속 45마일
ramp : 경사로
M.P.H : 시속 ~마일
(miles per hour)

T자 교차로
intersection : 교차로, 네거리

SIGNAL AHEAD
전방 신호등 주의
signal : 신호를 보내다, 실마리

차선 합류
merge with : ~와 합병하다

철도 건널목
railroad : 철도
crossing : 교차로, 횡단

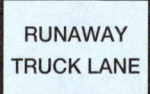

대피 차선 있음
runaway : 도망

출구 권장 속도
시속 35마일
mileage : 주행 거리

전방 철도 건널목 경고
→ in advance : 미리

전방 사고 있음
accident : 사고
→ by accident : 우연히

ADDED LANE
도로 합류로 왼쪽 차선 증가
add : 증가하다
add up : 합계하다

TURN
(SPEED 30M/H)
왼쪽 굽음 있음
(제한속도 시속 30마일 이하)
turn to : ~의 방향으로 가다

WINDING ROAD
굽은 도로
wind[와인드] : 굽다,
시계태엽을 감다

CROSSROAD
십자 교차로
cross : 십자, 불쾌한

CURVE
(SPEED GREATER THAN 30M/H)
도로 오른쪽 커브 지역
(제한 속도 시속 30마일 이상)
curve : 굽다, 억제하다

STOP AHEAD
전방에서 일단 정지
→ stop by : 접근하다
walk ahead of : 앞서 걷다

길을 공유하시오
share : 나누어 가지다

REVERSE TURN
거꾸로 굽음 있음
reverse : 거꾸로 하다

U-TURN
make a U-turn :
U턴을 하다

PLAYGROUND
놀이터 주의
playground : 놀이터, 운동장

우측 차선 종료
right-handed : 오른손잡이의
end up ~ing : 마침내
~하기로 하다

DIVIDED HIGHWAY STARTS
고속도로 분기점 시작
highway : 고속도로
highway for : ~로 가는 주요 도로

전방 저속 차량 주의
vehicle : 탈것, 수단

도로 폭 좁음
narrow : 좁다, 한정되다
narrow-minded : 협량한

모든 차량은
1마일 후에 빠져나갈 것
be miles away : 아주 먼, 궁리를 하고 있다

LOW CLEARANCE
높이 제한
clear : 확실한, 길이 지나는

NARROW BRIDGE
다리 폭 좁음
bridge : 다리, 다리를 건너다

언덕길, 경사로
hill : 언덕, 경사
hilly : 급경사의

추월 차선 없음
zone : 구역,
(도시 등을) 구획하다

노면 고르지 않음
rough : 울퉁불퉁한
→ be rough on :
(사람)에게 거칠게 대하다

전방에
통학 버스 정거장 있음
after school : 방과 후

SLIPPERY WHEN WET
미끄러운 길
slippery : 미끄럽다

3마일 전방 7% 경사
grade : 경사

비포장 자갈길
loose : 느슨하다
gravel : 자갈

학교 앞 속도 제한
(시속 15마일)/추월 금지
in session : 개회 중, 학기,
수업 기간

공사 관련 표지판

전방에 도로 공사 중
construction : 공사
under construction : 공사 중

전방에 우회로 있음
detour : 우회로

도로 조사원 주의
survey : 조사, 측량, 사정
crew : 선원, 반

전방에 깃발로 교통 통제
flag : 깃발을 흔들어
신호하다

전방에 갓길 공사 중
work : 일, 직장, 잘 하다

전방에 도로 공사 있음
road work : 도로 공사
※영국에서는 ROAD
WORKS라고 복수로 표시

직진 차량 합류
thru : through의 약어

도로 작업자 주의
worker : 작업원

무전기 및 휴대 전화기를
끄시오
cellular telephone : 휴대전화

기타 여행자를 위한 안내 표시판

● 고속도로 안내

우회로
bypass : 우회

JUNCTION
교차로
junction : 합류, 교차로

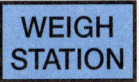

(차량)계량 센터 있음
(화물 차량만 대상)
weigh : 무게를 재다
→ gain (lose) weight :
체중이 늘다(줄다)

● 여행 안내, 인포메이션

전방 1마일 휴게소
rest : 휴식하다
restroom : 화장실

LODGING
숙박 시설 있음
lodge : 숙박하다

BATTERY CHARGE
배터리 충전소
charge : 청구하다, 맡기다, 가득 차다

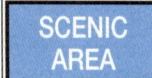

주변 경관 조망 지역
scenic : 경관이 좋은

DRINKING WATER
식수
water contamination : 수질 오염

FISH HATCHERY
물고기 부화장
hatch : 알이 부화하다

CAMPING
캠핑 지역
camp : 캠프하다

HANDICAPPED ACCESS
장애인 이용 가능
access : 접근하다, 입수하다

날씨 정보
라디오로 방송 중
weather forecast : 일기 예보

**ENVIRONMENTAL
STUDY AREA
환경 문제 연구 지역**
environmental
protection : 환경 보호

**FALLING ROCKS
낙석 주의**
→ fall over :
발이 걸려 넘어지다

대피 도로 표지
evacuation center :
대피소

**TRAMWAY
노면 전차**
tramway : 노면 전차,
시내 전차

**POINTS OF INTEREST
경치 좋은 곳**
interest : 흥미, 이익

※ 여기에서 열거한 표지판은 국가나 주 등 지역에 따라 다르다.

단어 같은 숙어들

식민지

1. great powers 열강, 강대국
- Great powers colonized Asian countries including China.
  (강대국들이 중국을 포함한 아시아 국가들을 식민지화하였다.)

2-1. slave trade 노예무역
- Slave trade in the 16th century was targeted of Black Africans.
  (16세기 노예무역은 아프리카 흑인들을 대상으로 하였다.)

2-2. industrial revolution 산업혁명
- Industrial Revolution first occurred in England in the 18th century.
  (산업혁명은 18세기 영국에서 처음으로 일어났다.)

2-3. Independence Day 독립기념일
※ 7월4일(the Fourth of July)
- the Declaration of Independence 독립선언

2-4. colony 식민지

2-5. devide-and-rule 분할 통치
- The British control of India and Pakistan was a typical case of divide-and-rule.
  (인도와 파키스탄에 대한 영국의 지배는 분할 통치의 전형적인 사례이다.)

3-1. World War Ⅱ =The Second World War 제2차 세계대전

3-2. block economy 블록 경제
- Great powers decided on a policy of blocking economy to prevent a recession from spreading.
  (강대국들은 불경기의 확산을 막기 위해 블록경제 정책을 채택하였다.)

3-3. military ally 군사동맹국
- Italy and Japan were close military allies of Germany.
  (이탈리아와 일본은 독일과 긴밀한 군사동맹국이었다.)

company, corporation

1. company 회사

company act 회사법
company activity 기업 활동
company address 회사 주소
company bankruptcy 기업 도산
company capitalization 회사 자본화
company car 업무 차량
company charge 규정 요금
company climate 사풍(회사 분위기)
company confidential 사외비, 기업 기밀 자료
company contract 기업 약정
company customer 고객
company elite 엘리트 사원
company entrance exam 입사 시험
company funeral 회사장(례)
company housing system 사택 제도
company image 기업 이미지
company meeting 주주총회
company merger 기업 합병 → affiliated company 계열사
company revenue 기업 인수

2. corporation 회사, 기업

corporation accounting 법인 회계
corporation body 회사 조직
corporation bond 회사채
corporation charter 회사 설립 허가(서)
corporation entity 기업 실체
corporation income 법인 소득
corporation note 약속어음
corporation performance 기업 실적
corporation securities 증권
corporation result 기업 실적
corporation tax 법인세

corporation tax credit 법인세 공제
corporation value 기업가치

3. company와 corporation의 차이

영국과 미국에서 의미가 다르게 쓰인다. 영국에서 company는 회사, company limited by shares는 주식회사의 의미이며, corporation은 법인이다.

미국에서 company는 기업, corporation(stock company)은 주식회사이다. 주식은 stock(미)과 share(영)이다.

4. 회사와 관련된 단어

memorandum of association 기본 정관
PL (Product Liability) 생산물책임(제)
proxy fight (주주총회의) 위임장 쟁탈전
registered office 본사 소재지
business trust 영업 신탁
multinational enterprise 다국적기업

직책명

1-1. CEO = chief executive officer 최고경영책임자
   ※ executive 경영의
1-2. board chairman 이사회 의장
1-3. president 사장
1-4. vice president 부사장
   • He was promoted to vice president. (그는 부사장으로 승진했다.)
2-1. (executive) director 중역, 이사
2-2. executive (managing) director 전무
   • My father is an executive managing director of ABC company
     (나의 아버지는 ABC회사의 전무이다.)
3. general manager 본부장
   • He achieved the status of general manager he has so longed for.
     (그는 그토록 염원하던 본부장의 자리에 앉았다.)

4. section chief 과장

- She accused her section chief of sexual harassment.
(그녀는 과장을 성희롱으로 고소했다.)

5-1. subsection chief 계장
5-2. assistant section chief = deputy manager 과장대리

※ deputy 대리의, 대리(인)

The life of company

1. venture capital funding 벤처투자기금
2. set up a business 기업을 설립하다

- We live in an age where ordinary people set up businesses.
(우리는 보통 사람들이 기업을 세우는 시대에 살고 있다.)

3. venture capital 벤처자본

- Venture capital firms have increased investment start-up business.
(새로운 사업체에 대한 벤처투자사들의 투자가 증가해왔다.)

4. venture company =start-up 벤처기업

- There are many more individual investors who want to put their money into good start-ups.
(장래성 있는 벤처 사업체에 그들의 돈을 투자하고 싶어 하는 개인투자자들이 상당히 많다.)

5-1. market entry 시장 진입
5-2. mature market 성숙 시장(포화에 다다른 시장)

- The soft drink market is mature, and has low potential to grow.
(음료수 시장은 거의 포화에 다다라 성장 잠재력이 낮다.)

5-3. niche market 틈새시장

- It is a niche market, but there is a great demand for our services.
(틈새시장이지만 우리 서비스에 대한 수요가 상당하다.)

5-4. customer needs 고객의 요구

- We always try to meet our customer's needs.
(우리는 항상 고객의 요구에 부응하기 위해 노력한다.)

6. company bankruptcy 도산

- The number of company bankruptcies has increased in last ten years. (지난 10년간 도산한 기업의 수가 증가했다.)

※ '개인 파산'은 personal bankruptcy
7. listed company   상장회사
- Google Inc., Which developed the Google search engine, has now become a listed company.
  (구글 검색엔진을 개발한 구글사가 이제 상장되었다.)
- ※ unlisted company 미상장회사

무역

1. trade liberalization   무역자유화
- Our trade policy is to encourage trade liberalization.
  (우리의 무역 정책은 자유 무역을 장려한다.)

2. trade barrier   무역장벽
- We have to make efforts to remove trade barriers.
  (우리는 무역 장벽을 제거하기 위해 노력해야만 한다.)

3. regional economic integration   지역경제통합
※ EU는 경제 협력과 무역을 촉진하기 위한 경제 블록의 통합

4. cross-border transaction   국가 간 무역

5. FTA = Free Trade Agreement   자유무역협정

6. trade surplus   무역 흑자
- Japan's trade surplus dropped 25%.
  (일본의 무역 흑자가 25% 감소했다.)

7. trade friction   무역 마찰
- We both need to try to lessen trade frictions.
  (우리 쌍방이 무역 마찰을 줄이기 위해 노력할 필요가 있다.)

세계무역기구

1-1. WTO (World Trade Organization)   세계무역기구
1-2-1. most-favored-nation treatment   최혜국 대우
1-2-2. national treatment   내국민 대우
2-1. GATT (general Agreement on Tariffs and Trade)
※ 관세 및 무역에 관한 일반 협정

※ tariff 관세, 요금표 cf. tax 세금

2-2-1. tariff barrier　관세장벽

2-2-2. tariff commodities　관세물품

2-2-3. tariff policy　관세정책

2-3. retaliatory tariff　보복관세

2-4. punitive tariff　보복관세

2-5. antidumping tariff　반덤핑관세

2-6. place tariffs on car　자동차관세 부과

2-7. eliminate tariffs on car　자동차관세 철폐

2-8. raise tariffs on car　자동차관세 인상

2-9. reduce tariffs on car　자동차관세 인하

3-1. TRIPS (Agreement on Trade-Related aspects of Intellectual Property Rights)

※ 무역관련 지적재산권에 관한 협정(베른조약)

3-2 property　재산, 자산, 부동산

property right　재산권

property register　부동산 등기

property insurance　손해보험

property income　자산소득

property inheritance　재산상속

3-3. GATS (General Agreement on Trade in Services)

※ 서비스 무역에 관한 일반 협정

4. trade　무역, 통상

trade embargo　수출 금지

trade friction　무역 마찰

trade goods　무역 상품

trade barrier　무역 장벽

5. 1994 Marrakech Agreement Establishing the World Trade Organization

[1994년 세계무역기구 설립을 위한 마라케쉬협정 (WTO협정)]

산업화 사회

1-1-1. industrial revolution   산업혁명
- Industrial Revolution first occurred in the eighteenth-century England.
  (산업혁명은 18세기 초 영국에서 처음으로 일어났다.)

1-1-2. heavy industry   중공업

1-1-3. light industry   경공업

2. technological development   과학기술 발전
- Technological development made our society affluent.
  (과학기술의 발전이 우리 사회를 풍요롭게 만들었다.)

3. corporate spy = industrial spy   산업 스파이
- He is a corporate spy working for ABC company.
  (그는 ABC사의 산업스파이이다.)

4. industrialized society   산업화된 사회

5. industrial waste   산업 쓰레기
- The factory produces five tons of industrial waste a day.
  (그 공장은 하루에 5톤의 산업 쓰레기를 배출한다.)

6. environmental issues   환경 문제

7. air pollution   대기 오염
- The residents are suffering from air pollution.
  (주민들은 대기 오염으로 고통받고 있다.)

8. noise pollution   소음 공해

9. water pollution   수질 오염

10. oil spill   석유 유출
- Oil spilled from the tanker in the Pacific Ocean.
  (태평양의 유조선에서 석유가 유출되었다.)

11. environmental hormone   환경 호르몬
  ※ 내분비 교란 화학물질(endocrine disrupting chemical =EDC)이 정식 명칭. 동물의 생식기능을 저해한다.

자산 운용

1. asset management   자산 운용
- ABC company accumulates know-how of asset management in

stocks. (ABC사는 주식을 통한 자산 운용의 실제적 지식을 축적해왔다.)
2. **investment advisor**   투자 자문가
3. **financial planner =FP**   금융 플래너
4. **investment trust**   투자신탁
   - Banks were allowed to sell investment trusts directly to customers.
   [은행이 투자 신탁(상품)을 고객에게 직접 판매하는 것이 인정되었다.]
5-1. **personal (financial) assets**   개인(금융) 자산
   - Personal assets held by Japanese households are estimated at around ￥1,200 trillion.
   (일본의 개인 자산은 약 1,200조 엔으로 추산된다.)
5-2. **postal savings (deposit)**   우편예금
   - Money is flowing from private financial institutions to postal savings.
   (통화의 흐름이 민간 금융기관에서 우편 예금으로 바뀌고 있다.)
   ※ privatization of the postal services 우체국 민영화
6. **housing loans**   주택담보대출 =mortgage loans
   - Consumers are cautious in taking out long-term housing loans.
   (소비자들은 장기주택담보대출을 받는 데 있어서 신중하다.)
7. **retail banking**   소매 금융
8. **open a bank account**   은행에 계좌를 열다
9. **foreign-currency deposit**   외환 예금
   - Foreign-currency deposit is popular among young working people.
   (외환 예금이 경제 활동을 하는 젊은이들 사이에서 인기가 있다.)
10. **ordinary deposit**   보통예금
11. **time deposit**   정기예금
12. **fall into dept**   빚지다
   - He fell into debt because of stocks. (그는 주식 때문에 빚을 졌다.)

경영

1. **management**   경영
   - Management people need skills below.
   (경영 관계자들에게는 다음과 같은 능력이 필요하다.)
2-1-1. **corporate strategy**   경영 전략

- Great corporate strategy leads to the way to the success.
  (훌륭한 경영 전략이 성공을 이끈다.)

2-1-2. management reconstruction   경영 재건
2-1-3. management reform   경영 개혁
2-1-4. business plan   사업 계획
3. negotiation skills   협상 기술
- Success of top management people has something to do with their negotiation skills.
  (최상층 경영자들의 성공은 그들의 협상 기술과 관련이 있다.)

4. interpersonal skills   대인관계 능력
- Interpersonal skills are required of management people.
  (대인 관계에 대한 능력이 경영자들에게 요구된다.)

5. leadership   지도력
- He showed good leadership as a manager.
  (그는 경영자로서 훌륭한 지도력을 보여주었다.)

6. entrepreneurship   기업가 정신
- Entrepreneurship is one of the courses of MBA.
  (기업가 정신은 MBA 과정 중의 하나이다.)

7-1. corporate ethics   기업 윤리
- Corporate ethics have never been required so much as it is today.
  (오늘날만큼 기업윤리가 요구되던 때는 없었다.)

7-2. CSR =corporate social responsibility   기업의 사회적 책임
8. corporate governance   기업 통치
- Many major companies are actively working on corporate governance.
  (대다수의 기업들이 적극적으로 기업 통치를 하고 있다.)

운영과 관리

1. operational management   운영 관리
- Operational management is one aspect of business.
  (운영 관리는 경영의 한 측면이다.)
- There are four management resources. (4가지의 경영 자원이 있다.)

2. human resources management   인적자원 관리

※ in-house training 사내 연수
- Our company's in-house training is very substantial.
(우리 회사의 사내 연수는 상당히 실속이 있다.)

※ promotion system 승진제도
- Nowadays, many companies are introducing promotion systems based on merit and ability.
(오늘날 많은 회사들이 능력과 공로에 기초한 승진제도를 도입하고 있다.)

3. Marketing & Operation management 마케팅 운영 관리
- Marketing is all the processes involved in moving goods from the produced to the customer.
(마케팅은 생산자에게서 소비자에게로 상품이 유통되는 전 과정을 말한다.)

※ operation management 운영 관리
just-in-time (적시생산시스템) =kanban system
- Thanks to just-in-time system, the company is saving ￥10 million on inventory.
(적시생산시스템 덕분에 회사는 천만 엔 상당의 재고를 줄이고 있다.)

4-1. finance 금융
4-2. corporate finance 기업 금융
4-3. investment 투자
4-4. financial engineering 재무 관리
- Financial engineering is one of the subjects of finance.
(재무 관리는 재정학의 한 분야이다.)

※ 고도의 수학 이론을 이용한 금융 기술이다.

5-1. accounting 회계학
※ 기업 정보의 개시나 내부정보·데이터를 수집하고 있다.

5-2. financial accounting 재무회계
5-3. managerial accounting 관리회계
5-4. IR =Investor Relations 투자자를 대상으로 한 홍보
- A insurance company is promoting investor relation activities targeting at foreign investors.
(A 보험회사는 외국의 투자자들을 대상으로 한 기업 홍보를 활성화하기 위해 노력하고 있다.)

비정부조직

1. NGO (Non-Governmental Organization)   비정부조직
- Nowadays, many students join in the NGO activity.
  (최근에 많은 학생들이 NGO 활동에 참가하고 있다.)
- ※ NPO는 Non-Profit Organization(비영리단체)의 약어

2. sustainable development   지속 가능한 개발
- Sustainable development is the key to global issues.
  (지속 가능한 개발이 국제적인 문제 해결의 열쇠이다.)
- ※ 환경을 파괴하지 않는 개발을 말한다.

3. economic aid   경제 협력
- Some people believe that the government should reduce economic aid to developing countries.
  (일부 사람들은 정부가 개발도상국가와의 경제 협력을 축소해야 한다고 생각한다.)

4. ODA (Official Development Assistance)   정부개발지원

5. untied loan   비조건 원조(용도를 지정하지 않은 형태의 차관)
- provide $50 million of untied loan.
  (5천만 달러의 비조건 원조를 제공하다.)

6. Overseas Cooperation Volunteers   해외지원단
- Overseas Cooperation Volunteers is one way to contribute to developing countries.
  (해외지원단은 개발도상국에 기여하는 방안의 하나이다.)

7. yen loan   엔 차관
- The yen loans will have maturity of 30 years.
  (엔 차관은 30년 만기이다.)

8-1. poorest country   최빈국
- The political situations are getting worse in poorest countries.
  (최빈국의 정치 상황이 점점 악화되고 있다.)

8-2. richest country   부국

9. Third World   제3세계
- ※ 일반적으로 '개발도상국'을 가리킨다.

10. least developed countries   후발개발도상국(최빈국)

※ 'least'는 little(조금밖에 없다, 거의 없다)의 최상급
- Some people believe that it is important to increase the economic aid to the least developed countries.
(후발개발도상국에 대한 경제 원조를 늘리는 것이 중요하다고 생각하는 사람들이 있다.)

연금

1-1. pension 연금
1-2. national pension 국민연금
1-3. employee's pension 고용연금
1-4. mutual aid pension 공제연금
1-5. old-age pension 노령연금
2. pensionable age 연금 수령 연령
pension payments 연금 지급
- My grandfather draws his pension.
(나의 할아버지는 연금을 받으신다.)

3-1. pension reform (package) 연금 개혁(법안)
- heated debate on pension reform 연금 개혁에 관한 뜨거운 논쟁
- Some politicians demanded that pension reform package be scrapped.
(일부 정치인들은 연금 개혁법안의 폐기를 요구했다.)

3-2. raise premiums 보험료를 인상하다
3-3. reduce premiums 보험료를 인하하다
4. aging society 고령화 사회
※ aging society with a falling birthrate 출생률 감소와 고령화 사회
- Government responds to the declining birthrate and the aging society.
(정부는 출생률의 감소와 고령화 사회에 대응하고 있다.)

5-1. pay national pension premiums 국민연금 보험료를 지불하다
5-2. delinquent 체납의

크레디트 카드

1. credit card 신용카드
2-1. credit limit 신용 한도(액)
2-2. minimum payment due 최소 지불액
   ※ balance(잔고)의 2-5%
2-3. financial charges 미납분에 대한 이자
2-4. annual percentage rate 연이율
2-5. annual fee 연간수수료
3-1. bill date =closing date 결제일
   ※ monthly statement (송금 또는 납입금 관련 월간 보고서)
3-2. payment due date 지급 만기일

국제 문제

1. Communist World 공산주의세계
2. racial dispute 인종(민족) 분쟁
   - The newspaper says that a racial dispute has broken out in East Europe.
   (동유럽에서 민족 분쟁이 일어났다고 신문에 났다.)
3. self-determination 민족자결
   ※ 각 민족이 자신들의 정부 등을 스스로 결정하는 것. 자주 민족 간의 대립을 일으킨다.
4. asylum seeker 망명자
   - A lot of people became asylum seekers after the civil war happened.
   (내전이 발발한 이후에 많은 사람들이 망명자가 되었다.)
5. refugee 난민
6. PKO =Peace-Keeping Operation 평화 유지 활동
7. economic power 경제 대국
   - After the second World War, Japan has achieved the status of an economic power.
   (제2차 세계대전 이후 일본은 경제 대국의 지위를 획득했다.)
8. Free World 자유주의세계
9. superpower 초강대국

- After the end of cold war, America has become the only superpower in this world.
  (냉전이 종식된 이후에 미국은 세계에서 유일한 초강대국이 되었다.)

10. United Nations   국제 연합

11. humanitarian intervention   인도적 개입
- 'Humanitarian intervention' was just the ostensible reason for major power to interfere in the domestic affairs.
  (인도적 개입이란 주요 강대국이 내정 문제에 간섭하는 허울 좋은 이유일 뿐이었다.)

전쟁

1-1. declaration of war   선전 포고
- Japan declared war on the U.S.
  (일본이 미국에 선전 포고를 했다.)

1-2. total war   전면전
- The war turned out to be a total war.
  (전쟁은 결국 전면전이 되었다.)

1-3. war of aggression   침략 전쟁
- China suffered from foreign aggressions.
  (중국은 외국의 침략으로 인해 고통 받았다.)

1-4. liberation army   해방군
- A liberation army was organized.
  (해방군이 조직되었다.)

2. nuclear bomb =atomic bomb   핵폭탄(원자폭탄)
- Hiroshima and Nagasaki were atomic-bombed.
  (히로시마와 나가사키에 원자폭탄이 투하되었다.)

3. unconditional surrender   무조건 항복
- Finally, Japan accepted unconditional surrender.
  (마침내 일본은 무조건 항복하였다.)

4. occupation forces   점령군
  ※ GHQ =General Headquarters   연합군사령부

5. war criminal   전범
- The war criminal was accused of war atrocity.

(전범이 전쟁 중 잔혹 행위로 기소되었다.)

6. peace treaty   평화조약
- Japan and Russia have still not signed a peace treaty.
(일본과 러시아는 아직 평화조약을 맺지 않았다.)

범죄와 수사

1. search warrant   수색 영장
- The court gave the police a search warrant.
(법원이 경찰에 수색 영장을 발부하였다.)

2. detective   형사
- ※ private detective 사립탐정
- ※ the Security Police/SP 비밀경찰

3. investigation headquarters   수사본부
- An investigation headquarters was placed in a small town near Kyoto City (교토 근처의 작은 마을에 수사본부가 설치되었다.)

4. juvenile delinquency   소년 범죄

5. random killer =street ripper   무작위 살인자
- ※ Jack the Ripper 19세기 영국의 연쇄살인범

7. copycat criminal   모방범
- He is a copycat murderer. (그는 모방 살인범이다.)

8. serial killer   연쇄살인범
- The serial killer is still at large.
(그 연쇄 살인범은 아직도 잡히지 않았다.)

9. mass murder   대량 살인

10. hit man   암살자

11. crime scene investigation   범행 현장 조사

12. undercover investigation   비밀수사(관)
- The suspect claimed entrapment in an undercover investigation.
(그 용의자는 비밀수사관에 의한 함정 수사라고 주장했다.)

13. psychological analysis   심리 분석
- It is useful to use psychological analysis in criminal investigation.
(심리 분석은 범죄 수사에 유용하게 이용된다.)

12. lie detector =polygraph   거짓말 탐지기
- He took a polygraph test. (그는 거짓말 탐지기 테스트를 받았다.)

형의 종류

1. categories of punishments   형의 종류
2. life imprisonment =life sentence   종신형
- He was sentenced to life imprisonment.
  (그는 종신형을 선고받았다.)

3. release on parole   가석방
- He was released on parole last year.
  (그는 작년에 가석방되었다.)

4. imprisonment without labor for life   금고형
※ 금고는 형무소에 구치될 뿐 노동은 하지 않는다. 징역의 경우는 노동도 해야 한다.

5. imprisonment with labor =penal servitude   징역
- He is served a sentence of two year's penal servitude.
  (그는 징역 2년을 받고 복역했다.)

6. be in custody   구류 중이다
- He is in custody. (그는 구류 중이다.)

7. death penalty =capital punishment   사형
- In Korea too, many people are against the death penalty.
  (한국에서도 많은 사람들이 사형에 반대하고 있다.)

8. hanging   교수형
9. death cell   사형수 감방
10. electric chair   전기의자

샐러리맨

1. company man   회사 쪽 사람(회사 스파이)
- He is a so-called company man.
  (그는 소위 회사 쪽 사람이다.)

2-1. overtime work   잔업, 시간 외 노동
- He is willing to work overtime.

(그는 기꺼이 잔업을 할 것이다.)

2-2. overtime allowance/pay   초과근무수당
- He usually gets only ￥50,000 overtime pay a month.
(그는 보통 한 달에 5만 엔의 초과근무수당을 받는다.)

2-3. unpaid overtime   무급 시간외 근무
- In short, he works 80 hours a week including unpaid overtime.
(한마디로 그는 무급 시간외 근무를 포함해서 한 달에 80시간을 일한다.)

3. 단신 부임
- He is transferred to a location where he must live away from his family. (그는 가족들과 떨어져 지내야만 하는 곳으로 발령이 났다.)

4. sick leave   병가
- He has been on sick leave for two days.
(그는 이틀간 병가를 냈다.)

5. paid holiday   유급 휴가
- To tell the truth it's difficult to get paid holiday.
(사실 유급 휴가를 받기는 어렵다.)

6. death from overwork   과로사
- Everyone believes that he died from overwork.
(모든 사람들이 그가 과로사했다고 믿는다.)

7-1. labor union =trade union   노동조합
7-2. working conditions   노동(근무) 조건
- We have rights to work under good working conditions.
(우리는 좋은 노동 조건 하에서 일할 권리가 있다.)

국회와 정당

1-1. the National Assembly   국회
1-2. assembly   의회
1-3. assemblyman   국회의원
1-4. representative   대표자
2-1. confidence   신임
2-2. no-confidence   불신임
3-1. cabinet   내각
3-2. the Prime Minister   수상, 국무총리

4. cabinet minister 각료
5-1. ruling party 여당
5-2. party 정당
5-3. opposition party 야당
- The major opposition parties are the Communist Party and the Democratic Party. (주요 야당은 공산당과 자유당이다.)

사회 복지

1. social welfare 사회 복지
2. working population 노동 인구
- There are four workers for every pensioner.
(연금 수령자 1명당 4명의 근로자가 있다.)
3. declining birthrate 출산율 감소
- Tax credits for families with children aim at preventing the birthrate from declining.
(자녀에 따른 세금 공제는 출산율의 저하를 막기 위한 것이다.)
4-1. aging society 고령화 사회
- Korean society is rapidly changing into an aging society.
(한국 사회는 빠르게 고령화 사회로 변화하고 있다.)
4-2. elderly population 노령 인구
4-3. barrier-free 제한이 없는
- More barrier-free houses are needed as the percentage of elderly people grows.
[노령 인구의 비율이 증가하면서 더 많은 배리어프리 하우스(문턱이 없는 집)가 필요하다.]
5-1. nursing care 간호, 요양, 돌봄
- She is taking off from her work to provide nursing care of her father.
(그녀는 아버지를 돌보기 위해 회사를 쉬고 있다.)
5-2. nursing home 요양원
- We will need more nursing homes in ten years.
(10년 후에는 더 많은 요양원이 필요할 것이다.)

5-3. home care   자택 요양, 자택 간호(치료)
5-4. home bathing service   방문 목욕 서비스

은행의 종류

1-1. central bank   중앙은행
1-2. zero interest rate   제로 금리
- The Bank of Japan introduced the zero interest policy.
  (일본은행은 제로 금지 정책을 도입했다.)
1-3. Federal Reserve Bank (FRB)   연방준비은행
1-4. Bank of England   영국은행
2. long-term credit bank   장기신용은행
3. trust bank   신탁은행
4. city bank   도시은행
5. regional bank   지방은행
6. second regional bank   제2지방은행
7. nonbank   (비은행계)금융기관
8-1. bank restructuring plans   은행 구조조정 계획
- Some banks need to submit restructuring plans to the government.
  (몇몇 은행은 정부에 구조조정 계획을 제출할 필요가 있다.)
8-2. Minister for Financial Reconstruction   금융 구조조정 담당 장관
9. easy-money   금융 완화
- The Government takes an easy-money policy.
  (정부는 통화 완화 정책을 취하고 있다.)
10. public funds =taxpayers' money   공적 자금
- The Government injects public funds to stabilize financial system.
  (정부는 금융 체제를 안정화하기 위해 공적 자금을 투입했다.)

주식시장

1. stock market   주식시장
2. market average   평균 주가
   ※ 대표적인 종목의 평균 가격으로 표시한다
- ABC company was added to the Kospi Stock Average of 225

selected issues.

(ABC 사는 코스피 평균 주가를 계산하기 위해 선정된 225개 종목에 추가되었다.)

※ stock price 주가

3. online broker 온라인 중개인(증권회사)
- Online brokers are expanding their shares at a great rate.

(온라인 증권회사들이 상당한 속도로 그들의 시장 점유율을 넓혀가고 있다.)

4-1. securities company 증권회사
4-2. 증권회사의 주요 업무
① securities dealing for their own account 자기 계좌 거래

② securities trading for customers 위탁 거래

③ subscribing 투자

④ underwriting 인수

5-1. income stock 수익주
5-2. blue chip 우량주
- Blue chip names such as SAMSUNG and HYUNDAI are popular among individual investors.

(삼성이나 현대 같은 우량주는 개인 투자가들 사이에서 인기가 있다.)

5-3. cash dividend 현금 배당
6-1. growth stock 성장주
6-2. capital gains 자본 이익, 고정자산 매각 소득(주식 매각 소득)
- ABC company have a ￥20 million capital gain on selling shares.

(ABC사는 소유 주식 매각 이익으로 2천만 엔을 벌어들였다.)

6-3. red chip issue 레드 칩 이슈
- Red chips are shares of mainland China-affiliated corporations operation in Hong Kong.

(레드 칩은 홍콩에 있는 중국 본토 기업의 계열사들의 주식을 말한다.)

6-4. capital loss 자본 손실(주식 매각 손실)

경기의 동향

1. economic expansion 경기 확대
2. turn upward 상승세의
- Korea's economy will finally turn upward at the second half of

this year. (한국 경제가 올해 후반부에 드디어 상승세로 돌아섰다.)
3. **future of the economy** 경제 전망
   - Many analysts have a pessimistic view of the future of the economy.
     (많은 분석가들이 경제를 비관적으로 전망하고 있다.)
4. **turn the corner** 전환하다
   - The Korea's economy has turned down.
     (한국 경제가 하향세로 돌아섰다.)
5. **fall into recession** 불황에 빠지다
   - The korea's economy seems to be falling into recession.
     (한국 경제가 불황에 빠진 듯이 보인다.)
6. **economic contraction** 경기 수축 국면
7. **bottom** 바닥
   - The korea's economy has reached the bottom of depression.
     (한국 경제가 불황의 바닥에 도달했다.)
8. **go sideways** 옆걸음질하다
   - The economy is still going sideways.
     (경제는 여전히 옆걸음질하고 있다.)
9. **recover shortly** 급속히 회복하다
   - The economy is recovering shortly. (경제가 급속도로 회복되고 있다.)

저널리즘

1. **news coverage** 취재
   - He is covering the Japan-Singapore Free Trade Agreement.
     (그는 일본-싱가포르 간의 자유무역협정을 취재하고 있다.)
2-1. **news source** 취재원
   - He keeps the source secret. (그는 취재원의 비밀을 지킨다.)
2-2. **confidential information =classified information** 극비 정보
   - He refused to reveal the confidential information.
     (그는 극비 정보를 밝히기를 거부했다.)
3-1. **press conference** 기자회견
   - A press conference was held yesterday.
     (어제 기자회견이 열렸다.)

3-2. press officer 홍보 담당자, 공보관
- The press officer answered the question.
  (보도 담당자가 질문에 대답했다.)

4-1. news room 편집국

4-2. copy editor =rewrite man 편집자, 교열부장

5. printing department 인쇄부

6-1. sales department 판매부

6-2. newsstand 판매대
- There will be decreased sales at newsstands in 10 years.
  (10년 후에는 가판대에서의 판매가 감소할 것이다.)

6-2-1. popular paper 대중지

6-2-2. quality paper 고급지

6-2-3. yellow paper 선정지(황색신문)

6-2-4. tabloid paper 타블로이드지

6-3. yellow journalism 황색(선정주의) 저널리즘

7. newspaper delivery 신문 배달

변호사

1. law school 법과대학원
- He went to Harvard lay school just like his brother.
  (그는 형과 같이 하버드 법대를 갔다.)

2. bar exam 사법고시
- Generally, the bar exam of U.S. is easier than that of Korea.
  (일반적으로 미국의 사법고시는 한국보다 더 쉽다.)

3. white shoe lawyer 거물급 변호사
  ※ 전형적인 아이비리그 출신의 변호사

4. law firm 변호사 사무소
- There are few law firms which are legally corporate in Korea.
  (한국에는 법인 조직의 변호사 사무소가 거의 없다.)

5. practice law 변호사 사무소를 개업하다
- He is practicing law in New York.
  (그는 뉴욕에서 변호사 사무소를 하고 있다.)

6. corporate lawyer =in-house lawyer   기업의 사내 변호사
- There are hundreds of corporate lawyers in the company.
  (그 회사에는 수백 명의 사내 변호사가 있다.)

7. rainmaker   실력자, 뛰어난 기획력으로 이익을 창출해내는 사람
※ 맷 데이먼 주연의 「레인메이커」라는 영화가 있다.
- He's just a rainmaker in their firm.
  (그는 그 사무소의 뛰어난 실력자이다.)

8. ambulance chaser   교통사고로 돈벌이하는 변호사, 악덕 변호사
※ 교통사고 피해자에게 접근하여 담당 변호사가 되려는 변호사.
ambulance(구급차)를 chaser(추격하는 사람)이라는 의미, 간단히 chaser 라고도 한다.

세금의 종류

1. tax system   세금제도
2. consumption tax   소비세
- The Government raised the consumption tax from 5% to 7%.
  (정부는 소비세를 5%에서 7%까지 올렸다.)

3. national tax   국세
4. local tax   지방세, 주민세
5. municipal tax   시세(지방자치세)
6. residential tex   주민세
- Residential taxes in Japan are collected by local public bodies.
  (일본에서 주민세는 지방 공공단체에 의해 징수된다.)

7. income tax   소득세
- Pay-as-you-go taxation is one way to collect income tax.
  (원천징수는 소득세 징수의 한 방법이다.)

8. corporate tax   법인세
- The Government expanded the corporate taxation base.
  (정부는 법인세의 기반을 확대했다.)

9. inheritance tax =death tax   상속세
- Inheritance taxes are often paid in kind.
  (상속세는 물납이 많다.)

10. congestion charge   혼잡 통행료

※ 평일에 런던 중심가를 달리는, 또는 주차하는 자동차들에 대해 하루 5파운드의 통행료를 징수한다.

11. VAT =value-added tax 부가가치세

※ 메이커·도소매 등에 붙는다. 부가가치에 부과하는 소비세.

12. tax haven 세금 피난지(국)

※ 조세 부담을 줄이거나 피할 수 있는 국가나 지역

13. tax collection 세금 징수

- Tax-office clerk came to our house to collect taxes.
  (세금을 징수하기 위해 세무서 직원이 우리 집으로 찾아왔다.)

14-1. take a deduction 공제받다

- I'll spend ¥200 million on the car and take a deduction.
  (나는 차에 200만 엔을 쓰고 세금 공제를 받을 것이다.)

14-2. deduction for spouse 배우자 공제

15. tax evasion (dodging) 탈세

- The police accused him of tax evasion.
  (경찰이 그의 탈세를 적발했다.)

선거

1. voter 유권자

- It is the key to appeal to young voters with no party affiliation.
  (그것은 당파 관계가 없는 젊은 유권자들의 흥미를 끌 수 있는 비결이다.)

2. support ratings =popularity rating 지지율

- According to the latest opinion poll, support for the Liberal Democratic Party is still high.
  (최근의 여론조사에 따르면 자유민주당에 대한 지지가 여전히 높다.)

3-1. go to the polls 투표하러 가다

- We went to the polls to elect a new House of Councilors.
  (우리는 새로운 참의원을 선출하기 위해 투표하러 갔다.)

3-2. heavy poll 높은 투표율

3-3. light poll 낮은 투표율

4. election returns 선거 결과

※ declare the poll 투표 결과를 발표하다

5-1. win the election 선거에 승리하다
- He won the election, but it was close.
  (그는 선거에 승리했지만 아슬아슬한 접전이었다.)

5-2. (public) commitment =pledge =promise 공약
- The party carried out a campaign pledge.
  (당은 선거 공약을 이행했다.)

기업의 합병과 매수

1. M&A (mergers & Acquisitions) 기업 인수 합병
- M&A is one way to expand your business.
  (인수 합병이 당신의 사업을 확장하는 한 방안이다.)

2. merger of equals 대등한 합병
- They announced that the deal was a merger of equals.
  (그들은 그 거래가 대등한 합병이었다고 전했다.)
- ※ 합병(merger)이란 어느 회사가 타사를 흡수하여 하나의 회사가 되는 것을 말한다.

3-1. take over 매수하다, 경영권을 취득하다
- ABC Press was taken over by a giant press.
  (ABC 출판사는 거대 출판사에 경영권을 넘겼다.)

3-2. hostile takeover 적대적 매수

3-3. friendly takeover 우호적 매수

4. consolidation 신설 합병
- ※ consolidation 합병 당사자인 기존의 회사들이 모두 해산하고 이와 동시에 새로운 회사를 설립하여 이에 흡수하는 형식으로 이루어지는 합병.

5. separate company 별도 회사
- ABC company is planning to form a separate company this year.
  (ABC 회사는 올해 별도 회사로 분리할 계획이다.)
- ※ 같은 회사의, 이를테면 판매 부분만을 독립시켜 별도의 회사를 만드는 경우

6-1. sleeping beauty 잠재적으로 유망한 인수 대상 기업
- ※ 자금이 풍부해 인수하기가 수월한 회사. 직역하면 '잠자는 숲속의 미녀'.

6-2. corporate raider 기업 매수인, 기업의 인수 합병과 관련한 전문 투자가
- ※ shark 기업 사냥꾼

주주와 기업

1. stockholder =shareholder[영]   주주
2. general meeting of stockholders =(general) stockholder's meeting   주주 총회
   - The general shareholder's meeting finally closed after four hours.
   (4시간여의 주주 총회가 마침내 끝났다.)
3. voting right   의결권
4. information disclosure   정보 공개
   - Information disclosure to shareholder is essential.
   (주주에 대한 정보 공개는 필수적인 것이다.)
5-1. auditor   감사
5-2. outside auditor   외부 감사(사외 감사)
   - He became an outside auditor of their company.
   (그는 그들 회사의 외부 감사가 되었다.)
5-3. auditing corporation   감사 법인
6. board of directors   이사회
   - The board of directors took a wrong course in management.
   (이사회는 잘못된 경영 방침을 채택했다.)
7-1. representative director   대표 이사
7-2. outside director   사외 이사
   - Big companies need to have at least one outside director.
   (대기업들은 적어도 1명의 사외 이사가 필요하다.)
8. management control   경영권
9. shareholder lawsuit   주주 대표 소송
   - Shareholder lawsuits have become more common after the revision of the commercial law.
   (상법의 개정 이후에 주주 대표 소송이 더 일반화되었다.)

계급 제도

1-1. upper class   상류 계층
1-2. privileged class   특권 계층
2. high-class   고급의, 일류의

3. educated class   지식 계층
   ※ upper-middle class 상류와 중류의 중간에 있는 계층
4. middle class   중류 계층
5. lower class   하류 계층
6. working class   노동자 계급
7. social class   사회 계층
   - There are thousands of social classes in India.
   (인도에는 수천 가지의 사회계층이 있다.)
8-1. class-consciousness   계급 의식
8-2. class conflicts   계층 간 갈등
8-3. class struggle   계급 투쟁
8-4. class action   집단 소송
9. class day   졸업 기념 행사일
   classbook   졸업 앨범, 출석부
   class officer   학급 위원
   - He was elected class officer.
   (그는 학급 위원으로 선출되었다.)

미국의 시간대

1. CONUS =Contiguous United States   미국 본토(군사)
   ※ 알래스카 주와 하와이 주를 제외한 48개 주를 이렇게 부른다
2-1. standard time   표준시
2-2. time zone   시간대
3-1. Eastern time zone   동부 시간대
   ※ EST =Eastern Standard Time 동부 표준시
3-2. Central time zone   중앙 시간대
   ※ CST =Central Standard Time 중부 표준시
3-3. Mountain time zone   산악 시간대
   ※ MST =Mountain Standard Time 산악 표준시
3-4. Pacific time zone   태평양 시간대
   ※ PST =Pacific Standard time 태평양 표준시
4. daylight saving time 일광 절약 시간, 서머타임[(영) summer time]

※ 4월부터 10월까지 표준시에서 1시간 시계를 앞으로 돌린다.

영국

1. **England** 영국
2. **queen of the seas** 7해(海)의 여왕(Great Britain의 옛 애칭)
   ※ 일찍이 Great Britain이 세계를 지배할 무렵 영국이 이렇게 불렸다.
3-1. **Houses of Parliament** 국회의사당
   ※ River Thames (템스 강) 해안에 있으며, 유명한 Big Ben을 가지고 있다.
   - Houses of parliament are one of the most famous sightseeing spot in London.
   (국회의사당은 런던에서 가장 유명한 관광 명소 중의 하나이다.)
3-2. **Houses of Lords** 상원
   ※ House of commons 하원
4-1. **English breakfast** 영국식 조식
   ※ 보통 베이컨, 계란, 마멀레이드에 토스트와 홍차로 이루어짐.
4-2. **continental breakfast** 대륙식 조식
   ※ 호텔의 조식에 많은, 빵과 커피 정도의 가벼운 식사
5-1. **Royal Family** 왕실
   - People like to gossip about Royal Family.
   (사람들은 왕실에 대한 소문을 이야기하는 것을 좋아한다.)
   ※ 정식 명칭은 the House of Windsor 윈저 왕실
5-2. **queen mother** 황태후
   - Queen mother is former king's widow.
   (황태후는 선왕의 미망인이다.)
6. **B&B =Bed&Breakfast** (조식 제공하는 규모가 작은) 숙박 시설
   ※ 영국에서 백팩커 학생이 자주 사용하는 비교적 싼 숙박
7. **런던의 지하철(underground =tube)에서는**
   - Mind the gap! (발을 조심하시오!)라는 방송이 자주 나온다.
8. **double-decker** 이층 버스
   - We can see red double-deckers everywhere in London.
   (런던 어디에서나 빨간색의 이층 버스를 볼 수 있다.)

차

1. driver's license [미] 운전면허증
driving license [영]
- I got my driver's license last year.
  (나는 작년에 운전면허증을 취득했다.)
※ driving school 운전 학원

2. full-sized car 대형차
midsize car 중형차
compact car 소형차
new car 새 차
used car 중고차
- I'm going to buy a used American car.
  (나는 중고 미제차를 사려고 한다.)
station wagon [미] 스테이션왜건(좌석 개폐식 자동차)
estate car [영] 왜건
- I'm looking for a station wagon.
  (나는 스테이션왜건을 찾고 있다.)

3. gas station [미]
petrol station [영]
filling station
service station 주유소
- Fill up the tank, please. (가득 넣어 주세요.)
※ run short of gas 기름이 떨어지다

4. parking lot [미]
car park [영] 주차장
- Is there a parking lot around here? (이 근처에 주차장이 있나요?)
No parking 주차 금지
Illegal parking 주차 위반
Parking fee 주차 요금
Parking meter 주차 요금 징수기

5. roadside restaurant 도로가의 식당

※ drive-in 자동차를 탄 채 용무를 볼 수 있는 식당이나 영화관 등을 의미.
scenic highway 경관이 좋은 도로
※ driveway 사유 차도
drive-through 차를 탄 상태로, 주문 스피커로 품목을 주문하고 계속 운전하여 나가면서 출구 쪽에서 주문품을 받고 계산하는 식당이나 세탁소 또는 그런 방식을 말함.
road map 도로 지도

6. car 차

driver's seat 운전석
passenger seat 조수석
backseat 뒷좌석
front seat 앞좌석
hand brake =parking brake 주차브레이크
power steering 파워스티어링 (동력조타장치)
steering wheel 핸들
rear view mirror 후면경
door mirror 도어 미러
side-view mirror 사이드뷰 미러
engine stall 시동 꺼짐
- My car's engine stalled.
  (차의 시동이 꺼졌다.)

direction indicator =blinker =winker 방향 지시기(깜빡이)
flat tire (펑크 등으로) 바람 빠진 타이어
- We got a flat tire on the way home.
  (집으로 돌아오는 길에 타이어에 바람이 빠졌다.)

license plate [미] 자동차 번호판
number plate [영]

고용

1. job hunting 구직 활동

- I've been job hunting for eight months.
  (나는 8개월째 일자리를 구하고 있다.)

2-1. new graduates 신규 졸업생
2-2. internship program 인턴직의 직업 훈련 제도
2-3. job-seeker 구직자
- Job-seekers usually use the Internet to register their resumes.
  (구직자들은 보통 이력서를 등록하기 위해 인터넷을 이용한다.)
  ※ resume 이력서
4. job fair 취업 설명회
5. job offer 취업(고용) 계약서
- Some students got more than five job offers.
  (몇몇 학생들은 5군데 이상의 취업 제의를 받았다.)
5. labor market 노동시장
6-1. full-time job 정규직
- May new graduates find it difficult to find a full-time job.
  (졸업생들이 정규직을 찾는 것이 어렵다는 것을 깨닫기 바란다.)
6-2. part-time job 시간제 근무직
6-3. job placement agency 직업 소개소
  ※ temporary staffing agency 인력 파견 회사
6-4. temporary worker 임시직 근로자
- Many people chose to work as a temporary worker.
  (많은 사람들이 임시직으로 일하기를 선택한다.)
6-5. job change 이직
- Nowadays a lot of people chose job changing for their next step.
  (요즈음은 많은 사람들이 더 나은 조건을 찾아 이직을 선택한다.)
6-6. outplacement services 전직(재취업) 지원 서비스
- Outplacement services help workers to find new jobs
  (전직 지원 서비스는 새로운 직업을 찾는 사람들을 돕는다.)
6-7. lose one's job 실직하다
- Many middle-aged people lost their jobs in the last ten years.
  (지난 10년간 중년의 많은 사람들이 실직했다.)
7. voluntary retirement 희망 퇴직

여가

1. leisure activities 여가 활동

2-1. theme park 테마 공원
- Everland is one of the most popular theme parks in Korea.
  (에버랜드는 한국에서 가장 인기 있는 테마 공원의 하나이다.)

2-2. attraction 유인, 흡인

3-1. amusement park 놀이공원
- A lot of children enjoy playing at the amusement park on Sundays.
  (매주 일요일이면 많은 어린이들이 놀이공원에서 즐겁게 논다.)

3-2. roller coaster 롤러코스터

3-3. Ferris wheel 대회전식 관람차
  ※ 미국의 발명가 이름에서 유래

3-4. haunted house =fun house (유원지) 유령의 집

4-1. outdoor 야외의
- A company is the biggest outdoor goods supplier in this country.
  (A사는 이 나라에서 가장 큰 야외용품 제조업체이다.)

4-2. outdoor life 야외 생활

4-3. go camping 캠핑 가다
- Let's go camping this Sunday. (이번 일요일에 캠핑 가자.)

4-4. go on a hike 하이킹 가다
- We went on a hike in Rokko-san with my friends last week.
  (지난주에 친구들과 로코산으로 하이킹을 갔었다.)

5. overseas packaged tour 해외 패키지여행
- Travel agencies are offering discounts on their overseas packed tours.
  (여행사들은 해외 패키지여행 요금을 할인하고 있다.)

질병

1-1. lifestyle-related disease 생활 습관 관련 질병

1-2. diabetes 당뇨병

1-3. high blood pressure 고혈압
- Hight blood pressure is a typical lifestyle-related disease.

(고혈압은 전형적인 생활 습관 관련 질병이다.)
2-1. infectious disease   감염 질환
2-2. hospital infection   병원 내 감염
3. mad cow disease   광우병
- The mad cow disease has greatly damaged beef imports.
  (광우병은 소고기 수입에 크게 타격을 입혔다.)

4. bird flu   조류 독감
※ flu는 influenza(유행성 감기, 독감)의 약어.
- Hong Kong suffered most from the bird flu.
  (홍콩이 조류 독감으로 가장 고통 받고 있다.)

5. hay fever   건초열, 꽃가루 알레르기성 비염
- Hay fever afflicts about one in 10 Japanese.
  (일본인 10명 중 1명은 건초열로 고생한다.)

비행기

1-1. outbound flight   외국행 비행기
- I nearly missed the outbound flight.
  (나는 비행기를 놓칠 뻔했다.)
※ inbound는 본국행의, 귀항의 의미. 시내로 향하는 이라는 뜻도 있음.
- I catch an inbound bus. (나는 시내로 가는 버스를 탔다.)

1-2. aisle seat   통로 측 좌석
1-3. window seat   창가 측 좌석
1-4. boarding pass   탑승권
1-5. exit row   비상구 열의 좌석
- Is the exit row available? (비상구 열에 있는 좌석도 괜찮으십니까?)

2. economy-class syndrome   이코노미 클래스 증후군
- Economy-class syndrome is caused by inactivity in a camped space during air travel.
  (이코노미 클래스 증후군은 비행기 여행 중 좁은 공간에서의 운동 부족으로 인해 발생한다.)

3. budget hotel   요금이 싼 호텔
- We were supposed to stay at a budget hotel, but it was fully

booked.
(우리는 요금이 싼 호텔에 묵으려고 하였지만 예약이 꽉 차 있었다.)
4. luxury hotel   고급 호텔
- So, we stayed at a luxury hotel instead, and put the bill down to expenses.
(그래서 우리는 고급 호텔에 투숙하는 대신에 경비를 줄였다.)
5. return flight   돌아오는 비행기
6. jet lag   시차
- I recovered from jet lag soon. (금방 시차에서 회복되었다.)

에너지

1-1. power   동력
1-2. power shortage   전력 부족
2-1. nuclear power generation   원자력 발전
- The mayor stated that nuclear power generation was the question at issue.
(시장은 원자력 발전이 당면한 문제라고 말했다.)
2-2. nuclear power plant   원자력 발전소
3. solar power generation   태양열 발전
4. wind-power generation   풍력 발전
5. hydroelectric power generation   수력 발전
6. geothermal power generation   지열 발전
- The geothermal power generation is one of the alternative energy sources.
(지열 발전은 대체 에너지원의 하나이다.)
7. recyclable energy   재생 가능한(재활용할 수 있는) 에너지
※ 태양열, 풍력, 조력, 수력 등 자연환경 내에서 반복하여 일어나는 현상에서 얻어지는 에너지
8. energy   에너지
9. energy saving   에너지 절약
- We have to make efforts to save energy.
(우리는 에너지를 절약하기 위해 노력해야 한다.)
10. alternative energy   대체 에너지

※ 세계의 석유자원은 30년 정도 후면 고갈된다고 하므로 석유의 대체 에너지 개발이 시급하다.

11. recycling society　순환형 사회
- It is important to create a recycling society.
  (순환형 사회를 만드는 것이 중요하다.)

보험

1-1. life insurance [미] =life assurance [영]　생명보험
- I have a policy with a life insurance company
  (나는 생명보험 증권이 있다. / 나는 생명보험에 들었다.)

1-2. insurance sales person　보험 판매원

2-1. earthquake insurance　지진보험

2-2. reinsurance　재보험
※ 재보험은 보험회사가 서로에게 보험금을 지급할 위험을 분산시키는 시스템을 말한다.

3. marine insurance　해상보험

4. damage insurance =accident insurance　손해보험

5-1. sign up for~　가입하다
- He signed up for an automobile insurance.
  (그는 자동차보험에 가입했다.)

5-2. insurance broker　보험 중개인
※ 보험중개인은 보험대리점과 달리 보험에 든 측의 이익이 되도록 활동한다.

6. survey of the damage　상해(손해) 조사
- The insurance company inspected the damage and assessed causes and repair costs.
  (보험 회사는 상해를 조사하고 원인 및 수리 비용을 평가한다.)

7-1. insurance claim payment　보험금
- He got insurance claim payments of two million yen.
  (그는 2백만 엔의 보험금을 받았다.)

7-2. insurance money　보험금
- He killed his wife with poison in order to collect the insurance money.

(그는 보험금을 받으려고 그의 아내를 독살했다.)

텔레커뮤니케이션

1. **telecommunication** 텔레커뮤니케이션. (전기)전자 통신
2-1. **mobile phone** 휴대 전화 [영]
   ※ 미국에서는 cell phone이 보통
   - Now we can use mobile phone almost everywhere.
   (이제 우리는 거의 모든 지역에서 휴대 전화를 사용할 수 있다.)
2-2. **incoming call** 착신
2-3. **call charge** 통화 요금
2-4. **ring tone** 착신음
2-5. **standby screen** 대기 화면
3-1. **fixed-line phone** 유선 전화
3-2. **cordless phone** 무선 전화
3-3. **phone** 전화
   answer the phone 전화를 받다
   talk on the phone 전화에 대고 말하다
   hang up the phone 전화를 끊다
4-1. **phone booth** [미] =**pay phone** [미] =**call box** [영]   공중전화
   - There is a less demand for pay phones.
   (공중전화의 필요성이 감소하고 있다.)
4-2. **prepaid phone card** 선불 전화카드
5. **IP(=Internet Protocol) phone** 인터넷 전화
   ※ 정식으로는 인터넷 프로토콜 전화라고 한다.
6. **optical communications** 광통신
7. **broadband (network)** 광역(네트워크)
   ※ broadband는 '광역의' 라는 뜻
   - Broadband communication services are very substantial.
   (광역 통신 서비스가 상당히 견고하다.)
8. **optical fiber** 광섬유
   ※ 빛을 전하는 섬유 다발. 광통신에 이용된다.
9. **advanced cell phone =3G, third-generation cell phone** 차세

대 휴대 전화
* 현재의 휴대전화보다 전송 용량이 비약적으로 향상된다. 즉 차차세대에는 '4G', 현재의 휴대 전화보다 수백 배 빨리 컴퓨터 소프트를 수신할 수 있다.

인터넷

1. internet 인터넷

2-1. e-mail 이메일

2-2. mailing list 전자우편 주소록
* 특정 그룹 사람들 사이에서 동시에 메일을 교환할 수 있는 시스템

2-3. spam mail =junk mail 선전·광고 메일
- I always get four of five spam mails everyday.
  (나는 늘 매일 4-5통의 스팸 메일을 받는다.)

2-4. attached file 첨부 파일
- The attached file is so big that I cannot save it in my floppy disk.
  (첨부 파일이 너무 커서 플로피 디스크에 저장할 수가 없다.)

2-5. You've got a mail. 메일이 도착했습니다
* AOL(America Online)사의 메일 서비스를 받는 경우 신규 메일이 도착하면 음성으로 알려준다. 같은 제목의 영화도 있다.

3. firewall 방화벽
* 정보 누설을 방지하기 위한 시스템
- Our website is strongly protected by a firewall.
  (우리의 웹사이트는 방화벽으로 단단히 보호받는다.)

4. search engine 검색 엔진
- Google is the largest company that operates an internet search engine site.
  (구글은 인터넷 검색 엔진을 운영하는 가장 큰 회사이다.)

5-1. cyberspace 사이버 공간, 가상 공간
- We need to make strict rules to control cyberspace as soon as possible.
  (가능한 한 빨리 사이버 공간을 통제할 엄격한 규칙을 만들 필요가 있다.)

5-2. cyberterrorism 사이버 테러리즘

5-3. cybercrime 사이버 범죄

6. **virtual reality** 가상 현실
   - There are some people who cannot come back from virtual reality.
   (가상 현실에서 벗어나지 못하는 사람들이 있다.)
7. **virtual shopping mall** 가상 쇼핑몰(인터넷 쇼핑몰)
   - Rakuten Inc. is the operator of Japan's largest virtual shopping mall.
   (라쿠텐 사는 일본의 가장 큰 가상 쇼핑몰의 운영자이다.)
8. **AI =artificial intelligence** 인공 지능
   - AI is an application which has human intelligence and behavior.
   (인공 지능이란 인간의 지능과 행동 양식을 가진 응용소프트웨어이다.)

교통 기관

1. **public transport** 대중 교통 수단
2-1. **local train** 완행열차(구간 열차)
2-2. **local express** 급행열차
   - Where does this local express go to?
   (이 급행열차는 어디로 갑니까?)
2-3. **express** 급행, 고속
2-4. **limited express** 특급
   - Does this limited express stop at Okayama?
   (이 특급 열차가 오카야마에 섭니까?)
2-5. **super express** 초특급
2-6. **express charge** 급행 요금
2-7. **bound for~** ~가다
   - This is the Shinkansen bound for Hakata.
   (이것은 하카타로 가는 신칸센이다.)
2-8. **the first train** 첫차
2-9. **the last train** 막차
   - What time does the last train to Seattle leave?
   (시애틀 행 막차가 몇 시입니까?)
2-10. **night train** 야간열차
   - I'd like to reserve a night train to Aomori.
   (아오모리 행 야간열차를 예약하고 싶습니다.)

2-11. **special train** 임시 열차
2-12. **freight train** 화물 열차
2-13. **direct train** 직행 열차
- Is it a direct train? (직행 열차입니까?)

2-14. **sleeping car** 침대차
2-15. **smoking car** 흡연 차량
2-16. **nonsmoking car** 금연 차량
- Nonsmoking car, please. (금연 차량으로 주세요.)

2-17. **dining car** 식당차
- Is there a dining car on this train? (이 열차에 식당 칸이 있습니까?)

3-1. **by bus** 버스로
3-2. **bus stop** 버스 정류장
3-3. **front seat** 앞좌석
3-4. **rear seat** 뒷좌석
3-5. **aisle seat** 통로 측 좌석
3-6. **window seat** 창가 측 좌석
3-7. **non-stop bus =direct bus** 직행버스
3-8. **city bus** 시내버스
3-9. **long-distance coach** 장거리 버스
3-10. **sightseeing bus** 관광버스
3-11. **departure time** 출발 시간
- What time does this bus leave? (이 버스는 몇 시에 출발합니까?)

3-12. **arrival time** 도착 시간
3-13. **route map** 노선도(표)
- May I see the bus route map? (노선표를 볼 수 있을까요?)

4-1. **by taxi** 택시로
4-2. **taxi stand** 택시 승차장
- Where is the taxi stand? (택시 승차장이 어디에 있습니까?)

4-3. **minimum fare =flag drop** 기본요금
  ※ minimum 최소한의
4-4. **late-night charge** 심야 할증요금
4-5. **vacant** 빈 차

4-6. off duty   비번의
- To Central Park, please. (센트럴파크로 가 주세요.)
- Stop hear, please. (여기에서 세워 주세요.)

야구

1-1. fielding   수비
1-2. infield   내야
1-3. pitcher   투수
1-4. pitcher's mound   투수석
1-5. winning pitcher   승리 투수
1-6. losing pitcher   패전 투수
2-1. homebase =home plate   홈 베이스
2-2. catcher   포수
2-3. catcher's mitt   포수 글러브
2-4. glove   글러브(야수의)
3-1. first base   1루
3-2. first baseman   1루수
3-3. perfect game   퍼펙트게임(야구에서 한 사람의 투수가 상대팀에게 주자를 한 명도 허용하지 않고 이긴 시합)
3-4. shutout =whitewash   완봉
3-5. second base   2루
3-6. third base   3루
3-7. shortstop   유격수
4-1. left field   왼쪽 외야
4-2. left fielder   좌익수
4-3. center field   외야 중앙
4-4. center fielder   중견수
4-5. right field   오른쪽 외야
4-6. right fielder   우익수
4-7. outfielder   외야수
4-8. ball hawk   (특히 플라이를 잘 잡는) 명(名) 외야수
4-9. foul line   파울 라인

4-10. foul territory   파울 지역
4-11. routine fly   평범한 플라이 볼(뜬공)
4-12. ground ball =grounder   땅볼
5-1. strike zone   스트라이크 존
5-2. high   뜬, 높은
5-3. low   낮은
5-4. inside =in   내야의
5-5. outside =away   외각의
6-1. batter's box   타자석
6-2. on-deck circle   다음 타자석 (=waiting circle)
6-3. batting order   타순
6-4. the cleanup batter   4번 타자
6-5. home run =four-bagger   홈런
6-6. back-to-back   연속해서, 잇달아
7-1. field manager   감독
7-2. coach   코치
7-3. team's caretaker   팀 관리자
8-1. umpires =men in blue =boys in blue   심판
8-2. HB =home-base umpire   주심
8-3. HP =home plate umpire   구심, 주심
8-4. 1B =first-base umpire   1루 심판
8-5. 2B =second-base umpire   2루 심판
8-6. 3B =third-base umpire   3루 심판
8-7. get the thumb   퇴장하다

술

1. alcohol   술
2-1. alcoholic drinks   알코올성 음료
2-2. alcohol-free drinks   무알코올 음료
3-1. alcohol abuse   알코올 남용
3-2. alcohol dependency   알코올 의존(증)
3-3. alcoholism   알코올 중독

3-4. an alcoholic   알코올 중독자
4. spirit lamp   알코올램프
5. ethanol   에탄올
6. absolute alcohol   무수 알코올
7. alcoholometer   알코올 비중계

다양한 소매점

1. distribution channel   유통 경로
2. sales channel =sales network   판매망
   - ABC company has a well-organized sales network.
   (ABC사는 잘 정비된 판매망을 갖고 있다.)
3. retail store   소매점
   - Our sales network covers 200 retail stores.
   (우리의 판매망은 200개의 소매점을 망라한다.)
4-1. large-scale retailer   대규모 소매점
4-2. department store   백화점
   - Some department stores stated that sales have fallen off considerably.
   (몇몇 백화점들은 판매가 적지 않게 떨어졌다고 밝혔다.)
   ※ 여러 상품을 부문(department)별로 판매한다.
4-3. supermarket   슈퍼마켓
   - That supermarket is having a sale on boots.
   (그 슈퍼마켓은 부츠를 할인 판매하고 있다.)
   ※ 식품을 종합적으로 취급한다.
5. mom-and-pop retailer =family-operated retailer   영세 소매점 (구멍가게)
   ※ mom은 엄마, pop은 아빠를 의미한다.
6. Large-Scale Retail Store Law   대형소매점법
7. mass retailers   대량 소매점(양판점)
   - The mass home electronics retailers seem to make double gross profit this year.
   (대규모 가전제품 소매점들은 올해 두 배의 이익을 창출한 것 같다.)

8. discount store =dime store   10센트 스토어, 싸구려 잡화점
9. drugstore   약국
   ※ 약(drug) 외에도 화장품 · 담배 · 문구 · 주간지 · 과자 등을 판매

파는 물건

1-1. Always open   연중무휴
1-2. All One Price   균일 가격
1-3. no return   반품 불가
1-4. ON SALE   가격 인하 중
1-5. As Advertised   광고 상품
1-6. Sold out   매진
1-7. in inventory   재고 있음
1-8. Cash only   현금만 가능
2-1. BEST VARIETY OF THE SEASON   시즌 최고의 품목 입하
2-2. CLEARANCE SALE NOW IN PROGRESS   재고 정리 세일 중
2-3. BARGAIN SALE ON ALL SUMMER WEAR   여름 의류 세일
2-4. ENTIRE STORE ON SALE   전 점포 세일 중
2-5. INTENSIVE SALES CAMPAIGN   집중적인 세일 광고
2-6. SPRING SALES CAMPAIGN   봄 세일 광고
2-7. END-OF-THE-SEASON BARGAIN SALE   계절 마감 바겐세일
2-8. WINTER SALE. FINAL REDUCTION
   겨울 세일. 마지막 가격 인하
2-9. BLOW OUT SALE. ADDITIONAL 20% OFF REDUCED STYLES   폭탄 세일. 20% 추가 할인
2-10. START A SALES CAMPAIGN   세일 개시!
3-1. dairy product   낙농제품, 유제품
3-2. produce   농산물
3-3. canned vegetables   야채 통조림
3-4. deli   조제식품(미리 요리된 고기 · 치즈 · 샐러드 · 통조림 등)
3-5. bakery   빵 · 과자류
3-6. meat   육류
3-7. seafood   해산물

3-8. reduced fat 지방을 줄인(저지방)
3-9. no fat 지방이 없는
3-10. low fat 저지방
3-11. oriental foods 동양 식품
3-12. international foods 수입 식품
3-13. fresh-squeezed juice 신선한 주스
4-1. shopping cart 쇼핑 카트
4-2. shopping basket 장바구니
5. We do not accept credit card purchases under $20.00.
 (20달러 미만의 구매는 신용카드를 받지 않습니다.)
6. ONE HOUR PHOTO FINISHING 사진 현상 1시간
7. CREDIT CARDS OR ATM OK 신용카드 또는 현금카드 사용가능
8. ABSOLUTELY NO MERCHANDISE ALLOWED IN REST ROOM 화장실에 상품 반입 엄금
9. YOU MAY PURCHASE ONLY TWO AT A TIME
 한 번에 두 개만 구입할 수 있습니다

식품의 종류

1. processed food 가공식품
2. convenience food 인스턴트식품
  - You shouldn't overeat convenience foods.
   (인스턴트식품을 너무 많이 먹으면 안 된다.)
3. bottled food 병조림(병에 든 식품)
4. canned food 통조림
  - Bottled foods and canned foods keep well.
   (병조림과 통조림은 보존이 잘 된다.)
5. frozen food 냉동식품
6. retort pouch 레토르트 식품(내열 플라스틱 밀봉의 가열·살균 식품)
  - Retort pouches are convenient. (레토르트 식품은 편리하다.)
7. dry food 건조식품
8. freeze dried food 냉동건조식품
9. natural food 자연식품

10. **health food**　건강식품
   - Natural foods and health foods are popular these days.
     (자연식품과 건강식품이 요즈음 인기가 있다.)
11. **preserved food**　보존 식품
12. **vacuum packing**　진공 포장

식품의 표시

1. **name of an article**　품명
2. **food additive**　식품 첨가물
   - This product contains no food additives.
     (이 제품은 식품 첨가물을 함유하고 있지 않다.)
3. **artificial additive**　인공 첨가물
4. **raw materials**　원재료
5. **net weight**　실질 중량
6. **day of packing**　제조연월일
   - Best [consumed] before Dec. 23. (유통 기한 12월 23일까지)

건강

1-1. **health-food market**　건강식품 시장
1-2. **health-conscious**　건강을 생각하는(건강을 의식하는)
   - There are a lot more health conscious consumers than before.
     (건강을 생각하는 소비자들이 전보다 더 많아졌다.)
2-1. **natural food**　자연식품
2-2. **organic food**　유기농식품
   - Organic foods are popular among health-conscious young females.
     (건강을 생각하는 젊은 여성들 사이에서 유기농 식품이 인기가 있다.)
2-3. **organic farming**　유기농법
   - In organic farming, they grow vegetables without agricultural chemicals.
     (유기농법으로 그들은 농약을 사용하지 않고 채소를 재배한다.)
3. **nutritional supplement**　영양 보조식품
4. **low-sugar**　저당분

- Low-sugar labels attract consumers in their twenties.
  (낮은 당분 함량 표시가 20대의 소비자들을 끌어들인다.)
5-1. deep-sea water   심층 해수
5-2. mineral water   미네랄워터
5-3. natural water   자연수
6. genetically-modified food   유전자 조작 식품
- Consumers are concerned about genetically-modified food.
  (소비자들은 유전자 조작 식품에 대해 염려한다.)
7. artificial sweetener   인공 감미료
- artificialy sweetened soft drink   인공 감미료가 들어있는 음료수
8. food mislabeling   식품 부정 표시
- Some consumers claimed that several products may have been inaccurately labeled.
  (일부 소비자들은 몇몇 제품의 표시가 정확하지 않다고 항의한다.)

지적재산권

1. intellectual property right   지적재산권
- Intellectual property refers to intangible property that includes patents, trademarks, copyrights and design rights.
  (지적재산권은 특허권, 상표권, 저작권, 의장권을 포함한 무형 자산을 가리킨다.)

2-1. copyright   저작권
- ABC company infringed copyrights because of the lack of morality.
  (ABC사는 도덕성의 결핍으로 인해 저작권을 침해했다.)

2-2. pirate version =bootleg   해적판
- The government took measures to prevent pirate versions of music software.
  (정부는 음악 소프트웨어의 불법 복제를 막기 위해 대책을 마련했다.)

2-3-1. illegal copy   불법 복제
2-3-2. pirated software   해적판 소프트웨어
2-3-3. piracy of software   불법 복제 소프트웨어
2-3-4. CD piracy   불법 복제 CD

2-3-5. network piracy 네트워크상의 저작권 침해
3. design right 의장권
- Design right is the right to protect industrial designs.
  (의장권은 산업디자인을 보호하기 위한 권리이다.)

4-1-1. patent 특허권
- ABC company holds many patents on the product.
  (ABC사는 많은 제품의 특허권을 보유하고 있다.)

4-1-2. patent abuse 특허 남용
4-2-1. Patent Agency 특허청
4-2-2. patent administrator 특허 관리자
4-2-3. patent agent 특허 대리인
4-2-4. patent applicant 특허 출원인
4-2-5. patent application 특허 출원 서류
4-2-6. patent pending 특허 출원 중
4-2-7. patent dispute 특허권 분쟁
4-3-1. requirements for patentability 특허 요건
4-3-2. industrial applicability 산업 이용 가능성
4-3-3. novelty 신고안품, 신상품, 참신성
4-3-4. inventive step 진보성
5. brand-name goods 브랜드 상품, 명품
- Brand-name goods producers are suffering from counterfeits.
  (브랜드 상품의 제조업자들은 모조품으로 인해 고심한다.)

6. WIPO : World Intellectual Property Organization 세계지적재산권기구

가격의 종류

1. (price) cost 원가
- That car was sold below the price cost.
  (그 차는 원가 이하로 팔렸다.)

2. wholesale price 도매가격
- She bought this sweater at the wholesale price.
  (그녀는 이 스웨터를 도매가격에 샀다.)

3. **retail price** 소매가격
   - I bought this shirt at 20% off the retail price.
   (나는 이 셔츠를 소매가에서 20% 할인된 가격에 샀다.)
4. **fixed price =regular price =list price** 정가, 표시 가격
5-1. **price war** 가격(인하) 경쟁
5-2. **price cutting** 할인(판매), 가격 인하
5-3. **reduced price =discount price** 할인 가격
5-4. **bargain price** 특가 판매 가격
6-1. **price policy** 가격 정책
6-2. **market price** 시장 가격
7-1. **high price** 고가, 비싼 가격
7-2. **reasonable price** 적당한 가격, 비싸지 않은 가격
7-3. **low price** 저가, 싼 가격

직장 동료와 …

1-1. **small talk** 잡담, 한담
1-2. **locker-room conversation** 저질의(추잡한) 대화
2. **office politics** 사내 정치
   - I'm not good at office politics.
   (나는 사내 정치에 능하지 않다.)
3-1. **workaholic** 일중독자
3-2. **social climber** 출세주의자
4-1. **rat race** 출세 경쟁, 과당 경쟁
   - I got away from the rat race last year.
   (나는 작년의 과당 경쟁에서 떨어져 나왔다.)
4-2. **peer pressure** 동류 집단 압력. 동료와의 경쟁심
   - I nearly collapsed under peer pressure.
   (나는 동료들의 압력으로 거의 무너졌다.)
5. **inner circle** 권력자의 측근 그룹. 실세 집단
6-1. **dead wood** 무능한 사원
   - The company cut away the dead wood in the marketing department.

(회사는 마케팅 부서에서 무능한 사원을 정리했다.)
6-2. clockwatcher 시계만 들여다보는 게으른 직장인
7. sexual harassment 성희롱
- She accused her boss of sexual harassment.
  (그녀는 그녀의 상사를 성희롱으로 고소했다.)
8. passive smoking 간접흡연
- We have the right to avoid passive smoking.
  (우리는 간접흡연을 피할 권리가 있다.)
- ※ passive smoking은 타인이 내뿜은 담배 연기를 마시는 것.

가톨릭과 청교도주의 – 구교와 신교

1-1. Catholicism 가톨릭
1-2. catholicize 보편화(일반화)하다
1-3. catholicity 보편성
2. puritanism 청교도주의
  ※ 프로테스탄트의 일파
3-1. Protestant 신교도
  ※ 여러 종파가 있다.
3-2-1. the Presbyterian Church 장로교회
3-2-2. presbyter 장로
3-3-1. the Methodist Church 감리교회
3-3-2 methodist 감리교신자, 형식주의자
3-3-3 methodology 방법론
3-4-1. the Baptist Church 침례교회
  ※ John the Baptist(세례자 요한)에서 유래
3-4-2. baptize 세례(침례)를 주다
3-4-3. baptism 세례
3-5. Quaker 퀘이커교도 =the society of friends 프렌드파(퀘이커교)

테러리스트

1-1. terror 테러. 공포
1-2. terrorist 테러리스트

1-3. terror attack   테러 공격
1-4. terror activity   테러 활동
1-5. terror group   테러 단체
1-6. terror prevention   테러 방지
2-1. civilian victims   시민(무고한) 희생자들
2-2. massive destruction   대규모 파괴
2-3. victims of war   전쟁 희생자들
3-1. armed forces =national army   군대
3-2. multinational force   다국적군
4-1. army   육군
4-2. man of arms =soldier =combatant   병사, 전투병
5-1. naval force   해군
5-2. naval ship =military ship   군함
5-3. naval bombardment   해군(군함)에 의한 폭격
6-1. air force   공군
6-2. air offensive   공군 폭격
6-3. air base   공군 기지
6-4. air-force plane   공군기
7-1. weapon   무기
7-2. chemical weapon   화학 무기
7-3. military weapon   군대 무기
7-4. weakened uranium weapon   약화우라늄탄
7-5. nuclear weapon   핵무기
7-6. biological weapon   생물학적 무기
7-7. small arms   소형(휴대) 무기
7-8. land mine   지뢰

학문, 국제 관계

1. international relations   국제 관계(학)
2. global politics   국제 정치(학)
3-1. security issues   안보문제
3-2-1. U.N. =United Nations   국제연합

3-2-2. Security Council 안전보장이사회
3-3. war against terrorism 반테러리즘 전쟁
- The whole world has been involved in the war against terrorism since 9/11
  (9.11이후 전 세계가 반테러리즘 전쟁에 참여해 왔다.)
※ 9/11 (nine-eleven)은 2001년 미국에 대한 동시 다발적인 테러를 가리킨다.

4-1. peace studies 평화학
4-2. peaceful resolution 평화적 해결
4-3. conflict resolution 분쟁(갈등) 해결
4-4. civil war 내전, 내란
- According to newspaper, a civil war has occurred in a small country in Africa.
  (뉴스에 따르면 아프리카의 작은 나라에서 내전이 발발했다.)

5-5. postwar recovery 전후 부흥(회복)
- The recovery of postwar Iraq hasn't seen any progress.
  (이라크의 전후 회복에 어떤 진전도 보이지 않았다.)

6-1. global economy 국제 경제
6-2. economic sanction 경제 제재
- Japan lifted economic sanctions against North Korea.
  (일본은 북한에 대한 경제 제재를 해제했다.)

6-3. axis of evil 악의 축
※ 부시 미국 대통령은 이라크, 이란, 북한을 '악의 축'이라고 비난했다.

6-4. free trade 자유무역
- Free Trade agreement was reached between Singapore and Japan.
  (싱가포르와 일본 사이에 자유무역협정이 이루어졌다.)

6-5. fair trade 공정 무역

계약

1-1. contracting party 계약 당사자
1-2. contractual right 계약상의 권리
1-3. contractual obligation 계약상의 의무

1-4. written contract 서면 계약
2-1. completion of a contract 계약의 성립
2-2. agreement 동의
2-3. consideration 이유, 동기
3-1. capacity 이행 능력
3-2. legality 합법성
4-1. valid contract 유효 계약
4-2. void contract 무효 계약
4-3. voidable contract 취소 가능한 계약
5-1. offeror (offerer) 신청자
5-2. offer 신청하다
5-3. offeree 피청약자
5-4. acceptance 물품(어음) 인수
6-1. tort 불법 행위
6-2. breach 불이행, 위약금
6-3. breach of contract 계약 위반
7. injured party (person) 피해자
8-1. remedy 구제
8-2. compensatory damages 보상적 손해배상
8-3. liquidated damages 약정 손해배상
8-4. injunction 유지 청구권, (법원의) 금지 명령
9. breaching party (person) 계약 위반 당사자
10. discharge of contract 계약 소멸
11-1. discharged by performance 변제에 의한 소멸
11-2. discharged by agreement 동의에 의한 소멸
11-3. discharged by condition 약정 조건상의 소멸
11-4. discharged by operation of law 법률에 의한 소멸

여러 가지 피

1. blood 피
2. blood vessel 혈관
3. burst a blood vessel 혈관이 파열되다

4-1. artery 동맥
4-2. arterial blood 동맥혈
5-1. vein 정맥
5-2. venous blood 정맥혈
6-1. blood cell 혈구
6-2. blood (cell) count 혈구의 수
6-3. red blood corpuscle 적혈구
6-4. white blood corpuscle 백혈구
6-5. leukemia 백혈병
6-6. blood dyscrasia 혈액 이상, 혈액질환
7. poverty of blood 빈혈
8-1. blood donation 헌혈
8-2. blood drive 헌혈 운동
8-3. blood donor 헌혈자
9. blood bank 혈액 은행
10. blood transfusion 수혈
11. do a blood test 혈액 검사하다
12-1. blood pressure 혈압
12-2. taking one's blood pressure 혈압을 재다
13. blood clot 혈전
14. clotted blood 응혈, 응고된 혈액
15. a clot of blood in the cut 상처에 응고된 피딱지
16. scab (상처의) 딱지
17-1. draw blood 상처를 입히다, 고통을 주다
17-2. make one's blood boil 피를 끓게 하다, 격분시키다
17-3. in hot (warm) blood 발끈하여, 격노하여
17-4. spit blood 피를 뱉어내다
18. pass blood 혈뇨·혈변을 보다
19. blood-sugar level 혈당 수치
20. nosebleed 코피
21. to the last drop of one's blood 숨이 남아 있는 한, 생명이 다하도록
22. curdle somebody's blood 피로 얼어버릴 것 같다, 오싹하다

- That sight made my blood curdle.
  (그 광경을 보고 피가 얼어붙는 줄 알았다.)

23. in cold blood 냉정하게, 예사로
24. bloodless victory 무혈의 승리
25. sweat blood 피땀 흘리며 일하다
26. blood, swear and tears 피와 땀과 눈물(최선을 다하다)
27-1. be related by blood 피로 맺어져 있다
- Blood is thicker than water. (피는 물보다 진하다.)

27-2. be descended from ~의 자손이다
27-3. descendant =offspring =posterity 자손
  ※ legitimize one's offspring ~의 자식임을 인정하다
  ※ down to posterity 자손에게 전하다

골프

1-1. water hazard 워터 해저드(호수, 연못 등 물과 관련된 모든 장애물)
- He hit it into the water hazard. (그는 워터 해저드로 쳐서 빠뜨렸다.)

1-2. mole burrow 두더지 굴
1-3. rabbit burrow 토끼 굴
1-4. take one-stroke penalty 벌타 한 타를 받다
2-1. teeing ground 초타 구역
2-2. tee up (공을) 티 위에 올려놓다, 준비하다
- He is careful when he tees up.
  (티업할 때 그는 신중했다.)

2-3. step up on to the teeing ground 팅 그라운드에 올라서다
- He stepped up on to the 11th teeing ground.
  (그는 11번째 팅 그라운드에 올라섰다.)

2-4. tee shot 티샷(티 그라운드에서 치는 제1타)
2-5. practice tee =lesson tee 연습타
3-1. fairway 티 숏 위치에서 그린 사이의 잘 다듬어진 잔디 구역
3-2. slope toward us 이(우리)쪽을 향한 경사
3-3. slope away from us 저쪽을 향한 경사
- The fairway is sloping toward us.

(페어웨이는 우리 쪽으로 경사져 있다.)

3-4. the middle of fairway   페어웨이의 한가운데
- I'm going to drive down in the middle of the fairway.
  [나는 페어웨이의 한가운데로 (공을) 칠 것이다.]

4-1. bunker   벙커, 모래가 가득 찬 해저드
4-2. green side bunker   그린 주변을 에워싸고 있는 벙커
4-3. fairway bunker   페어웨이 벙커
- How can I get out of that bunker!
  (벙커에서 어떻게 빠져나오지!)

4-4. bunker edge =edge of the bunker   벙커의 가장자리
4-5. wall   장애
4-6. lip   홀 가장자리
5-1. green   그린
- The green is fast. (그린이 탄력이 있다.)

5-2. shiny grain   누운 잔디의 결(방향)
- The grain is shiny (잔디의 결이 빛난다. / 잔디가 누워 있다.)

5-3. dark grain   서 있는 잔디

상점의 이름

1. stationery shop   문구점
mechanical pencil 샤프펜슬
magic marker =felt-tip pen 펠트펜, 매직 펜
ballpoint pen 볼펜
- Please write with a black ballpoint pen.
  (검정색 볼펜으로 써 주십시오.)

2. bone china shop   도자기 상점
3. antique shop   골동품점
4. grocery store   식료품점
- How long will this keep?
  (유통 기한이 얼마나 됩니까?)

5. specialty shop   전문점
6. shoe shop   제화점

7. **jewelery shop** 귀금속 상점

   display case 진열 상자, 진열 선반
   - Could I see the one in the display case?
   (진열장 안에 있는 것을 볼 수 있을까요?)

8. **table ware shop** 식기 판매점
9. **hardware shop** 철물점
10. **discount shop** 할인점
11. **thrift shop =secondhand shop** 중고품 가게
    - I made a lucky find at a secondhand shop.
    (중고품 가게에서 좋은 물건을 발견했다.)
12. **record shop** 레코드 가게
13. **sporting-goods shop** 스포츠용품점
14. **craftwork shop** 민속공예점
15. **souvenir shop =gift shop** 토산품 가게
    - Could you recommend something good for a souvenir?
    (토산품으로 좋은 것을 추천해 주시겠습니까?)
16. **toy store** 장난감 가게
17. **furniture store** 가구점
18. **convenience store** 편의점
19. **liquor store** 주류 판매점
20-1. **clothing store** 의류 판매점
20-2. **men's clothes** 남성복
20-3. **ladies clothes** 여성복
    - Do you have a bigger one? (더 큰 것이 있나요?)
20-4. **fitting room** (상점 등의)옷 입어 보는 곳, 탈의실
21. **cutlery shop** (포크, 숟가락, 주방용 칼 등) 철제 주방 용품점
22. **watch store** 시계 판매점
23. **music store** 음반 가게

내 영어수첩을 공개합니다

1판 1쇄 발행 2007년 8월 17일
1판 4쇄 발행 2008년 3월 24일

지 은 이 오자키 데쓰오
옮 긴 이 김해용 · 최영림
펴 낸 이 정정란

편 집 부 김창헌 김은주 양은경
디자인팀 공 존
영 업 부 강현경 김용호 정성용 길연하
기획위원 김택규

펴 낸 곳 도서출판 황매
출판등록 2002년 11월 15일
주   소 (121-828)서울시 마포구 상수동 95-3
전   화 335-4179(편집부) 335-4121, 4131(영업부 외)
팩   스 335-4158

블 로 그 http://blog.naver.com/hwangmaebook.do
대표메일 hmbooks@hanmail.net

ISBN 978-89-91312-61-6 93740